SINGLE WINDOW FOR INTERNATIONAL TRADE I

国际贸易单一窗口

(上册)

国家口岸管理办公室 ◎ 编译

中国海关出版社
China Customs Press

图书在版编目（CIP）数据

国际贸易单一窗口．上册/国家口岸管理办公室编译．—北京：中国海关出版社，2016.4

ISBN 978-7-5175-0132-9

Ⅰ.①国… Ⅱ.①国… Ⅲ.①国际贸易 Ⅳ.①F74

中国版本图书馆 CIP 数据核字（2016）第 088962 号

国际贸易单一窗口（上册）

GUOJI MAOYI DANYI CHUANGKOU（SHANGCE）

作　　者：国家口岸管理办公室
策　　划：普　娜
责任编辑：李　多
出版发行：中国海关出版社
社　　址：北京市朝阳区东四环南路甲 1 号　　邮政编码：100023
网　　址：www.hgcbs.com.cn；www.hgbookvip.com
编 辑 部：01065194242-7529（电话）　　01065194231（传真）
发 行 部：01065194221/4227/4238/4246（电话）　　01065194233（传真）
社办书店：01065195616（电话）　　01065195127（传真）
　　　　　http://store.hgbookvip.com（网址）
印　　刷：北京新华印刷有限公司　　经　销：新华书店
开　　本：710mm×1000mm　1/16
印　　张：18　　字　数：343 千字
版　　次：2016 年 4 月第 1 版
印　　次：2016 年 4 月第 1 次印刷
书　　号：ISBN 978-7-5175-0132-9
定　　价：49.00 元

编委会

EDITORIAL BOARD

主　编　黄胜强

副主编　白　石　韩　坚　尹　磊　党英杰

编　委　(按姓氏笔画为序)

王玉彦　朱　振　仲伟玲　华正红　刘　倩

刘武锋　孙晓波　张　民　陈　涛　钦明炜

编译者　华正红　梁丹虹　刘　倩

制　图　魏　薇

版权说明[*]

COPYRIGHT

---

* 本版权说明译自世界海关组织秘书处和国家口岸管理办公室签署的版权协议书中的第 4 条“版权确认”。

前言

PREFACE

所谓单一窗口，就是贸易和运输企业通过一点接入一个信息平台，实现一次性递交满足监管部门要求的标准化单证和电子信息，监管部门处理状态（结果）通过单一平台反馈给申报人。单一窗口是提高国际贸易便利化的重要措施。建设好单一窗口，有利于提高政府部门的监管效能，减少申报单证的重复录入和数据信息的差错，降低贸易和运输企业的综合物流成本，提高贸易商的守法意识和政府执法的透明度，维护国际贸易供应链安全与便利，推动并促进全球贸易的稳定发展。

建立我国国际贸易单一窗口，是落实十八届三中全会提出的口岸管理相关部门“信息互换、监管互认、执法互助”要求和促进口岸治理体系与治理能力现代化的重要举措。

2014 年 2 月 21 日，上海国际贸易单一窗口建设试点率先启动，并逐步向其他沿海地区乃至全国复制推广。2015 年 3 月 18 日，国务院总理李克强主持召开国务院常务会议，提出要创新大通关协作机制，加快跨区域、跨部门大通关建设，推进全国一体化通关，由“串联执法”转为“并联执法”，积极推进国际贸易单一窗口。2016 年，李克强总理在政府工作报告中提出“推进贸易便利化，全面推广国际贸易单一窗口”。根据《国务院关于印发落实“三互”推进大通关建设改革方案的通知》（国发〔2014〕68 号）和《国务院关于改进口岸工作支持外贸发展的若干意见》（国发〔2015〕16 号），按照《海关总署关于印发进一步促进外贸稳定增长 18 项重点工作的通知》及任务分解，要求“依托电子口岸公共平台，推进国际贸易单一窗口建设，加快推进形成电子口岸跨部门‘共建、共管、共享’机制”及“推动单一窗口共享数据标准化，完善和拓展单一窗口的应用功能，按照2015年年底在沿海口岸和2017年在全国所有口岸建成单一窗口的目标，加快推广上海自贸试验区单一窗口建设试点经验”，同时“加大推广力度，扩大企业参与面，加快口岸执法部门在单一窗口环境下的业务流程改造”。由此可见，我国政府及相关部门都在积极探索建设国际贸易单一窗口的有益经验。

世界海关组织作为世界性的，为统一关税、简化海关手续而建立的政府间协调组织，已对国际贸易单一窗口的建立、实施情况进行了广泛而深入的调查、研究，并形成了一些成果。国家口岸管理办公室组织专家对世界海关组织关于国际贸易单一窗口的研究成果进行了翻译，加上我国海关专家对于国际贸易单一窗口的研究，形成了《国际贸易单一窗口（上册）》。本书共包含5篇文章。译自世界海关组织的文章有3篇：《如何建立单一窗口环境》由华正红翻译，《单一窗口实施情况调查报告》由刘倩翻译，《WCO数据模型——跨境贸易驶入快车道》由梁丹虹翻译。我国海关专家对国际贸易单一窗口的研究文章有2篇：《美国单一窗口电子数据交换系统——国际贸易数据系统（ITDS）介绍》和《国际贸易单一窗口数据元集的建立与应用研究》，均由梁丹虹编写。

希望本书的出版，能为我国相关领域人员研究、了解国际贸易单一窗口提供参考资料，为我国相关政府部门进行业务改革及探索提高业务效率的措施提供参考和依据，能够促进政府系统与非政府系统跨机构、深层次的数据整合，为我国实施国际贸易单一窗口提供指引、借鉴。

由于编者水平有限，时间仓促，书中难免存在一些不足之处，恳请广大读者批评指正！

编者

2016年4月

目录

CONTENTS

如何建立单一窗口环境

重要提示▶▶

1. 编写本文的目的是供世界海关组织秘书处和海关当局志愿者研究使用。

2. 本文尚未完成全部注释，世界海关组织秘书处将适时增加注释和参考文献。

3. 有关参考案例已经被删除，除非获得成员海关同意方可发布。

4. 发表评论请联系 spa. sahu@ wcoomd. org，世界海关组织秘书处将对评论进行审核。

缩略语▶▶

AEO：经认证的经营者
APEC：亚洲太平洋经济合作组织
EBXML：使用可扩展置标语言的电子商务
EDI：电子数据交换
ICT：信息和通讯技术
IEC：国际电工委员会
IMSC：信息管理分委会
ISO：国际标准化组织
MQ：IBM 公司消息中间件
OFTP：欧洲电信传输数据交换组织文件传输协议
PIN：个人身份编号
PKI：公共密钥基础设施
SCCP：海关手续分委会
SSL：安全套接字层
UBL：通用商业图书馆
UCR：商品唯一标志
UN：联合国
UNECE：联合国欧洲经济委员会
UNTDED：联合国贸易数据元目录
UN/CEFACT：联合国贸易便利与电子业务中心

第一卷　实施指南

第一章　理解单一窗口环境

本章包括以下内容：

1. 单一窗口环境的定义及海关应当被关注的原因是什么？
2. 理解建立单一窗口环境的不同方式和途径有哪些？
3. 每种方式和途径下具有哪些可行性的见解？

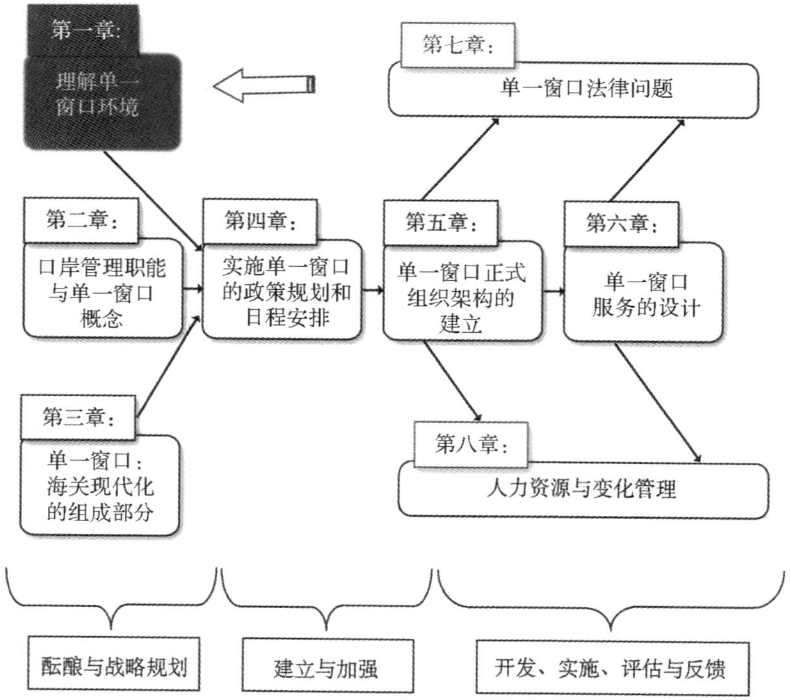

第一卷结构图

一、 单一窗口环境简介

在过去 30 年里，海关当局为了促进贸易便利化，有效履行征税、保护社会和向政府提供商务智能（Business Intelligence）① 的职责，一直在发展计算机系统。信息技术的发展使政府在提供服务方面取得了长足的进步。信息技术的每个新突破都为国际贸易执法环境的变革提供了新的可能。这些进步不仅包括新的技术，还包括可以提高商界效率的新的业务理念和体系架构，单一窗口就是其中之一。

（一）治理哲学

单一窗口可以看作是一种治理哲学。根据这种治理哲学，传统的政府体系架构以新的组合方式转型为一种新的最大限度满足公众和业界需求的组织体系。在单一窗口条件下，公众和业界可以通过与政府的单一接口获得政府的服务，与提供这些服务相适应的复杂的、多部门的组织架构对于服务的消费者来说将更加透明，从而提高了效率，降低了管理的交易成本。

这种转型不是一夜之间形成的，而是涉及多个倡议的迭代过程。这些倡议的核心要素包括审视目前为公众和业界提供服务的组织形式的成本和效率，这些服务涉及哪些政府部门，以及提供这些服务的政府部门之间的一体化程度。

单一窗口的概念并非刚刚出现，少数政府部门有过尝试。例如，在世界某些地区，当地政府正在通过门户网站、信息亭或者公民服务中心提供一站式公民服务。在这种方式下，不同的政府部门重组了诸如车牌发放、停车权限、福利管理等各个单项服务的后台系统，形成一站式综合服务。这种重组旨在尽可能减少公众的不便，同时能够在一个单一的服务提供点满足公众的所有需求。这样的政府部门和公众之间的电子接口以公民门户网站及其他接入渠道的形式出现。

同样的概念也适用于货物、交通运输工具、人员跨境流动等复杂的执法程序。专家们承认这些执法程序成本高、效率低，口岸执法部门之间不协调，流程和单证要求繁多。因此，口岸执法是非常适宜应用单一窗口概念的领域。

最近，单一窗口这一术语在贸易便利化的语境中被热议。商界力挺建设单一窗口，因为单一窗口提供了一种大大简化了的口岸执法部门的接口的美好愿景，所有涉及货物跨境流动的政府部门将被重新设计以准确地满足业界的需求。

---

① 商务智能，用来帮助企业更好地利用数据提高决策质量的技术集合，是从大量的数据中获取信息与知识的过程。简单讲就是业务、数据、数据价值应用的过程。——译者注

（二）本章简介

本章第二部分首先介绍口岸执法单一窗口的概念，同时澄清一些经常被不准确使用的相关术语。文中将说明为何称其为“单一窗口环境”更贴切。

本章其他部分研究实现单一窗口的不同方式和途径。每种方式和途径都将为管理层提供可付诸实践的见解。首先介绍众所周知的联合国贸易便利与电子业务中心第33号建议书中关于单一窗口的定义。然后介绍世界海关组织为何将单一窗口视为寻求建立协调的口岸执法的重要手段。此后探讨单一窗口环境的技术和法律问题，类似于一个虚拟企业，外形是连接一组相互合作的便利措施的门户网站和接口，整个体系需要一位总指挥，也需要技术和法律方面强有力的支持。本章的最后探讨把单一窗口作为支持国际贸易和口岸执法的相互关联服务的集成，“服务集成”范式可以为执法服务的层级和范围提供证明。将单一窗口环境下的业务和技术服务进行分类是研究现有便利措施规模和范围的简单方法，它通过勾勒出新的合作路径来帮助规划人员划定新建单一窗口的边界，这种视单一窗口为“服务集成”的观点有利于理顺口岸执法部门间相互竞争带来的负能量，使讨论聚焦于解决真正重复的、多余的程序。此外，这种服务范式有助于在“服务互动设计”“服务导向架构”“服务运作管理”等有影响力的学科之间建立纽带，使得“服务”这个字眼从概念阶段一直到实施阶段都是共同的主题。

本章最后强调源自各个方式和途径的可付诸实施的见解，这不仅仅是为了更好地理解单一窗口环境，而且为解决建设单一窗口过程中的复杂问题提供了平台。

二、口岸执法单一窗口

单一窗口是一个国际贸易领域广泛使用的术语，人们为了准确定义和描述这一术语及相关概念已经付出了巨大的努力。国际贸易单一窗口这一理念挑战对货物和交通运输工具流动的传统监管模式。

传统上，在跨境贸易中，不同政府部门和机构执法于不同领域。海关、动植物检疫、卫检、食品安全，移民、交通等部门均在口岸执法，履行各自的职能。长期以来，行政和执法职能分散在不同的政府部门，这些部门管理本部门项目，每个项目都有自己长期固定的经费渠道，形成项目专用的人力和技术资源保障，并固化了组织结构和对商界和运输活动的服务提供的机制。

单一窗口的概念从商界的视角来审视执法活动，在不考虑政府内部条块分割的组织架构的条件下来观察商界和执法部门的全部互动关系。这一方法清晰地找出了在口岸执法中存在的所有不必要的手续、重复申报的信息和浪费。我们从这种分析法中，找到了一套通过重新定位程序和重组执法数据来大大简化政府—商界接口的解决办案。

这种简化的概念受到商界和政界高层的热烈欢迎。用来描述它的术语在世界的不同的语言中都有。在法文中，它被称为“Guichet Unique”，其中“Guichet”一词通常用来指政府部门的服务窗口或服务柜台。单一窗口的方法和思路正是法文这组词的内涵，它统一了政府和商界之间的接口。因此，就这一点而言，法文术语最恰当地体现了本汇编致力于解释的概念。在拉丁美洲，单一窗口被广泛地叫做“VUCE”或“Ventanilla Unica de Commercio Exterior”，即“对外贸易单一窗口”，这类似于简化国际贸易程序（Davis 等于 2009 年合编）① 中所推广的国际贸易单一窗口，他们在该领域做了开拓性的分析工作。

在不同范围内使用单一窗口概念的不同术语是非常重要的。国际贸易单一窗口表示它是贸易的综合性便利措施。国际贸易交易参与者之间的交换从寻找产品和贸易伙伴开始，到运输、派送、口岸通关及支付等。本文探讨的单一窗口只涉及贸易过程中口岸执法，并不涉及纯粹的贸易过程。当然，我们应该关注贸易交易发生的环境和背景，但主要更应关注口岸执法单一窗口，聚集执法手续。贸易或运输的门户网站与口岸执法单一窗口的区别显而易见，前者属于企业对企业（B2B）的服务，后者属于企业对政府（B2G）的服务。显然，B2B 服务和 B2G 服务之间有关联性。例如，空运货物社群系统主要是一种 B2B 服务，但在某些程序中充当了商界与政府的中介角色。本章第六部分将介绍描述和理解不同系统（也许也可称之为单一窗口）的范围的方法。

（一）多个单一窗口

如前所述，除了海关，口岸上还有不少政府部门（如农产品检验、动物检疫、药品监管部门）都拥有对跨境货物进行查禁的职能。由于这些部门之

---

① 指简化和改革传统的国际贸易程序，其中包括单证的制作和传递方面的简化和改革。联合国经济社会委员会从 1970 年起就参与欧洲经济委员会工作组的简化工作。后又在贸发会议中专门设立了“简化贸易程序特别项目”（Special Programme on Trade Facilitation，FALPRO），地点在日内瓦。贸发会议在此项目下，向发展中国家派遣简化工作的技术顾问，提供技术指导，培训人才和协助建立机构。目前世界上约有 100 个国家（地区）参与这项工作，许多国家（地区）设置专门机构，大都取名“简化国际贸易程序委员会”，其英文简称字尾均有“PRO”字样，如英国的“SITPRO”，丹麦的“DANPRO”。——译者注

间信息不共享，贸易商不得不向不同的政府部门提供相同的信息，导致这些政府部门在不同的时间进行重复查验。执法的风险评估也是按本部门掌握的数据，而不是政府从贸易商手中获得的全部数据来确定。

所有这些相关部门，其中任何一个都可以建议建设本部门的口岸执法单一窗口。例如，海事部门可以建设能够提供涉及所有海运船舶电子申报服务的海事单一窗口，船—港间的全部接口都包含在这样的单一窗口中。事实上，欧盟交通运输总司司长已要求欧盟所有成员都要尽早并不迟于2015年6月前通过单一窗口接受船舶及其代理的电子申报。该项便利措施被称作海运单一窗口（欧盟发展总司于2010年公布）。预计海运单一窗口将与海关和贸易许可当局的单一窗口并行运作。

同样，有些国家（地区）已经建立起来的货物社群系统已在港口、机场为物流企业和贸易、交通社群之间提供了单一接口。这些系统在某些情况下作为对货物监管的手段起到了海关与贸易和运输社群之间的接口作用。

政府部门和货物社群各自的独立系统近年来也发生了变化，都开发了大量的关联系统来共享信息和便利贸易。这些系统中有不少都将自己定位为单一窗口。于是产生一个问题，不应当只有一个单一窗口吗？多个单一窗口不是自我矛盾吗？如果出于任何原因，不同的政府部门（海事、贸易、运输、海关）为支持国际贸易确实需要各自建立单一窗口的话，那它们之间如何互动？提供单一窗口的责任可以分解为不同的部分并由不同部门通过信息系统来承担吗？单一窗口是一个单一的计算机系统还是一个由相互关联的不同部门的系统的集成？是否需要一个指挥来管理这些多个单一窗口建设？当单一窗口出现时，那些已经运作多年为特定目的专门设计的独立的系统——如进口许可及验证系统——在单一窗口建设中能保留吗？或者所有这些系统都应当在单一窗口出现后退出历史舞台？如何划定单一窗口系统和现存的独立系统的界线？

解决上述问题的最好办法是运用单一窗口分析框架对其进行研究。如前所述，理解单一窗口的概念有不同的方法。本文选取了4种方法，将在本章第三部分至第六部分进行详细讨论。

（二）国家（地区）单一窗口与国际单一窗口的比较

本文中，海关与其他口岸执法伙伴部门的协作是国家（地区）单一窗口的主题。各政府之间也会开展这样的协作，以进一步简化贸易手续和国际数据流动。跨境货物的数据始于出口地，跟随货物途经过境地，然后运抵目的地，接受不同国家（地区）的监管，因而有必要进行合作以增强所有参与国家（地区）的监管能力。

陆地毗邻的政府可以通过建立"一站式边境检查站"来进行协作，它们会签署国际协议，授权双方有关部门在边境开展紧密合作，以确保进境、出境和过境的执法手续不重复。

世界各地海关都通过签署海关行政互助协议（世界海关组织于2004年签署）来共享执法所需的敏感信息。尽管海关行政互助协议主要是为了打击走私等跨境犯罪行为，但也涉及货物的国际过境，离境地海关可以从目的地海关获得关于货物顺利过境的确认信息，这样可以及时得到货物的最新情况。其他一些领域也需要开展政府间合作，比如，一方制发的许可证、证明或证件等有时也需要在另一方使用。此类合作有时被视为国际或地区单一窗口。

国家（地区）之间还可以在提前（离境前和抵境前）提供货物的进口和出口的信息方面开展合作，这除了有助于加快货物流动外，对于确保边境安全也至关重要。所有这些合作的可能都是世界海关组织在全球网络化海关（由 Noël Colpin 于2010年提出）方面的工作的主题，全球网络化海关是世界海关组织建设21世纪海关的垫脚石，这一倡议的成果有可能带来翻天覆地的变化。

（三）单一窗口的概念、动议及环境

下图描述了单一窗口环境发展的3个阶段：

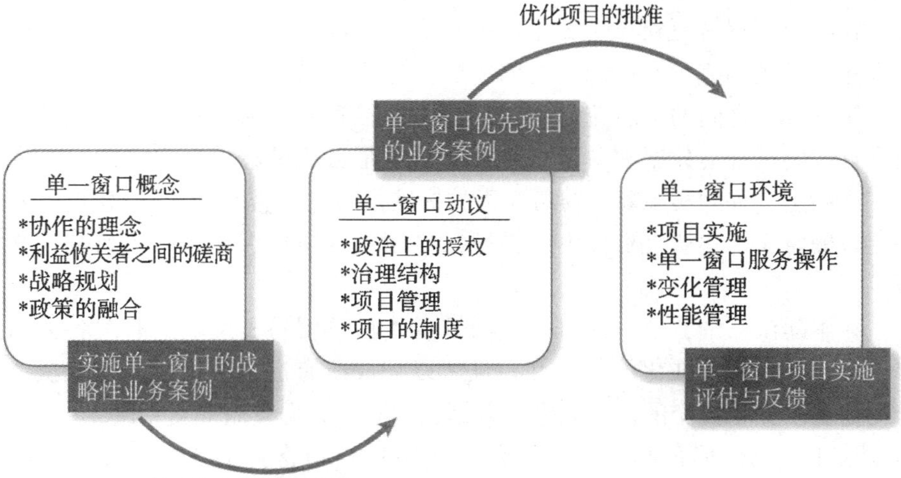

单一窗口环境发展的3个阶段

在讨论单一窗口时，必须严格区分不同术语之间的不同含义。在探索阶

段，我们倾向于使用“单一窗口概念”或“单一窗口模式”。当概念被正式接受时，使用“单一窗口动议”这个词。当动议以政治任务来表达时，治理结构建立，应使用“单一窗口项目”这个词。这些项目的实施将逐步建立满足商界和执法部门的需求的“单一窗口环境”。第三部分将重点说明我们为何强调“单一窗口环境”这个词。

总结本部分内容，充分理解本文研究的主题是“口岸执法单一窗口”至关重要。口岸执法单一窗口主要是处理贸易货物、运输货物、运输设备、运输工具和机组人员的跨境流动的监管问题。本文还将论及国际旅客的边境监管。单一窗口主要是海关与其他口岸执法伙伴部门协作的产物，同时也是政府和商界合作的产物。关于这一主题的第一个框架文件是联合国欧洲经济委员会所做的开创性工作，我们将在下一部分讨论它。

三、 联合国贸易便利与电子业务中心第 33 号建议书

口岸执法单一窗口是一项复杂的工程。因此用几条典型特征来进行简单的描述有助于界定其本质。避免数据重复申报是单一窗口重要特征之一。联合国贸易便利与电子业务中心在 2005 年的经社理事会年会上给出的定义中将其作为一个特征并与贸易商向口岸执法部门提交的信息联系在一起，也因此将单一窗口的概念与联合国贸易便利与电子业务中心的专长——数据标准化和电子报文联系在一起。

在联合国贸易便利与电子业务中心第 33 号建议书（以下简称 33 号建议书）中，海关与其他政府部门之间的协作是用贸易和运输活动的各参与方与口岸执法部门之间的信息流来阐述的。这是在国际贸易单一窗口的设计和建设中首次尝试搜集数据和单证。建议书通常是目前理解单一窗口的基础性材料。国际上，评判实施单一窗口与否的标准是看它是否符合 33 号建议书对单一窗口的定义及建议书附件中的类型。33 号建议书中关于单一窗口的定义如下：

在本建议书中，单一窗口是一项旨在使从事贸易和运输的有关各方通过单一接入点提交标准化的信息和单证，以完成所有进境、出境和过境执法要求的便利。如果提交的信息是电子数据，则同一数据只需提交一次。

该建议书随附的指南详细介绍了单一窗口最常见的 3 种类型。一种是“单一机构”模式，由一个实体机构协调所有相关部门以确保物流链不中断。另一种是“单一计算机系统”模式，由一个计算机系统处理信息或协调一组处理需要收发的数据的系统，它还可以再细分成“一体化系统”，即单一计算机系统作为各部门相关用户的处理中枢，或者“接口型系统”，即单一计算机

系统开发和利用各部门系统的接口来处理具体业务。当然，也可能存在兼有两者特点的混合型单一计算机系统。还有一种是“信息化业务处理系统”，作为业务处理中枢，该系统与各部门都是一体化的。报关和许可申请一次性以电子形式提交后由有关部门各自无缝处理，处理结果以电子形式反馈申报人。

建议书的配套指南建议明确一个牵头部门来协调各利益相关人，并介绍了可能需要的标准和工具。它对规划和建设单一窗口的操作步骤提供了初步建议，列出了建设一个成功的单一窗口的要素。指南还简要介绍了世界领军的单一窗口所提供的服务。

该建议书是深入研究单一窗口的基础，众多工作班、研讨会、研究报告和讨论都是参照该建议书来勾画单一窗口的无限可能和好处。联合国贸易便利与电子业务中心还有一些介绍建设单一窗口所需的操作工具和方法方面的建议书。

由于是联合国贸易便利与电子业务中心制定的，因此该建议书及其配套指南很自然地主要聚集基于信息通讯技术的一次性提交电子执法数据。如果我们意识到单一窗口是涉及政策、法律法规、人力资源，以及会影响商业模式的社会—技术系统，则组织架构问题也会成为一个重要问题。

世界海关组织倾向于使用单一窗口环境一词，33 号建议书导读中也使用了这个词汇。世界海关组织官方网站当下关于“单一窗口环境”的非官方定义是：参与贸易和运输的有关各方可以通过单一接入点提交标准信息（主要是电子的）以完成出境、入境和过境相关执法要求的智能化口岸执法系统。这一定义与 33 号建议书基本一致（由世界海关组织于 2008 年提出）。

（一）单一窗口是智能系统的原因

称其智能是因为单一窗口不仅是一个数据转换器或者与其他系统相连的入口，也不只是一个门户网站型的统一接入点，它还是一个为所有用户提供共享服务的载体。关税、代征税网上支付，协调的风险管理，联合监管，以及部门之间业务流程的协同与配合是典型的共享服务。智能使贸易商一体化地了解执法业务处理过程成为可能。如果不是智能的，单一窗口只不过是“单一门户”或者是一个连接贸易商和政府相关部门的增值网络服务而已。

尽管单一窗口是智能的，但其本质特征还是要求商界和运输等有关各方提供信息，以便对货物、人员、运输工具跨境流动（包括进境、出境和过境）实施口岸执法的政府部门一次性提交信息。

“一次性提交”意味着同一信息不重复向政府部门提交。“一次性提交”并不是说向政府一次传输全部信息。贸易商可以根据口岸执法清关的业务流程分批适时向政府提交信息。

没有信息和单证的标准化，不可能实现“一次性提交”。“一次性提交”中的“提交”表明以法律规定的方式向口岸执法部门提交信息的目的是得到口岸执法部门的决定或者裁定。信息在商界与政府部门之间或政府与政府部门之间流动不只是某个部门一种信息发布行为，而且是相关法律中规定的法律行为。所提交的信息用专业术语通常称为“报关单”或“报告”。信息提交者对其提交的信息负法律责任。

单一窗口是一系列相互关联、有机结合的业务流程，目的在于实现贸易商和运输人的一次性提交。这些流程还包括政府部门向商界反馈信息，即这种反馈信息是口岸执法部门经过协调，统一对申报的回应，避免口岸执法信息多头流向商界，反之亦然，有助于实现单一窗口环境的真正潜能。

“向单一窗口一次性提交信息”以下列原则为基础，这些原则凸显了单一窗口环境的智能化特性。

分批提交数据：商界和运输方在国际贸易交易过程中在不同时间节点向口岸执法单位提供数据。为了印证交易中某一变化或发展，单一窗口可以要求只提供补充数据。如果此类数据已包含在先前已提交的数据之中，单一窗口应避免重复提交。将贸易商提交的各次信息联系起来也是单一窗口智能化的一种体现。

协调的执法申报：不同的口岸执法部门有各自数据需求，这些数据需求经常是重叠的。在单一窗口下，将确定一个统一协调的数据需求，这样商界在交易或运输过程中有关当事人不必向不同政府部门反复提交相同的数据。

口岸执法部门之间信息共享：这是协调的执法申报的必然结果。信息共享使各口岸执法部门能够进行联合的或独立的监管。

口岸执法部门统一反馈：业务流程的一个重要部分就是对参与贸易或运输的有关当事人的申报或报告进行反馈。口岸执法部门表示货物放行的反馈，意味口岸执法手续的完成。每个口岸执法部门都可以独立地反馈，但单一窗口必须单一向贸易商提供统一的反馈。

（二）称为“单一窗口环境”的原因

称为“环境”是因为人们已经普遍认识到，实施单一窗口通常是众多相互关联的系统通过相互认可的接口联合起来，并采用共同的业务流程。这个环境包括各口岸执法部门之间共享的空间，各自的监管职能、法律规定、业务流程和计算机系统。口岸执法的上述要素在任何一个时间节点上都代表了环境的“现状”，它可以走向一个更接近单一窗口的状态。这项任务所要求的众多变化使具体工作非常复杂。《世界海关组织调查报告》（世界海关组织于2011年发表）显示，正在分步实施的单一窗口项目有时长达5年。每个阶段和子阶段都建立在前一阶段基础之上，从而使环境中贸易流程更加简化，业务范围不断扩大。应该记住，目标环境可能不是某一个项目的结果，而是一系列项目的产物。

（三）构筑单一窗口环境

选择“构筑”而不是“发展”这个词，是因为正如一砖一瓦盖房子一样，所构筑的单一窗口的结构首先能反映商界的真正需求，而且还必须验证为是一种适用的便利，方可获准。正如一座建筑代表一种生活方式一样，单一窗口环境代表了一种业务流程，并且提供了互相联系的组合服务。执法环境代表这座建筑的规章制度必须得到监控和遵守。

一些国家（地区）在关于单一窗口的建议中都宣称他们并非从零开始建设单一窗口，而是对现有的计算机系统进行升级改造。如果再用“盖房子”打比方，单一窗口项目有时还要破坏既有的建筑并且对它做部分改造或重建。“盖房子”还存在一个对现有体系的修缮的问题。

为全面解决这一复杂问题，本文使用“如何构建单一窗口环境”这一题目。许多国际组织都承认单一窗口的内涵不是全世界都一样。本文提供的信息可以帮助一国海关能够看清其独有的“环境现状”，并通过各种政策、技术基础和实际规模，找到通往本国理想的单一窗口环境的路径。

33号建议书中关于单一窗口的定义一直是国际公认的，但该定义强调单一窗口是一套使用单一实体提交标准化信息的计算机系统，因而只能作为中心概念结构。顺着这一思路，建设单一窗口开始为视为一种由政府运营的，能够接受大量、单一、复杂的申报数据并将其分发给不同政府部门的庞大的计算机应用项目。

这种思路和方式对于发达国家（地区）来讲，往往是破坏性的和代价高昂的，因为这些发达国家（地区）已经在支持供应链方面建立了有效的系统。他们已经建立了成熟的计算机系统，如海关报关单处理系统、港口和物流社群系统、许可证件颁发和核查系统、查验和认证系统及电子商务服务提供系统。为什么仅仅为了连接和协调这些既有的、根深蒂固而且成熟的系统就要再搞一个叫单一窗口的庞大系统（不管是33号建议书中3种模式的哪一种）覆盖它？

单一窗口可以被视为一种共同运行网络，它建立在信任和一套公认的接口标准之上，使商界可以无缝进入口岸执法部门提供的电子化执法服务。商界虽然看不到各口岸执法部门计算机系统之间的架构，但这些架构却能使货物和交通运输工具在供应链各个环节的执法监管得以简化，让商界从多次提交相同信息中大大解脱出来。

一些西方国家还没有建成单一窗口，但他们已经建立的系统是政府部门和商界多年协作的成果。此外，通过运用现代风险管理实践，使用最小数据先放行的原则，信得过企业项目，放行后稽查及合规管理方面的合作安排等，这些国家已经建立了高效的现代海关体系。尽管他们还没有建设 33 号建议书中所说的单一窗口，但却可以引他们世界最佳的物流服务为自豪，这一事实表明，除了一次性提交数据原则外，一定存在其他可以提高贸易便利化水平的要素。本文第三章将研究海关现代化体系的战略要素，并试图在其中确定单一窗口环境的定位。

英国、法国、加拿大、韩国和日本的情况表明，大多数发达国家（地区）要采用的方式与新兴经济体、最不发达国家（地区）及转型国家（地区）有很大不同。

发达国家（地区）在构建单一窗口方面面临的更大挑战是他们的传统的业务模式、各种执法部门利益固化、现有计算机系统难以更新、对新的大的计算机系统不感兴趣，还有法律修改难等问题。对此，需要打破数据提交这个局限，有意识地沿着几个维度来简化问题，这对我们找到前进的方向十分有益。

信息技术的互操作性和信息技术架构领域的进步为理解各部门如何加强协作以实现变革提供了新的范式。这些进步均把重心放在政府部门之间及政府部门与商界之间的协作之上。自从 33 号建议书问世以来，协作的新引擎已经产生，新的架构范式已经得到了广泛认可。

众所周知，构建“单一窗口环境”没有统一的模式。《世界海关组织调查报告》（见本文第二卷第一章）表明国际上有各种不同的解决方案，理解这些不同解决方案的异同是非常重要的，要理解什么可行、什么不可行、为什么，必须了解关于单一窗口的各种观点。

四、 单一窗口与“协调的口岸执法”

对多个执法部门向国际贸易和运输的参与者提供服务环境下的跨境贸易单一窗口运作概念，人们进行过大量的研究（世界银行小组于 2010 年实施）。世界海关组织视单一窗口为“协调的口岸执法”的组成部分，“协调的口岸执法”这一术语是用来表述国际上在优化和简化边境管理制度和程序方面所做的努力。协调的口岸执法包括以下方式：

联合办公并共享执法资源：主要包括办事地点设在同一地点，建立部门间合作，加强沟通，通过共享作业信息实现共享风险管理，促进联合执法监管。

给予一线官员相应授权：通过一个部门内部的授权或部门间跨部门的授权，赋予直接面向商界的一线官员代行其他业务或其他部门的行政执法权。给予一线官员相应授权可以减少闲置人手，加快决策进程，从而加快服务速度，并提高业务周转效率。

一站式边境检查站：陆地毗邻的国家（地区）通过签署国际协议，在双方有关部门之间开展合作，以确保与进境、出境、过境相关的执法程序不重复。

单一窗口环境：通过信息通讯技术在口岸执法部门之间做出协作安排，使系统能为商界提供一系列相当于“一个屋檐下”的口岸执法服务。这种协作安排的一项重要成果是，贸易商一次性以电子方式提交口岸执法部门所要求的所有进境、出境、过境信息，而不是在不同时间向不同部门反复提交信息。

协调的口岸执法是一个具有重大利益关系并与海关密切相关的复杂理念。较各部门单打独斗、孤军奋战而言，各方齐心协力对政府和商界均更为有利，从这一角度理解单一窗口，有助于单一窗口建设的各参与单位管理层正确认识他们在这一战略中的重要作用。这是一个获得持续的政治支持和政策倾斜的工具。

许多服务与单一窗口环境密切相关。然而，在每项服务中，密切的跨部门合作都非常必要。本卷第二章详细分析各种海关或口岸执法职能及其对单一窗口提供的服务和跨部门协作的重要意义。结论是后者更加无序和富有挑战性，但却是前者成功之关键。

战略性跨部门协作领域包括跨部门风险管理（风险管理及布控中心），跨部门放行时间分析及组织构架。同样，单一窗口是各部门主要通过计算机系统在口岸提供货物清关执法服务的一种努力，贸易商看不到这种跨部门的安排，而只感觉一个看得见的企业在提供这些服务。下一部分详细研究单一窗口的这种表象。

五、 单一窗口作为“虚拟企业”

本部分内容的一个重要前提是认为单一窗口以单证交换和业务流程为基础，建立在现代信息技术进步和电子商务带来的新的业务模式之上。有点像各种各样的专业公司汇聚起来，以一个面孔共同面向消费者，成为一个“虚拟企业”。尽管单一窗口环境与真实企业那种典型的企业—客户之间短暂、偶然的特性明显不同，但有些特性有助于加深对单一窗口环境的理解。

网上购物、预订机票和旅馆都属于互联网（电子）商务，在这些电子商务中，为消费者提供前端的网站并不一定是提供所有服务的组织或机构。事实上，网站仅展示了提供这些产品或服务所涉及的无数程序、数据交换或组织安排的冰山一角。与 20 世纪 90 年代电子数据交换技术（EDI）和目前的互联网服务一样，支持这些网站的一体化程序将不同的企业实体的业务流程和服务联系起来，为终端用户提供一种综合性的商业服务。“虚拟企业”就是从这些电子关联中形成的，并通过看得见的门户网站提供服务。

本部分从两个方面研究单一窗口环境：一是互联网门户网站；二是一个由相互合作的组织和服务组成的网络。下面将说明为什么无论对新兴经济体还是发达国家或地区，“虚拟企业”这一比喻对于理解单一窗口环境都是具有指导意义的。

（一）单一窗口与互联网门户网站

以网上购物为例。网上购物网站作为信息提供者，为交易提供支持，负责信息输入、输出并协调与网购有关的企业实体之间的业务流程。交易历经确定拟购商品、送货方式、付费方式、账单和发票，核实后台库存，向生产商或分销商下订单，安排运输、发货、送货，处理收据、各方应收账款期末交叉对账等不同状态。一笔典型的网购交易可能涉及不同的商业流程和数据交换，涉及数家商业企业及其计算机系统。交易之所在短短数秒内完成是因为事前业务流程已经在后台通过不同的参与方，如供货商、付款门户、运输公司和消费者之间高度标准化的电子信息实现了协同。各方的计算机系统具有高度可互操作性，而且相互之间的信息是高度标准化的。

就像一个单一窗口，一个看得见的企业的各参与方相互协作，共享信息，避免数据重复录入，确保在交易全过程中共享相同的数据。

门户网站可能是“口岸执法单一窗口解决方案”中最容易看得见的标志了。门户网站提供“同一屋檐”下所有相关的执法信息，成为信息出口及商界和管理部门之间看得见的服务接口。事实上，在新兴经济体中，这些门户网站成为最近蓬勃发展的单一窗口的助推器。随着海关在门户网站上逐步增加交易处理功能，逐渐成为报关、货物放行、缴费及担保等服务的接口。当海关的系统与其他行政管理当局的许可建立起在线联系时，业务流程一体化就实现了，标志着单一窗口应运而生。最后，当单一窗口环境下越来越多的门户网站加入，结果造成这些行政执法当局服务方式的改变。

门户网站有助于单一窗口的起步，在新技术的推动下很可能快速扩张。

因此，即便是最保守的单一窗口倡议也应被视为潜在的中坚力量。近期电子商务的飞速发展表明，可以以很低的成本在短时间内建立一个看得见的企业（由 Glushko 和 Mcgrath 于 2008 年提出）。从门户网站起步，沿着信息、交易、一体化、变革这一完整的生命周期，单一窗口建设可以快速发展，这一模式被认为非常适合新兴经济体。

一个经常被提及的问题是，是否只应有一个门户网站，还是多个门户网站？虽然这主要取决于传统的系统，但用户方便程度及信息的获得方式将最终决定门户网站的组织形式。

（二）单一窗口与相互协作的服务网络

正如网上购物流程，门户网站只是冰山一角。真正的交易发生在参与（交易）的行政当局及其计算机系统之间。在前一部分例子里，看得见的商店之所以能够完成交易，是通过信息交换和相互关联的操作将众多独立企业联系起来。同样，在单一窗口环境下，贸易商可以全程跟踪交易过程，因为发生在口岸执法部门、报关代理、银行、承运人、物流等各方之间复杂的交换是有序、透明的。

要建设单一窗口环境，各口岸执法当局必须从原来的各自为政向合作和单证互换转变。这种合作和互换必须体现在业务流程之中，并且得到各部门的一致认同。

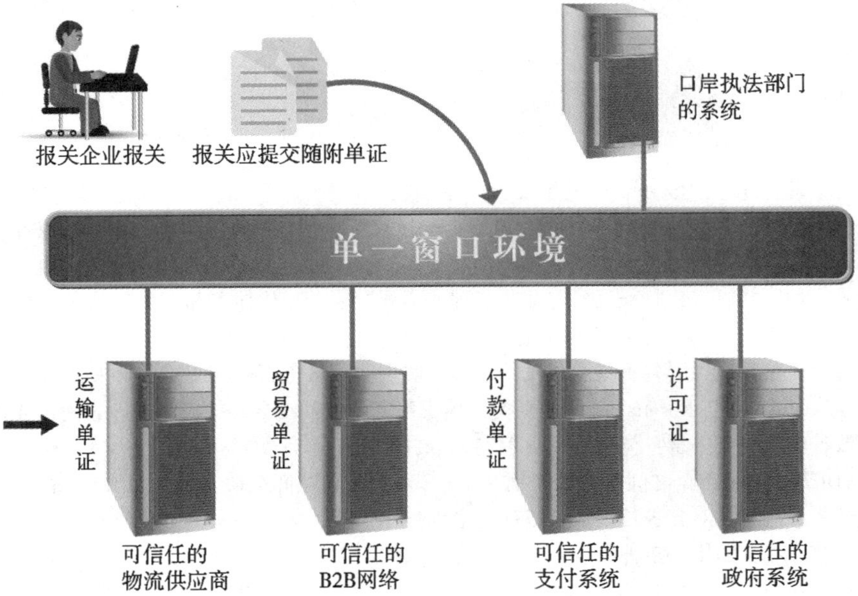

单一窗口是由相互合作的系统组成的网络

上图表示单一窗口是相互合作的系统组成的网络。发达经济体及刚刚实现工业化的经济体已经建立了大量完善的计算机系统、成熟的口岸执法监管及系统的口岸执法管理部门。因此，对于这些经济体而言，从零开始推进庞大的单一窗口环境项目既不适用，也不受欢迎，需要另外一套措施为当前垂直、独立的系统勾勒出演化为更紧密的一体化系统的路线图。在一个典型的发达国家（地区），以下计算机系统实际上已经在履行单一窗口空间的职能：

1. 自动化海关报关系统；
2. 自动化许可证件管理系统；
3. 动植物检疫和卫生检疫系统；
4. 海港和空港控制物流的货物社群系统；
5. 海关系统、货物社群系统、贸易商系统、银行及自动化许可证核查系统之间的电子数据接口连接。

当上述系统建立起来之后，必须确保系统之间的数据可以互换，只有这样才能减少贸易商的时间和麻烦。这并不是说上述系统的互联互通就等于单一窗口环境，而仅仅是为了提醒决策者要权衡从零开始建设单一窗口项目的成本和它们可能带来的商业价值。

主导企业效应。从看得见的企业身上我们发现，主导企业不仅建立用户社群，也是系统之间接口标准的制定者。无论他们的接口标准是不是所谓的“国家标准”，拥有广泛的在用接口的计算机系统显然有更多的机会使其接口标准成为标准，为交易社群和更多的领域所共享。我们可以从交易社群中的 RosettaNet① 或者

---

① 简而言之，RosettaNet 的主要目标集中在供应链及其优化上，它通过增强的 B2B 集成，提高其效率和性能。RosettaNet 电子商务过程标准旨在提高速度、效率和可靠性，允许在贸易合作伙伴间进行更大规模的协作和交流。RosettaNet 提供一个公共交流平台，也可以说是一种公共语言，它允许参与业务流程的不同贸易合作伙伴参与自动化流程并在互联网上执行。该公共平台解决了 EDI 的主要成本开销之一，业务流程中贸易合作伙伴的 IT 部门必须为与其交互的各贸易合作伙伴设计、实现和测试定制业务流程。与 EDI 和早期的 B2B 集成工作不同，RosettaNet 已完全设计用于与安全性的结合和按需集成，这使得原本要花费数日的传统业务事务分批处理可以在几分钟之内迅速完成。

EDI 和 RosettaNet 之间的主要区别在于，EDI 在公司之间交换文档，而 RosettaNet 跨网络定义业务流程并对其进行集成，以确定最佳操作过程。大量的案例分析已显示，RosettaNet 带来了胜过 EDI 的多种利益。普遍认为带来的利益如下：更轻松、更经济高效地实现更大投资回报（ROI）；使大量的业务流程更加自动化的能力；相对于分批处理的实时事务处理；更强的可伸缩性。——译者注

SAP[①] 等广泛应用的企业资源计划系统入手分析“主导企业效应”。由于主导企业业务领域广，他们所采用的标准也自然而然成为整个用户社群的标准。这就意味着，口岸执法部门及其用户社群凭借垄断地位占据着主导地位，因而也就决定着标准。单一窗口操作员或协调员必须有序安排社群内的标准接口，这项职责非常重要。

占据主导地位的海关系统和其他行政管理当局的系统是否准备好，与货物社群系统是否准备好同样重要。单一窗口环境作为相互合作的服务网络，应具备以下特征：

1. 单一窗口环境是目前实施纵向管理，相互之间没有竞争性的实体结成战略联盟的产物；

2. 没有任何一个组织可以凭一己之力实施单一窗口并取代既有的系统网络；

3. 居主导地位的计算机系统所采用的标准将为所有社群采纳（主导企业效应）；

4. 正式确定单一窗口协调员，以便管理与参与者及其系统之间的正式协议，建立并管理单一窗口架构（业务、技术、安全及数据架构等），在各方之间建立信任。

在向单一窗口环境目标迈进的过程中，为了将各部门的单项服务转变为单一窗口项下的服务，各方必须加强合作，调整现有接口。接下来将从服务集成的角度对单一窗口进行分析，说明这一转变是如何实现的。

六、 单一窗口作为服务的集成

最后，单一窗口环境是由信息和通信技术带来的，支持进出境执法职能及贸易便利化的服务的集成。指定的单一窗口操作员（或协调员）代表口岸执法部门通过一个公用平台为货物、运输工具和机组人员提供清关服务。

在“一个屋檐下”提供相关服务可以为商界带来便利，他们能够方便地享受这些服务。从提供服务这一角度看待单一窗口使我们可以清楚地处理手头的问题。服务视角使我们可以利用许多有用的技术和管理工具，以帮助我们解决在建设单一窗口环境过程中的许多问题。

---

① SAP 起源于 Systems Applications and Products in Data Processing。SAP 既是公司名称，又是其产品——企业管理解决方案的软件名称。SAP 是全世界排名第一的 ERP 软件，在各行各业中得到广泛应用，它为 20 多个行业提供融合了各行业“最佳业务实践”的行业解决方案，这些行业包括汽车、金融服务、消费品、工程与建筑、医疗卫生、高等教育、高科技、媒体、石油与天然气、医药、公用事业、电信、电力及公共设施等。SAP 在每个行业都有行业解决方案图，充分展示各行业特殊业务处理要求，并将其绘制入 SAP 解决方案和合作伙伴补充方案中，完成包括基于网络的“端到端”的业务流程。——译者注

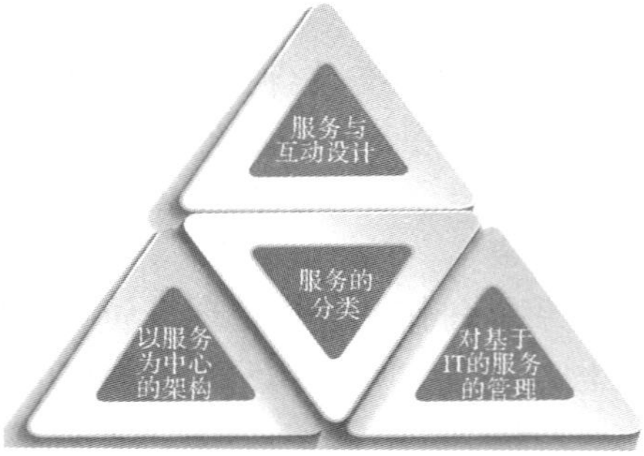

单一窗口作为服务的集成

（一）口岸执法单一窗口的范围

为了完成一桩国际贸易交易，商界和政府需要进入数个贸易、运输和管理方面的服务。这些服务可以分成不重叠的类型和层次。下面将说明通过对贸易、运输和管理服务进行合理分类，使国际贸易中各相关信息技术系统提供者（无论是政府还是商界）的所有权、责任、义务和磋商机制变得更容易。

下表是关于服务的分类及这些服务在现有社群提供者中的所有权情况。单一窗口操作者经常被问及的一个问题是：它能够提供的服务是什么？

服务的分类及其在现有社群提供者中的所有权情况

牵头部门　参与部门　协商部门　通报部门　无关部门

	提供的服务	现行的相互合作系统	口岸执法单一窗口	独立的海关系统	独立的口岸执法部门系统	港口社区系统	社区物流系统	B2B社区系统
贸易与交通	商务服务	发现贸易伙伴	?					
		发现产品的服务	?					
		目录服务	?					
		报价服务	?					
		调度服务	?					
		订购服务	?					
		发票服务	?					
		派遣服务	?					
		汇兑服务	?					
		订舱服务	?					
		货物提取	?					

续表

	提供的服务	现行的相互合作系统	口岸执法单一窗口	独立的海关系统	独立的口岸执法部门系统	港口社区系统	社区物流系统	B2B社区系统
半垄断海港口和空港口	运输服务	运输计费服务	?					
		货物追踪	?					
		理货服务	?					
		领舱和拖船服务	?					
		仓库和港口装船服务	?					
		港口装卸收费	?					
		货物配送流程	?					
		熏蒸服务	?					
		中转业务	?					
		进港离港服务	?					
		码头装卸服务	?					
		港口操作	?					
		航海服务	?					
		船舶检验	?					
		仓储及港口装卸服务	?					
		进口卡口	?					
政府垄断	监管服务	运输报告	?					
		提前监管报告	?					
		物品出口申报	?					
		物品进口申报	?					
		物品允许放行	?					
		货物出口报告	?					
		货物进口报告	?					
		监管产品许可	?					
		监管产品的检验–如动物检疫	?					
		监管商品许可	?					
		安全检查服务	?					
竞争性	技术服务	商业计算服务	?					
		电子信息服务	?					
		应用服务	?					
		网站空间服务	?					
		身份管理服务	?					
		发证机关服务	?					
		信息安全服务	?					

应当通过透明的方式明确单一窗口操作者或协调者的职责。通过磋商，任何一个参与的口岸执法部门（代表它所操作的系统——无论是独立的还是社群系统）都可以到达一个“未来想要的”状态，并通过明确自己想拥有的服务及想参与的服务，以及为了单一窗口操作者或其他口岸执法部门而放弃的服务，清晰地表达出来。

上表清晰地表明只有那些被一个提供者所垄断的服务才可能列入单一窗口服务。例如，港口服务是港口当局垄断的服务，港口当局可以是海事单一窗口的拥有者，该社群可以是单一窗口环境的组成部分，单一窗口环境还包括其他垄断性、不重叠的口岸执法部门执法系统。

当把更大的服务分解成一项项更具体的服务并发现这些具体服务之间的关联性时，这种分类分析法就会产生更深刻的见解。例如，进出口商品的报关手续离不开货物查验，而要进行货物查验，必然涉及查验人员日程安排。虽然服务讲述了某项业务需求，但业务流程提供了实现这一业务需求的具体步骤。可以通过调整业务流程来实现同一项服务。

口岸执法包括与贸易相关的海关、商务部等政府主管当局提供的一系列旨在为商业和运输业服务的服务。传统上，这些服务由各部门自行建立，物流也是离散的、互不关联的，很少考虑相互之间的联系。电子单一窗口的核心是“联手服务”的理念，按照这一理念，为客户服务是基础。上表显示了联手服务的步骤，并且提供了一个便于将单一窗口界定在一定范围内的框架。

专家建议对服务进行分类和分层是一种有效的分析方法（由 Cohen 在 2007 年提出）。科学分类并从中找到相互之间的关联性对于准确描述当前已经建立的服务至关重要，这是业务分析员和技术工程师建立有效决策平台的常用手段。这将在第二卷进行详细讨论。

（二）服务互动设计与服务导向架构

设计单一窗口解决方案中，最重要的就是描述在未来的交易过程中贸易商（或者报关企业/运输部门）的“想要”的状态。当利益攸关者从事一系列架构和设计活动时，对这种“想要”的状态的描述将起到他们相互之间联系和纽带的作用。

服务流程确定贸易商（报关企业/运输部门）在电子方式下必须做什么以及按什么顺序做。贸易商的系统必须相应地为其活动做些什么？同样，当贸易商来到有关物理实体接口时（如货物的交付），这种互动的基本特征是什么？开展每项活动必需的资源是什么？有哪些指标（随机时间、等待时间、排队时间、反馈时间、准确率、可靠性等）？

服务的结果是货物进出境过程中贸易、运输及口岸执法当局一系列"服务相遇"的结果。处理的时间及相关成本（连同时间、成本、精力的可预见性），以及参与方难以量化的行为影响到整个服务过程。我们的目标是提供可预见的、统一的、集约的服务。为了获得理想的服务对碰，单一窗口项目的所有利益攸关者必须共同来构思、实现和印证这些服务，这是设计单一窗口的重要环节。官员的自由裁量权及权力分配和一线官员授权问题是需重点讨论的相关议题，深化了行政管理层对业务流程和贸易便利化的理解。

"互动设计"超出了一般意义上业务使用案例设计的范畴，深入到服务提供方式创新的具体细节，第六章将更详细地讨论这一问题。

各行政当局对自身服务有自己的看法。然而，单一窗口理念要求这些看法必须从政府及其各行政当局整体来构想。无论以何种方式来构想，"服务导向"的架构为建设可扩展的、易于维护的单一窗口环境提供了一条可行的前进道路。

服务导向结构（SOA）从一开始就强调业务服务，而并不强调技术基础（服务器、存储等）及相关的技术服务。这种扎根于业务的特性使其顺理成章地被用来构建单一窗口环境。服务导向结构的不同特征将在本文第二卷第六部分中进行讨论。

下图显示的是"服务的集成"的逻辑链条，显示与服务范式相关的各种学科都在发挥作用。

"服务的集成"的逻辑链条

这种从"服务的集成"角度来看待单一窗口，有利于缓冲口岸执法部门彼此竞争的负能量，集中精力解决重叠部分的问题。此外，服务范式有助于在服务互动设计、服务导向构建及运行管理服务等重要学科之间架设桥梁，实现设想阶段和实施阶段的无缝链接。

七、 总结

关于单一窗口环境的 4 种不同理解方式为构建单一窗口环境提供了可付诸行动的不同见解和思路。

单一窗口环境的不同理解方式

视角	主要观点	可付诸行动的见解
联合国贸易便利与电子业务中心第 33 号建议书	通过一个投入点提交标准化的信息和单证的设施。	信息和单证的标准化对贸易便利化至关重要；政府通过一个统一的接口面向贸易商。
	每个数据模型只提交一次。	协调口岸执法部门之间的数据；设立一个综合性的跨部门的表格和应用软件，实现数据的一次性提交。
	单一部门、单一自动化系统（一体化的、接口型的、混合型的）及自动化的信息交易系统。	理解架构的类型，对现有单一窗口进行分类，画出实现的路径。
协调的口岸执法	单一窗口是跨部门合作计划的组成部分。	单一窗口与口岸执法效果有战略性关联；应关注职能上的一体化和合作行动（如一体化风险评估，联合监管和查验，一体化货物监管，共同贸易商账册管理等）。
	单一窗口服务需要高水平的跨部门合作。	确定并管理单一窗口服务需要的跨部门合作。
看得见的企业	一个看得见的法人实体。	要正式确定一个拥有正规法律授权、责任和义务的单一窗口操作员法人；单一窗口法律授权为各参与部门在保持自身独立实施的前提下实现具体目标奠定了基础。
	门户网站可以简化和统一不同的执法要求。	单一窗口创立和发展的历程可以像一个涉及多个企业的门户网站一样：信息交易一体化转型。
	单一窗口是相互合作的部门和系统组成的协调的网络。	社区内的系统通过法律协议开展合作，并通过信任关系逐步发展和繁荣；如果主导企业的标准忽视互联互通的国际标准，单一窗口环境将面临危险。

续表

视角	主要观点	可付诸行动的见解
服务的集成	单一窗口服务可以划分为不重叠的类型和层级。	确认跨境贸易、运输和执法领域基于计算机系统的系统之间的差距；提供一种框架以分析和决定单一窗口范围；在以服务为中心的结构下找到从业务服务发展为单一窗口服务的路径。
	服务之间的互动是让用户满意的关键。	管理层必须关注互动设计和服务的经历；遵循现有的服务分类建设学科，以及服务操作管理。

第二章 口岸管理职能与单一窗口概念

本章讨论以下问题：

1. 为什么海关业务多涉及与其他政府部门的合作？

2. 既然海关行政当局的职能不尽相同，是否有办法来说明他们当前的战略责任及未来的治理责任？

3. 海关广泛的职能要求单一窗口必须提供哪些服务？

4. 单一窗口对传统海关职能有何影响？

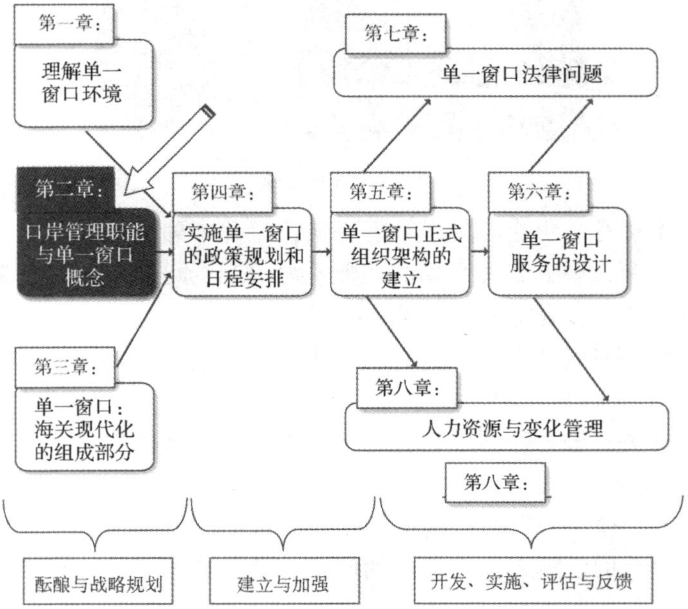

第一卷结构图

一、 概述

前一章介绍了单一窗口的概念，指出建设单一窗口的办法有多种。单一窗口影响海关及口岸执法部门对国际贸易和人员跨境流动的监管方式，要求口岸执法部门加强协调与配合。本章将详细分析海关的职能，以及这些职能对单一窗口和跨部门合作的要求。

海关在国际供应链管理方面承担关键性作用，提供社会保护，保证税收，为政策制定提供有价值的统计数据等。虽然海关可能承担多种职能，各海关的实际职能作用因国家（地区）不同而不同。应建立一个框架来分析单一窗口对海关各项职能的影响，这种分析有助于确定单一窗口项目的范围，并帮助行政管理人员从各自政策、法律、行政管理、技术环境方面考虑范围问题。

下一部分将列出不同的口岸管理职能，单一窗口提供的与这些职能相关的服务，跨部门协调与配合方面的任务。但并非每个国家（地区）的海关当局承担下面的全部职能。在有些国家（地区），其中某些职能可能不是海关的主要任务，而是政府其他部门的主要职责。

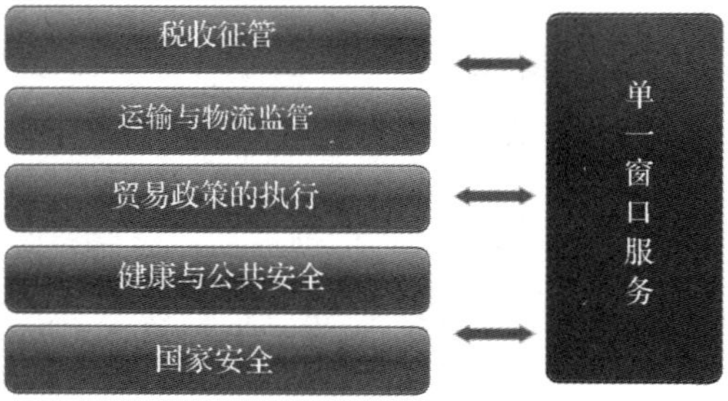

口岸管理职能

此外，虽然有些职能与口岸管理有关，但并未列为海关职能。下面的检查清单有助于深刻理解海关当局的职能。海关当局可以参照以下属性，对照清单中的各项职能，确定其相应属性：

牵头：海关在该项职能中负有牵头作用，应当积极参与或独立负责决策制定。

参与：海关对努力和结果负有责任。焦点在于承担责任，特别是决策以后。

协商：主要牵头或参与，责任在于其他部门，但如果不征求海关意见的话可能会有严重的政策或操作方面的问题，牵头或参与部门正式征求了海关的意见。

通报：海关不需要参与决策，但由于操作或实施方面的原因应当了解有关情况。

无关：海关不涉及该项职能。

此外，海关行政当局还可以对每项职能按照优先程度分为高、中、低三档。为了演示如何使用检查清单，下面对部分重要职能予以说明：

二、 口岸管理职能——税收征管

（一）主要内容

1. 对跨境商品进行估价并征收税费。（例如，在 A 国，海关职能是参与。）

2. 积极参与对跨境商品征收增值税、消费税或其他国内税的活动。（例如，在 A 国，海关职能是参与。）

3. 关于海关估价，对跨国转移支付的正确税收待遇给予便利。（例如，在 A 国，海关职能是无关。）

4. 公平、公正地解决税收及其他管理争端。

5. 为了掌握纳税人情况或发现新的税源，合法地从多方收集数据并进行分析。

（二）单一窗口服务

1. 提供以下在线信息服务：

（1）每种商品或税则项下应缴的各种税费（例如，优先等级为高）。

（2）海关法及其他法律规定的每种商品或税则项下应缴的各种税费的计算方式。

（3）告知贸易商应缴税费的法律授权和依据。

（4）商品税则归类指南。

2. 提供以下在线交易服务：

（1）提供接受进口、出口、过境电子申报的设施与服务。

（2）在线验证和处理报关单证。

（3）在线计算和缴纳关税和进出境环节代征税。

（4）电子放行和通关的工作流程。

（5）申请在线缴纳进出境税费。

（6）电子支付税费及退税和免税。

（7）征收进口商品应缴的国内商品税。

（8）出口退税。

（9）保税监管。

（10）职责调整监管。

（11）与税务当局实时共享进口商品应税义务信息。

（12）用于监测和管理口岸执法处理争议的信访室。

（13）全生命周期争议解决程序为提供涉及各执法部门的争议解决程序相关信息，发布公告，确定诉讼安排，公布裁定结果。

（14）在线交易系统发生故障时提供应急措施。

（三）跨部门协作

不仅单一窗口需要跨部门合作，决策也需要跨部门合作。就税收征管职能而言，主要有以下任务：

1. 确定征收进出口贸易有关税费的管理部门，可以是中央、省级或地方有关部门。

2. 对不同行业进行检查，每个领域都可能有其自身的税种和征管体系。例如，石油行业的税费结构与农业的税费结构有很大的不同。可以咨询贸易、运输协会及其代理机构，他们对各类税费了如指掌。

3. 编制口岸执法部门征收的各种税费及依据，包括特定国家、地区或省、港口征收的特殊税费。

4. 与其他部门合作，建立每种税费的基本情况简介，包括计算方法、估价方法、支付方式、税务账册（tax accounting）、担保和缓税服务（包括缓税的条件）、免税和免税条件、放行后和解。

5. 建立委员会、工作组等常设机构，确保所有新的与进出境相关的税费或原有税费变化情况提前通知单一窗口运营部门。

6. 与跨境基础设施提供方合作，公布各种服务的基本收费标准。与税务当局合作，建立进口商品国内税估价征管机制。

7. 制定进出境环节商品和服务征税和缓税条件的文件。

8. 与企业税务机关合作，调查有关各方转移支付情况，配合海关估价调查。

9. 与相关口岸执法部门合作，收集争端及案例管理相关信息，澄清解决争端的各种行政授权。

10. 建立信息共享机制和工业价值链分析机制，拓展税源。

11. 监测、跟踪和分析工业价值链。

12. 建立常态化的跨部门纳税信息共享机制。

13. 共同解决部门共享信息可能引发的隐私权问题。

三、 口岸管理职能——运输与物流监管

（一）主要内容

1. 参与边境基础设施的建设与管理（例如，海关是协商部门）。

2. 确保交通运输工具的快速、安全和有序移动。

3. 确保港口和机场高效、有序地装卸集装箱和货物。

4. 确保存储、检查、扫描、查验的设施、设备安全可靠，派送对物流干扰最小、成本最低。

5. 确保保税货物仓储或运输安全。

6. 确保跨境运输工具符合监管要求。

（二）单一窗口服务

为贸易商和运输方提供以下在线信息：

1. 前往港口、机场和陆路边境口岸的路线。

2. 仓储、场站、货代及监管（海关、检验检疫等）服务的具体地点。

3. 海关、检验检疫等各类监管服务的服务项目、工作时间、服务等级和收费。

4. 提供可电子提交运输工具报告的单一窗口服务，以办理海关及其他口岸执法部门进出境通关手续。

5. 通过单一窗口注册和许可，与相关管理部门共享运输工具电子信息。

6. 为通过边境海、陆、空查验设施提供在线交通服务信息（导航、卡口）。

7. 关于等候和排队时间的实时信息。

8. 海关与边境交通管理部门在线交换运输报告处置结果。

9. 安排装卸泊位、码头，货物作业安排，监管查验，以及其他运输要求服务。

10. 保税仓储及相关设施设备许可。

11. 对货物存放具体位置进行标志管理，以便对货物进行存放、取回和检查。应确保相关利益攸关者能够看到货物存放地点。

12. 所有仓库运营单位应当可以访问货物舱单数据，以便暂时存放保税货物或对其进行目录管理。

13. 为运输工具的登记和退出提供在线注册服务。

（三）跨部门协作

物流主要是交通主管部门和私营部门的责任。海关或交通主管部门推动的跨部门协调主要有以下事项：

1. 口岸基础设施建设和管理过程中的协调。

设计和建设阶段即应考虑海关对场地和设备的特定要求，这关系到机场运营单位经认证的经营者的地位，以及设施作为海关查验用设施的适用性。

2. 在运营阶段，与交通主管部门和私营部门协调业务流程、工作时间等。

3. 与公路、铁路路政管理部门，空管部门，海事部门合作，确保运输工具安全进出。

4. 与安全部门合作，以确保口岸设施安全。口岸设施设备安全和货物安全对于货物通关操作非常重要。

5. 人员进出和接触敏感设施方面的合作。

6. 与交通管理部门合作，建立联合指挥中心，使海关在必要情况下可以对交通流量进行控制，从而对交通进行干预，以实施例行或特殊的查验。

7. 与其他部门实时共享交通工具放行信息，确保交通畅通。

8. 就机场、海港和陆路跨境设施建立正式的跨部门应急预案。建立应对灾难指挥体系。

9. 与理货部门合作，为货物顺利放行奠定物质基础。

10. 与口岸管理部门合作，对保税仓储和相关设施进行管理。这些设施的许可通常涉及多个部门，应协调相关部门办理协调。

11. 保税区的固定或移动设施、设备通常需要海关监管。

12. 与安全部门对进出机场安全设施的保障车辆开展合作，此类车辆需要海关监管，以防默许、纵容或内外勾结。

13. 与港务当局合作，对拖船、引航船或补给船实施注册管理，这些船只能处理来自母船的货物，并且只有经海关注册或许可后方可在海关监管区内活动。

14. 与仓储和物流运营方合作，为查验提供便利并共享查验结果。与仓储经营方、安保部门、当地警方合作，防止仓库被盗或发生走私行为。

15. 与运输标准部门合作，共享并维护远洋和近海船舶、定期或不定期航班及国际道路运输运营车辆的注册信息。

16. 就维护交通运输工具注册信息的主管部门达成一致意见。

四、 口岸管理职能——贸易政策的执行

（一） 主要内容

1. 实施关税和非关税贸易措施，开展贸易便利化项目。
2. 提供准确的贸易数据，为贸易政策制定提供支撑。
3. 落实双边、地区和多边贸易协定及经济合作协定有关合作措施。

（二） 单一窗口服务

1. 提供所有关税细则和商品的关税和非关税措施的网页。
2. 为所有管理部门提供可发布贸易数据和统计的单一窗口平台。
3. 进出口许可证件的在线申请功能。
4. 许可证的交易中和放行后的验证功能。
5. 提供区域贸易协定项下有关独立贸易制度安排的在线服务功能。

（三） 跨部门协作

1. 与商务部门协调，就各口岸执法部门维护在线信息的职责达成一致。
2. 与商务部门协调，在贸易谈判中确保政府强有力的边境保护措施。
3. 与商务部门协调，确保安全高效的海关口岸执法，包括实施贸易便利化措施。

五、 口岸管理职能——经济安全的维护

（一） 主要内容

1. 防止跨境贸易和人员被滥用为非法金钱流动。
2. 实施合法的反倾销和反补贴措施。
3. 通过满足业界有关供应链便利化需求来促进投资。
4. 拒假冒商品（包括假币）于市场之外，否则将损害知识产权权利人权益。

（二） 单一窗口服务

1. 为游客提供在线现金申报服务功能。
2. 提供有关补贴和保护性关税的在线信息。
3. 提供关于贸易、供应链便利化及促进投资的在线信息。

4. 提供国际贸易单一窗口与其他单一窗口或在线电子政务之间的链接。
5. 提供知识产权权利人在线注册服务。

（三）跨部门协作

1. 与其他相关执法部门开展反洗钱领域的合作。
2. 与金融情报机构合作，共同打击与贸易有关的洗钱活动。
3. 与相关主管部门开展反倾销和保护性关税领域的合作。
4. 与其他政府部门就潜在的投资者进行综合性研究。
5. 与其他政府部门就优化和简化业务流程开展合作。
6. 与权利人报告知识产权商品嫌疑商品开展合作。
7. 将查获的知识产权侵权信息通报其他政府部门。

六、口岸管理职能——公共安全、卫生及环保的维护

（一）主要内容

1. 对关系消费者和工业安全、环境和公共健康的商品实施准入和边境保护措施。
2. 防止和打击贩毒和人口贩运。
3. 对有害废物运输进行管理。

（二）单一窗口服务

1. 提供危害安全、环境和公众健康商品的在线信息。
2. 提供麻醉品、精神类物质危害品相关在线信息。
3. 提供有关有害废物管理及相运输规定的在线信息。

（三）跨部门协调

1. 与管理部门合作，为贸易商提供许可证件和边境保护措施有关规定。
2. 与公共卫生部门合作，实施边境保护措施，确保贸易和人员往来不会危害人员和动物健康。
3. 与执法部门官员合作，防止贩运毒品。
4. 与相关部门合作，取得有害废物进口口岸许可证。

七、 口岸管理职能——供应链安全的维护

（一）主要内容

1. 实施检查、扫描、车辆搜查等边境保护措施，防止武器、弹药、炸药和大规模杀伤性武器的流动。

2. 实施两用物项出口控制项目。

3. 实施旅客控制程序，防止包括走私和恐怖主义在内的跨国犯罪。

4. 确保供应链参与各方及相关设施是可信赖的、安全的，而且仅用于合法贸易。

（二）单一窗口服务

1. 提供两用物项设备和技术许可相关的在线信息。

2. 为公众提供有关海关及边境保护的相关信息。

3. 提供在线提交旅客名单服务。

4. 利用旅客数据建立旅客资料并进行风险评估。

（三）跨部门协作

1. 视情况与安全部门合作，对违反海关法或可能危害安全的行为进行监视、侦察、侦结后活动，对合作部门开展的类似调查活动予以配合。

2. 与海岸和陆地边境保护安全部门合作，优化日常边境监视资源。

3. 与安全部门联合在边境逮捕恐怖主义和严重犯罪嫌疑人。

4. 与执法部门合作，共享情报，加强控制。

5. 与合作部门共同实施供应链安全项目。

海关各项职能的重要性并不完全一样，有些职责可能相比更重要一些，而且优先领域随着时间会发生变化，在推进单一窗口建设的 20 年时间里，就应当考虑到这一点。

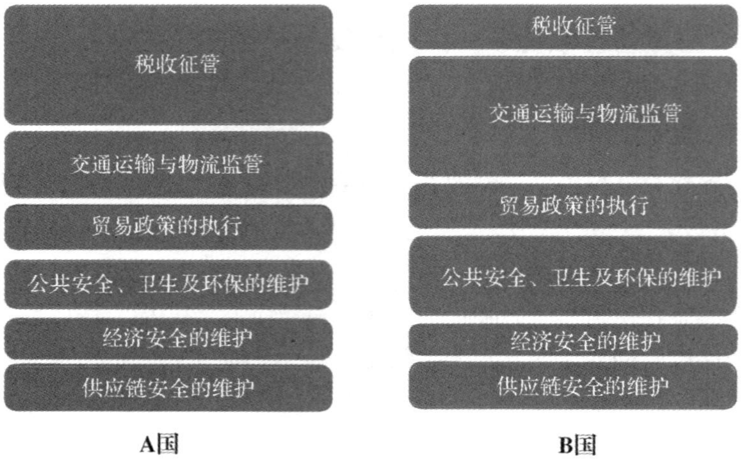

A 国和 B 国的海关职能

因此，如上图所示，即使 A 国和 B 国的优先领域有很大不同，但关系国家主权的海关基本监管职责对于两国都是永远存在的。在单一窗口全生命周期中，这些职能会不断变化。

八、 总结

上述调查表明，海关的工作性质决定了海关必须与其他部门广泛合作才能很好地履行职能。无论实施单一窗口与否，海关要实现自身的目标、任务和使命，必须与其他政府部门和私营部门开展深入合作，世界海关组织将这一点视为未来海关最大的挑战，同时认为协调的口岸执法是建设 21 世纪海关的基石。

当我们审视海关职能、单一窗口服务、跨部门合作任务之间的逻辑关系时，会发现海关职能各不相同。由于地理位置、经济发展程度各不相同，政府部门之间传统的职能划分、海关作为公共服务部门的传统角色及政治领导层赋予海关的战略地位各不相同。本章提供的自我评估框架可以快速而准确地描绘出海关当局的功能图。功能图可以确定单一窗口环境需要提供的各种服务组合。

很好地实施这些服务的愿望必须与海关当局的整体战略规划相一致，下一章将就此进行讨论。部门之间的合作比技术和工程问题复杂。当海关与其他政府部门协调配合时，需要政策制定者持续的支持。第四章讨论了获得支持和政策推动力的方法。

第三章 单一窗口：海关现代化的组成部分

本章讨论以下问题：

1. 单一窗口是怎样顺应各国海关现代化和贸易便利化战略的？
2. 为什么战略规划对建立单一窗口环境至关重要？
3. 海关为建立单一窗口倡议应采取的措施是什么？

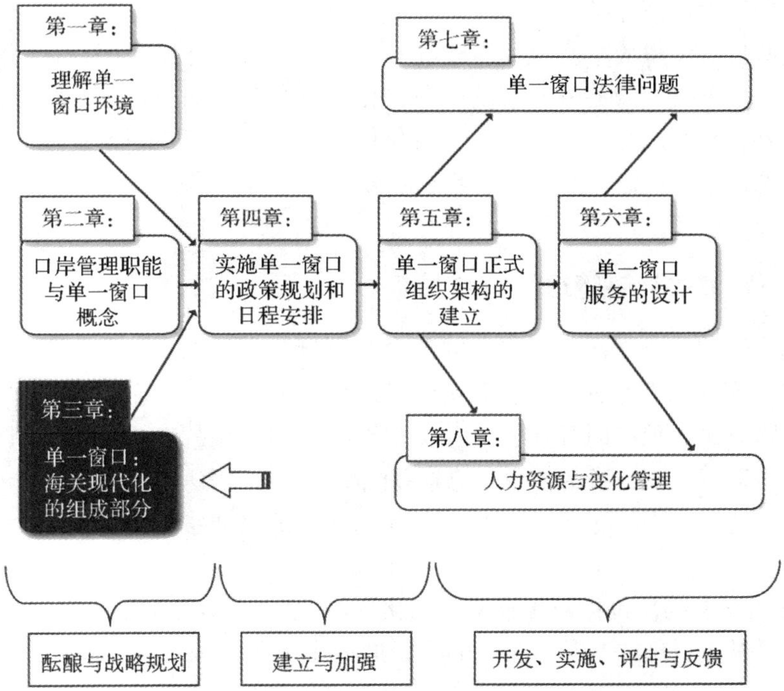

第一卷结构图

一、 战略管理

海关的重要职能得到广泛认可，这些职能包括政府对供应链的管理，维护社会安全，保持稳定的税收，为制定政策提供有价值的统计数据等。

多年以来，海关一直在有效地履行自己的职能。但进入 21 世纪，政治经济力量已经在推动变革。政府必须回应快速全球化和贸易量的持续增长，商界更加关注成本问题、贸易流向的变化，以及越来越多的贸易协定等新的行业需求。业界越来越无法容忍低效的、落后的口岸执法程序，希望政府能够紧跟现代物流发展，使国际供应链变得可以预期。

此外，政府越来越关注供应链的安全。除了破坏物流、造成人员伤亡外，恐怖事件还会对受影响的贸易通道造成巨大的经济损失。这些因素也在推动跨境贸易管理政策的调整。

通过前一章我们已经看到单一窗口概念是如何影响海关职能作用的。前面提到，推动力量已经深刻地改变了海关履行职能的方式，海关已经从一个征税部门变为承担更多边境保护职能的部门。即使是在那些海关仍是主要的税收来源的国家（地区），也号召海关执行更多的政府政策，尤其是在国际贸易和国内工业经济保护领域。

这些挑战使得战略管理成为建立一个能够有效履行使命的现代海关的重要条件。以下研究海关战略管理问题，看单一窗口是如何适用于海关现代化的。战略管理必须坚持客户导向，不仅向商界寻求建议，还要让他们参与提高合规性的活动中来。海关应当与商界联手打造伙伴关系，利用商界的资源来促进海关执法。

（一）海关战略管理

战略管理是建立在一个组织的使命和愿景之上的操作战略，目的是帮助组织在正确的轨道上运行，确保实现组织确定的目标。政府的优先领域及海关在国际和国内承担的责任和义务决定着海关的发展战略。海关组织机构的演变完全建立在其自身的使命、愿景和战略之上。

一个勾勒出未来3~5年贸易便利化愿景的战略通常涵盖以下4个业务领域：

1. 组织架构。包括强化贸易便利化领域的管理部门，这些部门之间的合作，贸易基础设施，与私营企业的协商机制等。

2. 法律架构。包括进出境手续，相关贸易法律的透明度，关税和非关税壁垒及守法要求等。

3. 电子商务与单证管理。包括贸易商提交数据的手续，电子申报的基础设施，进出境及过境的工作流程，随附单证的提交与数字化等。

4. 专门的贸易便利化项目。如受信任的贸易商、经认证的经营者，平衡监管与风险的措施，减少放行时间的措施等。

（二）单一窗口应坚持客户导向

将单一窗口置身于战略框架中意味要对单一窗口对政府各种贸易便利化政策的影响进行检查与评估。前面已经提到了一些项目。贯穿这些项目的主线是海关对商界必须始终是“友好的”。下面是这一主线的支柱：

1. 执法透明度

执法透明度要求商界在规定出台过程中有一定的发言权。专家认为建立协商机制可以减少贸易成本，提高监管效能。当商界对规定出台有法定发言权时，执法透明度得到进一步提高。同样，必须公布此类信息的政府部门的监管效能也会得到明显提升。

2. 协商机制

协商应当涵盖贸易的各个方面，包括收集关于监管政策的相关信息，关于监管程序及其实施细则的立法建议。修订后的《京都公约》要求必须与业界进行协商。提前公告拟出台的规定及公开征求意见的原则要求就相关政策建议举行听证会，这一原则在一些国家（地区）已经得到广泛实施。这些原则对单一窗口项目的实施是至关重要的，既为商界的参与创造了条件，也深化了口岸执法部门之间及口岸执法部门与商界之间的信任。

各个口岸执法部门在服务设计和提供方式方面应加强与企业进行协商，未来这一点将越来越重要，因为口岸执法单一窗口解决方案主要依赖贸易商自身的数据和程序，这就要求从业界的角度看待贸易链问题。如果一个单一窗口项目有深入、广泛和全面的商界合作伙伴关系，其成功的可能性会更大。

3. 客户拓展计划

世界海关组织标准框架（WCO SAFE）一直在推广这一理念，即经认证的经营者是执法部门在保障安全和加快贸易速度方面的合作伙伴。客户拓展计划可以扩大自愿参加合作的伙伴的范围。旨在提高合规性、自觉性的客户拓展计划应当从既有能力又有意愿监控自身活动的企业着手。

4. 统筹执法部门目标与商界目标

下表表明，执法部门的战略目标完全可以与商界为自身利益而确定的战略目标相统一。

商界的目标与执法部门的目标

商界的目标	执法部门的目标
召回产品的能力：因商业原因从供应链中召回产品的能力。	保护消费者安全：监控影响消费者安全的产品的跨境活动。
产品全周期管理（不同的产品管理方式不同）：从产品设计、生产、运输、交付，直至消费和处理全流程信息跟踪能力。	对产品进行分类管理：赋予特定产品特性的能力。 最终用户监控：跟踪并报告最终用户的能力，如双重用途高新技术产品。

续表

商界的目标	执法部门的目标
库存管理：对交付安排进行监控，及时交付。	供应链安全：能够对需要查验商品进行定位的能力，提高监管有效性。
运输工具的快速周转：快速高效地装卸集装箱的能力。	海事安全：确定危险集装箱的位置并进行隔离，对危险化学品进行正确操作。

上表表明，有些项目和规划对海关和商界是双赢的。商界对自身的物流和管理控制得越严，他们协助口岸执法部门实施监管的可能性也越大。商界对其交易的产品、贸易伙伴、寄售商品等越清楚，执法部门进行控制的可能性就越大。如果商界能够说服海关当局，企业内部控制程序可以支持和补充海关监管，而且海关可以进入这些内部控制程序，那么一种信托关系在两者之间就建立起来了。当整个供应链上的业务都是可以信任的时候，“经认证的供应链”就应运而生了。

（三）单一窗口的适用范围

单一窗口与一个国家（地区）的海关现代化和贸易便利化战略是什么关系？专家认为单一窗口环境是连接许多贸易便利化倡议的关键因素。因为单一窗口影响着国际贸易所有利益攸关者，对海关有深远的影响。被信任的贸易商、经认证的经营者制度及经认证的供应链应当成为单一窗口业务架构的组成部分。支持贸易商自身流程和活动的信息模型也可以通过单一窗口发挥作用。单一窗口环境应当成为口岸执法部门和商界之间这种参与过程的内在内容。

第二章说明了单一窗口涉及海关主要业务，对整个海关组织构架有着广泛的影响。海关是最大和最重要的口岸执法部门，职能广泛。海关通过实际查验或收集信息的方式参与到国际贸易的每一桩交易中去，因此是天生的口岸执法部门，这也使得政府将海关视为单一窗口倡议的天然牵头部门。2010年世界海关组织调查问卷表明，多数海关都是单一窗口项目的牵头部门。即使在其他部门牵头单一窗口的国家（地区），海关凭借在口岸上的广泛业务，也是单一窗口建设的重要的利益攸关者。调查还表明，单一窗口的主要功能是围绕海关业务展开的。因此，探索实践单一窗口概念对于海关来说是一项战略决策。

假如海关有了政治上的支持、急迫的愿望、预算授权及必要的技巧，它很可能在单一窗口倡议中承担领导角色。这果是这样，必须按照战略管理程序来界定单一窗口不同方案并对此选择方案做出恰当的定位。

单一窗口倡议应当置身于更广义的海关战略框架之下。明确单一窗口的所有权及责任和义务是一个复杂的程序。关于海关在单一窗口中应当承担什么样的角色也属于战略管理的范畴。“人力资源与变化管理”一章将讨论这一问题并提供战略指导。

为了从政治上和预算上获得对其所选择的角色的支持，海关应当制定书面的战略业务案例来证明单一窗口的确是一项可以提高效率的战略。专家建议海关当局应当按下图中的战略管理周期，反复进行此项工作。

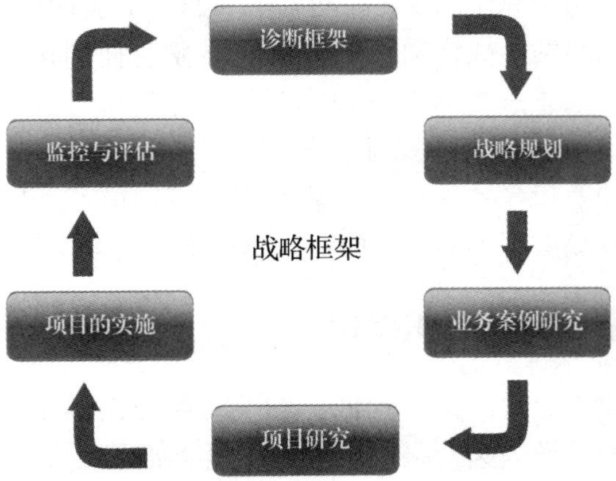

海关战略管理周期

二、 口岸执法部门的战略定位

判定当前形势和制定战略计划（如上图所示）是战略管理的一项内容。通过对当前环境及其对部门未来的影响进行分析，战略管理协助行政人员找到本部门在未来的定位。战略定位需要对当前可能影响组织的发展趋势的因素进行系统的分析。

为了决定组织在单一窗口中的战略定位，必须考虑的一个因素是现行各项服务的战略定位，这对拟建的服务具有重要影响。本文第二卷“初始功能评估指南”详细介绍了口岸执法部门目前的管理责任和职能定位。现行职能框架符合现行规章制度，单一窗口对此必须予以支持。海关与商界之间现行的操作接口和参与方式将决定未来服务设计的底线。对这一底线作出的任何改变都涉及业务流程的重新设计。

另一个需要考虑的因素是法律上对未来服务的支持问题。法律是否允许单一窗口这种模式下由贸易商提供数据问题？政府部门是否可以利用合作部门提供的数据来做出具有法律效率的决定？数据共享是否符合保护个人隐私的相关规定？

为政府部门和商界之间提供接口的 IT 互联问题也同样需要考虑。隶属于不同政府部门的 IT 系统许多都是过去建的，当时软、硬件和数据联网共同组成单一的、庞大的 IT 系统，构架比较僵硬、严格。让系统实现互联是一项特殊的挑战。

然而，最重要的是各口岸执法部门的政策和项目严重影响程序的调整，从而影响到服务的设计。各部门都有自己的贸易便利化战略和未来服务的方式。各部门在政治指引和预算支持下可能都有自己的长期目标和项目。

研究相关部门当前的战略和未来 3~5 年的贸易便利化发展规划对海关来说可能是有益的。如果这方面没有现成资料，这些部门当前的战略定位可以从其过去 3~4 年发布的政策中窥见一斑。

通过分析海关及口岸执法部门战略定位，可以很容易地发现他们关于现代化战略规划的立场有所不同。下面讨论海关现代化倡议的战略问题。

三、 现代化的海关组织架构

通过分析主要工业化国家（地区）的贸易便利化情况可以发现，单一窗口并非他们成功的关键因素。一直以来，在世界银行发布的名叫“商业与国际贸易”的贸易表现评估报告（世界银行于 2010 年发表）中，居于前列的国家（地区）大多要么没有单一窗口方案，要么处在正在建设单一窗口的过程中。为实现商品的快速流动，这些国家（地区）一直在建设先进的物流系统，并进行现代海关实践，如风险管理、事后督查、受信任的贸易商项目，以及基于传统 EDI 系统的信息互换等，但真正实施单一窗口倡议的并不多见。

另外，一个国家（地区）只要树立国际贸易单一窗口理念，它在提高物流效率相关措施的排名往往会提高（如世界银行的物流表现指数）。从已有数据来看，虽然单一窗口只是贸易便利化的一个方面，但的确是非常重要的一个方面。

将单一窗口作为电子设施来实施的政府正在进一步推进风险管理、事后督查、可信任的贸易商项目及客户延伸计划等，从而进一步提高了贸易便利化水平。

一些先进的工业化国家（地区）的管理环境表明，只有当许多相互联系的政策和项目以相互支持的方式汇聚在一起的时候，快速的、可预期的放行时间这一贸易便利化的关键表现方可实现。下面使用迈克尔·波特（Michael Porter）建立的战略框架来描述战略管理。

（一）现代海关管理的典型特征

对海关当局的检查首先通过对贸易便利化水平高的发达国家（地区）的贸易和物流基础设施制作一个简单的画钩清单开始，清单对于测评贸易便利化水平和物流非常管用，可以用来自测。

现代海关管理的典型特征

典型特征	可衡量的特点
货物基本实行自动放行	多数货物实行通关放行，放行时并未实施查验；不查验属于正常，查验属于例外，货物在港口、机场和边境等待放行时不需要对单证进行检查。
简化的手续	放行基于最少的单证要求；实行两步申报，第一步先提交放行数据；放行与通关分离；可信任或经认证的客户享受快速放行。
简化的税则和通关管理	税率变化不大；税种少；计税方法透明，自动化；免税情形很少；税率低（主要是工业化经济体）。
有效的风险管理	风险管理是整个部门一项旨在实施基于风险管理的系统工程；风险管理要内置在战略、战术和操作层程序中；组织结构应支持风险管理；自动化系统帮助进行风险评估和选择；干预是例外。
合规能力强	政府采取积极措施公布合规的相关信息；客户延伸计划支持自愿守法；商界成员重视对守法经营的投入；贸易商自发组织接收自动化的物流信息。
完善的事后督查	记录客户账户信息已成为组织的一项日常工作；有事后督查的组织机构和能力；事后督查的任务分配依赖于战略风险投资管理原则；事后督查是守法情况证明和评估的基础；法律支持即决式督查和访问客户信息系统和数据。
经认证的客户基地	实施受信任的贸易商、经认证的经营者项目；认证标准透明且以可核实的第三方审计为基础。
高效的信息交换	电子数据交换系统（EDI）将不同的利益攸关者连接起来，包括贸易商，港口、机场，物流供应商，执法部门及银行等。
简化的和标准化的电子报文	已经建立了简化的和高度标准化的电子报文；报文涵盖了与清关相关的全部业务。

续表

典型特征	可衡量的特点
看得见的供应链	社群系统具有促进贸易透明度的功能和特征，如查询报关和放行状态、运输工具、货物和集装箱移动情况。
分步报送数据	系统不要求一次性提交所有数据；允许根据贸易和物流业务的相应阶段分步报送数据。
可靠而有序的货物分发	场站和仓库货物操作资源闲置时间少；卡车等候发货时间短；货物监管场地无拥堵或排队情况；货物处理和发送系统之间沟通渠道有效。
高度自动化的货物运输	实时的集装箱场站图示信息可以对集装箱进行可靠定位；仓库的自动编号有助于货物的快速存储、放置、取回。
物流水平高	内陆地区承运人可以自动化地安排在空港、港口及内地货物场站发送或收集货物；卡车等候时间和装车操作时间短。
海关与物流企业进行实时交换	同时向进出口商、承运人及港口、机场管理当局、仓库运营方提供放行及放行状态信息；进出卡口的许可通过在线连接方式进行自动处置。

（二）海关管理活动系统

迈克尔·波特认为，战略是一个为组织的活动创立战略适应性的系统（在《哈佛商业评论》1996 年 11～12 月刊的第 60～80 页上刊登）。一个系统由其组成要素及相互之间的关系组成。活动系统是对相互关系的非线性思考，每一种相互关系都强化了组织的战略，通过强化活动系统的结构，形成了组织的典型特征和能力。

1. 快速且可预期的放行时间

前表描述了现代海关管理的典型特征。这些典型特征还可以从相互联系的关系网的角度来分析。

例如，快速、可预期的放行时间离不开高水平的货物自动放行。物流系统必须保证对货物的实际操作能够使货物快速、可靠地通过口岸设施。如果物流手续跟不上查验放行的步伐，可预期的快速放行也就失去了意义。基于信息技术系统的及时信息流将监管手续和物理程序联系到了一起。下图说明了这种关系。

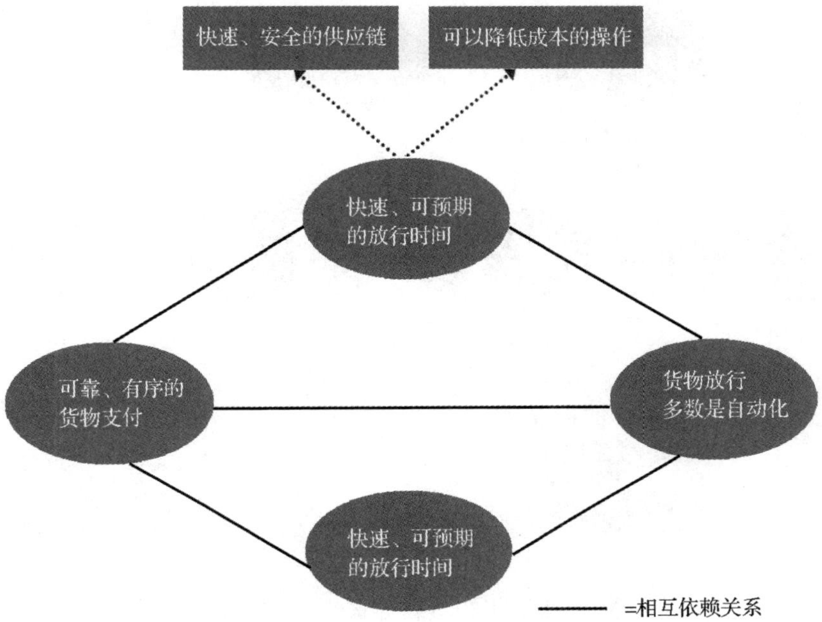

有效的货物通关系统的典型特征

上图显示了先进的货物通关系统的几个主要特征之间的关系。

特别需要注意的是，“可靠、有序的”货物放行，“高效的信息互换”及“主要是自动化”，其中任何一个形容词若被其反义词所取代，整个系统的结果（快速、可预期的放行时间）都难以实现。

事实上，这一研究展示了大多数发达国家（地区）是如何建立高水平的货物进出境处理程序的，它表明，为了实现预期的货物通关效率，除了单一窗口方案外还有大量工作要做。对单一窗口项目的预期进行管理是非常重要的，实现快速贸易的其他重要支撑因素也不容忽视。

2. 货物自动放行

对这些典型特征作进一步研究可以更清晰地认识各种政策和项目组构成的系统全貌。货物放行的自动化必然伴随着实际物流中货物抵达时很低的查验率，而如果没有有效的风险管理、客户高水平的合规记录及海关事后监管，就不可能有低的查验率。所有这些都离不开海关手续的简化，以最少的单证要求提供担保放行。发达国家（地区）越来越倾向于低关税，简化税收制度。此外，非关税壁垒方面的监管要求更加透明，这使得贸易商可以很容易地获得商品相关管理规定，积极准备，以满足这些规定。

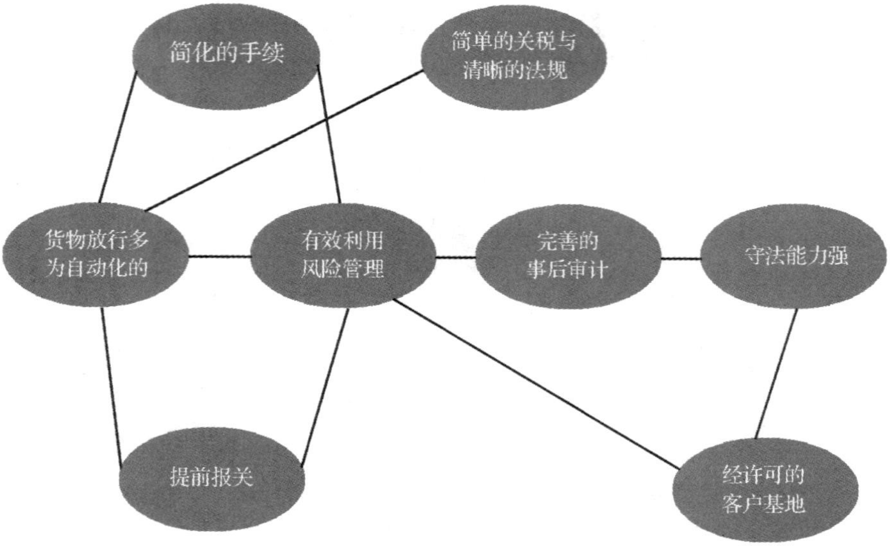

完全自动化的货物通关系统的要求

此外，合规记录良好的经济运营者不再仅仅为了保留一份干净的历史记录而不断地加大投资来提高内部守法能力建设。海关可以通过客户延伸计划、培训和许可来促进守法能力提高。经认证的客户基地提供合理的守法保障。客户认证程序的质量和可靠性通过“经认证的经营者”等正式、有法律保障的倡议和项目来保证。“经认证的经营者”项目已经在一些国家（地区）实施。

执法授权不应迟于货物物理上的实际流动，这除了要有高效的信息交换系统，还要有货物和商品提前申报制度作保证。

3. 高效的信息交换

标准、简化的数据是高效的信息流动的基础。非标准化的数据和信息形成了信息孤岛，使信息系统之间的联通变得更加复杂。标准化的信息也是构建符合逻辑、有意义的信息的基础。这些信息模块对数据交换非常有用，它们体现了商业和运输过程中业务操作中所形成的信息的逻辑顺序。商业和运输活动及操作程序自然带来分步式的数据形成过程。关于货物放行时间，研究表明，准备进出口单证的时间是造成延误的主要原因。分步提交数据可以逐步满足执法部门的数据要求，大幅度减少单证准备时间。如果不能分步提交电子数据，只能是等到最后一刻匆忙地准备所有数据。贸易链和物流链各自对信息保密的要求对执法所需要的信息的流向、获得渠道的及时性提出了要求。并非参与贸易和运输的人都可以同时访问进出口商或其代理人所有报关信息。无法预期供应链交易，不了解货物当前移动状态将影响管理相对人提前提交信息。因此，供应链的可视性是实现快速通关的重要因素。下图显示的是电子信息交换的关键环节。

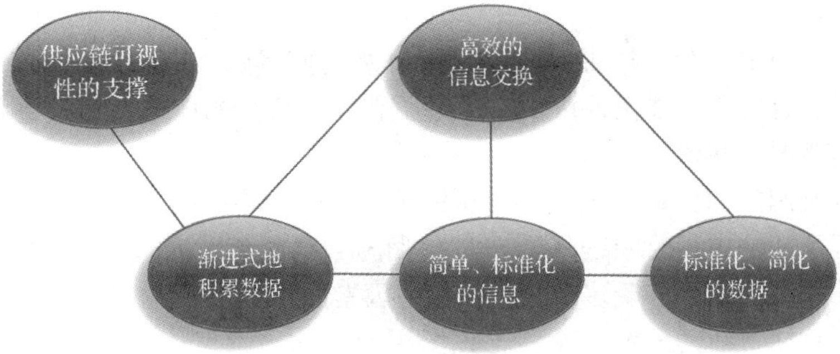

电子信息交换的关键环节

4. 高效的供应链物流

最后，实际物流操作必须与通关监管同步。这包含多个方面的问题，近岸基础设施服务包括拖船与引航、场站操作、集装箱场站管理、理货和核账、场站内部及港口内部设施之间的移动、仓库管理（标记与取回）。下图显示它们相互之间的关系。

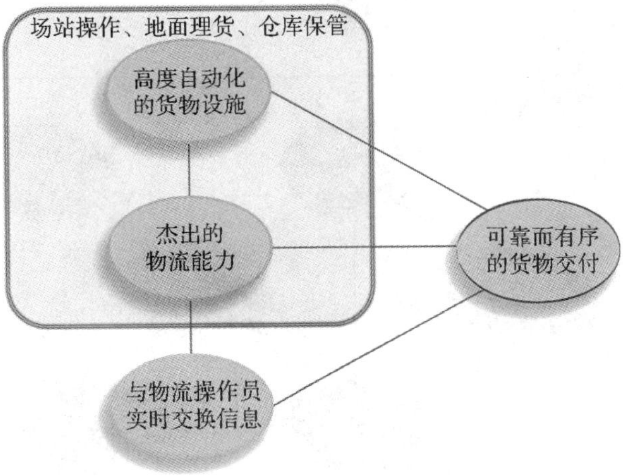

实际物流操作与通关监管之间的关系

专家（Clark、Dollar、Micco 于 2004 年提出）已经指出，表现不佳的港口对贸易量有直接影响，这一点在相对小的落后经济体表现尤其明显。研究发现，近岸基础设施质量是运输成本的重要决定因素。港口基础设施是运输成本的一个主要的决定因素。根据上面提到的表现不佳港口的数据，这方面的成本占到有海岸线国家（地区）运输成本的40%，内陆国家（地区）的60%。如果一个目前基础设施相对落后（比如位居倒数行列）的国家（地区）能够将其水平提高到发达国家（地区）水平，那么其运输成本可以降低20%~50%。

因此，对港口和机场现代化的投资显然是值得的，应与简化监管的倡议同步推进。这方面的投资巨大而且复杂，涉及高科技的应用，酝酿过程很长，而回报通常要等几十年。

本章所用的“活动计划”为分析海关现代化战略提供了一个清晰的视角。快速、可预期的放行时间是从港口基础设施到简化海关手续等一系列相互依赖的活动系统的结果，受多个相互依赖的因素的影响。

下图总结了活动系统的全貌，该图由前面几个图汇总形成。海关管理层必须认识到，链条的强度决定于最弱的环节，因此必须从多个方面同时推进海关现代化。该分析框架还确定了活动系统中各组织部分的战略定位。

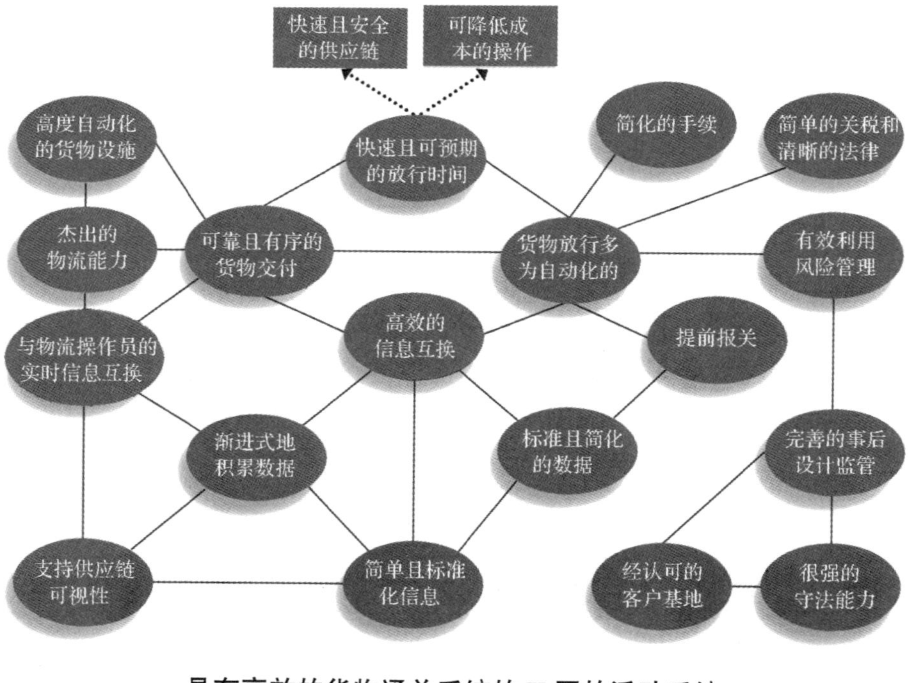

具有高效的货物通关系统的 X 国的活动系统

四、 对单一窗口的启示

说了这么多，单一窗口环境在哪里呢？单一窗口项目要实现或推动上图中任何一个椭圆载体（除了最左上端的两个是物流基础设施外），其倡议影响海关现代化的多个倡议。另外，单一窗口项目有助于实现海关现代化战略的多个组成部分。单一窗口项目对不同角度的海关现代化都有好处。同样，当启动单一窗口建设时，前提条件之一是为海关现代化制定各种倡议。

海关现代化的基本原则就是单一窗口倡议中各参与部门的通用原则。例如，如果海关采用风险管理实践，其他部门必须也要采用风险管理。同样的道理适用于可信任的贸易商制度、事后督查计划、客户延伸计划及简化手续等制度。单一窗口项目确保各参与部门共享先进经验。

五、 总结

建立清晰且被广泛接受的战略目标对单一窗口至关重要。单一窗口不仅仅只是建立一个接受进出境和过境相关监管信息的系统和服务，而且是一个部门实现贸易便利化和安全目标的战略反应。

世界海关组织能力建设汇编为组织发展的战略管理提供了一系列分析框架，可以用来准备建立单一窗口业务案例。本章建议任何单一窗口项目都必须是提升执法有效性的组织发展战略的一部分。现有数据显示，单一窗口项目仅靠自身不可能实现贸易便利化的预期成果。满足商界和政府需求的综合性方案必须包括跨部门风险分析、协调监管等多种手段。国际数据标准架构的部署要求采用这些标准的一体化无纸贸易，这促进了部门间的协调，并通过经认证、可信任的贸易商计划实现了贸易便利与安全的有效平衡，这些都是这一全貌的组成部分。在这一背景下，单一窗口和世界海关组织工具，如SAFE标准框架、修订后的《京都公约》、协调的边境管理、世界海关组织数据模型、放行时间研究及世界海关组织唯一货物标志都可以视为战略价值的实现工具。

单一窗口环境通过提高速度与效率，能够促进贸易便利化，但是单一窗口解决方案需要放在海关现代化这一更大背景下来看，可以从不同维度来看。作为一种信息技术解决方案，必须结合技术创新使得执法部门大大改进对供应链的监管方式已成为可能的角度来看。

第四章　实施单一窗口的政策规划和日程安排

本章讨论以下问题：

1. 单一窗口解决方案需要考虑哪些政策因素？
2. 怎样才能使单一窗口上升到政府的议事日程？
3. 哪些关键问题需要从政策层面进行分析和准备？
4. 如何使单纯的政治意愿转变为常规性政策？
5. 在规划政策阶段如何与利益攸关者沟通？

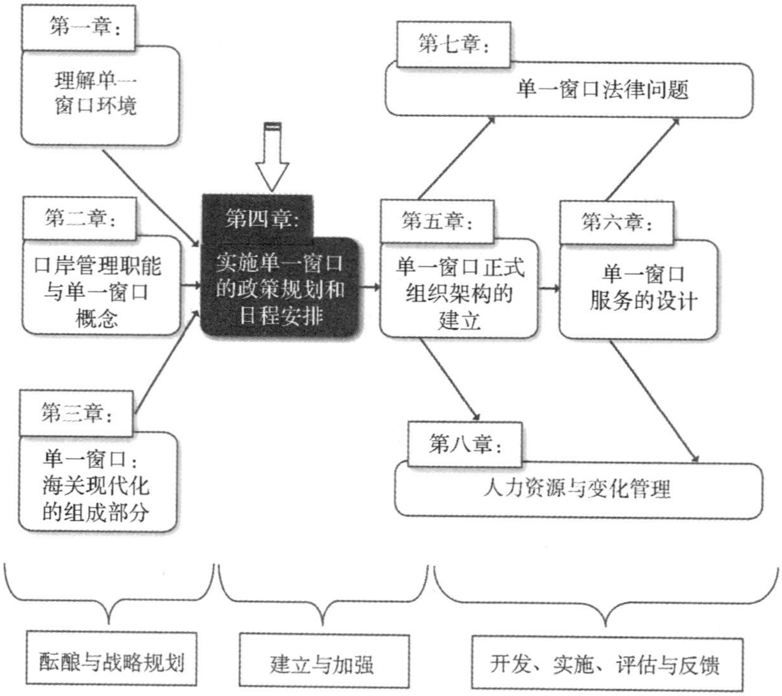

第一卷结构图

一、　概述

第一章讨论了单一窗口的概念，第二章将其与海关职能联系起来，第三章认为单一窗口是海关现代化战略的一部分。本章旨在为海关管理人员提供建立单一窗口解决方案的政策考量，列举了有助于在重要的利益攸关者和政策制定者中讨论该议题的关键问题。本章还重点阐述了各种有助于政策领导层对单一窗口环境保持兴趣和关注的突破口或“政策之窗”。

虽然普遍认为，为了促进贸易便利化有必要对政策进行调整，但制定促进贸易便利化的具体措施并付诸实践却并非易事。政府没必要维持缓慢、不可靠和低效的口岸监管程序，政治领导层也十分赞成组建强有力的口岸监管体制，然而，在相当长的时间里让政治领导层建立这样的组织机构并不容易，需要政府各个部门从政策层面持续予以推动。还需要利益攸关部门的参与，制定一个包容不同组织文化的沟通计划，并对项目给予长时间的支持。领导层应当推动跨部门合作来协调手续，解散并重组现有体制机制。项目经理应当确保倡议在低谷和高潮时都能得到支持。一份关于政治领导层意愿的简单声明往往被视作政治意愿的信号。最高层仅有实施单一窗口的愿望还不够，还必须制定政策路线图和行动计划。

下文说明政策领导者面临的困难和挑战。接着利用一个政策制定模型来检测单一窗口为什么及怎样上升到政府议事议程的。第四部分强调有助于保持政治支持的关键环节。海关当局必须充分认识导致非建立单一窗口不可的问题，建立单一窗口倡议必需的政策支持，以及与利益攸关者的沟通在实现其政策目标中的作用。

二、 单一窗口涉及复杂的政策问题

（一）单一窗口项目涉及多个部门

单一窗口设想在商界和政府之间构建一个看得见的接口，不同的政府部门通过这个公共接口扮演一个服务供应商的角色，单一窗口涉及的问题必须通过不同的部门和单位来解决。亚太经合组织（APEC）举行的一次关于单一窗口调查（由APEC秘书处于2007年发表）显示，国际贸易管理过程涉及多个部门，因此跨部门协调事务任务繁重而复杂。

（二）各部门争夺各自领地

由于各自法律法规赋予的职能，口岸执法部门都喜欢本部门唯一、独大地存在于口岸上。各部门永远保持本部门控制权的愿望非常强烈，不愿意与其他部门合作。这些部门都视其传统职能为自己的领地，这个地盘绝不能放弃，也不能与他人共享。可能会出现称单一窗口是其他部门夺权的传言，这加大了项目的困难。

各国建立和实施贸易管理的复杂情况不一样。国家（地区）的地理位置、政治组成方式对政府部门的组成和作用的发挥也有影响。这种差异性使得很难概括“领地争夺战”方面的问题，也不可能找到一个包治百病的普遍适用的方法。

（三）单一窗口项目可以与现有项目相衔接

前一章已经说明了单一窗口本身并非新技术，它是贸易便利化的一个方面。单一窗口计划必须与海关现代化总体规划、基础设施升级、人力资源发展、诚信管理及更广意义上的贸易管理相统一。

并非只有海关才会遇到这些问题，所有参与的政府部门的项目和规划都面临这样的挑战。当讨论单一窗口项目时，各部门的项目和计划都是关注的焦点，各个项目和计划的管理人员都要解释他们的实际情况，审视业务流程和管理程序，剖析组织文化。

在政府中，传统的逐年增长的预算已经使得管理层按惯例来分配预算。现有的项目和预算理所当然地要继续独立存在下去，这种组织文化对维持现状十分有利。

新的单一窗口方案需要口岸执法部门重新审视自己的项目。基于现有项目的原则和设想受到来自基于新的单一窗口概念的货物清关模式的挑战。同样，所建议的单一窗口项下的信息技术架构不仅挑战到对现有信息技术的投资，而且对现有信息技术资源提出了新的要求。

（四）单一窗口项目的酝酿过程

单一窗口项目涉及复杂的、耗时的、跨部门活动。建立口岸基础设施需要大量的协调和巨大的投入，修订法律的程序也是非常复杂的。业务流程分析和数据协调必须由不同政府部门和商界通过专业技术人员来实施，这些合作和协商过程在很长一段时间里要循环往复地重复进行。

涉及港口和机场及其周边物理基础设施的事情的解决并非易事，可能涉及中央、省级和地方政府的许多部门，陆地边境还涉及与邻国的合作。此外，单一窗口需要大量财政预算支出和复杂的财政安排，因此必须接受政府财政主管部门的严格监管。

（五）对单一窗口的回避

上面提到的问题有可能使口岸执法部门领导层认为单一窗口的建议还未迫切到必须提上议事日程，于是将注意力转向其他亟须处理的迫切任务上去。在国际贸易中，从不缺乏这样的紧迫问题，在面对当前挑战时管理层有足够正当的理由不采纳单一窗口这样的倡议，很高兴摆脱单一窗口这样巨大的投资负担。回避的另一个原因可能是觉得将来单一窗口规模太大的误解，口岸执法部门管理层认为没有胃口消化如此宏伟的项目。

上述问题是单一窗口建设中最大的政策管理方面的问题，形成了很高的准入门槛。解决办法在于项目组织实施的政治程序。政治上授权、政策和制定政策的程序、项目治理及利益攸关者的参与是促成单一窗口项目的持续推动力。

为了理解这些程序，必须弄清楚为什么要构建单一窗口，以及它怎样才能进入政府的议事日程并持续获得政策上的驱动力。以下讨论不同类型的有可能促成单一窗口的论述。

三、 使单一窗口提上政府议事日程

专家们认为，重大政策性倡议离不开 3 种程序流（由 Kingdon 在 2002 年提出）：问题流、政策流和政治流（“三流”模式）。这 3 个方面各自独立但关键时刻又共同推动形成系统的政策决策。以下各段的内容检验了单一窗口环境下这 3 个方面的问题，找出哪些是构建共识、制定政策的关键因素。

“三流”模式

（一）问题流

问题流指的是找准相关问题。问题流可以来自开展的活动，公开发表的指标数据，或者基层的报告、反馈等。问题流应当是为所有利益攸关者提供相关问题的实际情况。

1. 重大事件

能够使政府关注现状与目标之间差距的事件经常可以产生问题流。有关部门和国际组织一直在强调阻碍自由贸易的瓶颈，因此在贸易便利化领域从不缺少此类事件。研讨会、专题讨论会、贸易谈判及推介活动都属于这类事件。

2. 指标

除了重大事件，国际组织重要宏观经济指标经常也会凸显问题出在哪里。世界银行年度出版物《营商环境报告》（由世界银行小组于 2010 年发表）对各经济体贸易便利化水平进行排名，宣称要对各国的商业管理制度及实施情况进行客观的评价。该报告有一部分题目是跨境贸易，重点讨论贸易便利化问题，受到各国管理层的重视。各国政府正在制定项目来消除报告中指出的障碍。

世界经济论坛在其全球竞争力报告中制定了全球竞争力指数（由世界经济论坛于 2010 年发表）。该报告对国家（地区）繁荣程度进行评估，繁荣程度依赖于国家（地区）的生产力水平。该指数评估一个国家（地区）的竞争力，并视其为国际贸易的决定性因素。指数以公开发表的数据及行政管理理念为基础，包括制度、政策及决定一国生产力水平的各种因素。通过税收水平、贸易壁垒、烦琐的海关手续，该报告引起政策制定者们对参与全球贸易竞争力的关注。

物流表现指数由世界银行制定（由 Avis、Munstra、Ojala、Shepherd、Saslavsky 在 2010 年发表）。该指数的定位是“一个综合性声明以帮助各国确定在贸易物流表现方面的挑战和机遇”。该报告强调的是交通、仓储、货物闲置时间及边境通关、付费设施等方面的问题。

透明国际（Transparency International）建立了全球腐败洞察力指数，将腐败问题展现在公众视野。由于其垄断地位，在口岸上面对公众和反腐败监督，口岸执法部门非常容易受到诚信问题的攻击。

近期政策精英中日益盛行的单一窗口概念会很快出现在这些出版物中。

3. 基层反馈的问题

上述指数和指标是自上向下的。还有自下而上，同样有效的信息，基层报告的问题就是其中之一。私营企业通过正式或非正式程序为管理部门提供关于目前管理问题，行政人员也不断地向政策制定者汇报，放行时间研究等系统研究也提供不同部门通关时间指标。

有时问题还可能汇报到最高层。国内外的投资者可能会报怨通关时间长、环境不好，是下投资决心的主要障碍。

每个报告都指向一系列问题，通常涉及公私双方参与者、制度、管理规定及硬件设施。这些报告和全球发布的指数吸引了媒体的关注，并引起公众的意识。相关公共部门面临必须解释清楚政府表现如此糟糕的原因的压力。利益攸关者将利用统计数据和指数作为支持分析并判断是否需要变革的手段。

（二）政策流

政府制定不同治理领域的政策项目，政府下属的各部门负责本部门应当制定的政策选择和建议，这些单位提出需要政府关注的新的主意或政策建议。在政策流中，制定政策的日程不同决策。虽然问题流总体上是基于事实的，政策流是对政策选择的智力分析。专家认为好的点子存在于政府各部门、外部智库和工业机构。这些机构的某些人员能够为此做出巨大贡献，从而承担起政策企业家的角色（由 Kingdon 提出）。政策企业家被称为思想领袖，因为他们对某一变革的巨大贡献。

涉及单一窗口程序的政策流存在于海关现代化政策及建立海关愿景、使命和目标的程序中，这是在海关领导人直接掌控之中的政策流。还有其他与单一窗口倡议相关的政策流，在这些领域有多年工作经验的公务员在不同领域提供服务。其中一些已经在下面列出来了。海关的高级管理人员应当积极地动员他们参与单一窗口项目，从他们那里寻求适当的专业咨询。

1. 贸易与区域政策

负责制定贸易便利化政策的政府部门通常是商务部，因此有些情况下，单一窗口问题很自然地落在了商务部肩上。同样，关于区域贸易和边境贸易政策问题主要是贸易、外交及边境保护部门的事情，这里海关经常是一个重要的推动部门。由于商务部牵头商业谈判，商务部有时会发现自己在支持单一窗口相关问题。

2. 物流计划与工业化政策

商业物流计划是需要专家为政府提供智慧的专业领域。有一些经济体设有专门的机构来帮助政府确定可以作为国际贸易商品源的工业区和地点。为了与商品流动保持步伐一致，需要对商品交通基础设施进行规划。创建工业园和货运通道需要长期、高投入的投资。

APEC 供应链互联框架中的瓶颈问题

瓶颈 1：影响物流的监管制度不够透明或者对影响物流的监管制度缺乏全面了解；各政府部门对影响物流政策的认识和协调不够；缺少物流业务的唯一联系部门或牵头部门。

瓶颈 2：交通基础设施不足或效率不高；公路、桥梁等跨境物理连接设施缺乏。

瓶颈 3：当地或地区性物流分包商运力不足。

瓶颈 4：海关货物通关效率不高；口岸执法部门之间的协调不够，特别是在边境上对监管货物的通关效率不高。

瓶颈 5：烦琐的海关单证要求或其他手续（包括优惠贸易）。

瓶颈 6：多式联运能力不足。

瓶颈 7：货物、服务和人员跨境移动监管制度不统一。

瓶颈 8：缺少地区跨境过境海关制度安排。

物流基础设施能力建设依赖于货物驻留时间及货物终端操作效率（驻留时间是货物放行时间研究的另一面）。通常港口效率是决定软硬件能力的重要因素，影响到对投资的决策。驻留时间长、通关时间不确定也影响港口设施规划。交流和物流领域的政策规划者会发现单一窗口是港口效率问题的解决办法。例如，亚太经合组织的成员经济体的物流专家强调物流阻塞地点，尽管其中一些涉及基础设施，几乎有一半与海关（本文作者强调这一点）及跨境手续（由 APEC 秘书处于 2009 年提出）有关。

港口、机场、高速公路、陆路边境车站等大型基础设施的建设者不可避免地关注那些支持或阻碍货物流动的软件管理问题。

单一窗口的建立将是连接政府物流基础设施与提升整体物流竞争力的政策选择。

3. 人力资源与公共服务改革政策

在一些国家（地区），公务员规模的合理比例是政府一个重要考虑。削减公务员工资和福利方面的开支是大多数政府的一个长期任务，也构成了一项长期政策规划的领域。该领域的政策制定者等待政府同意进行综合性人力资源重组项目。重组的原因可能是整个队伍的瘦身，也可能是成立一个新的部门或机构来更好地实现政府的战略优先。

因新兴职能或现有机构之间的职能调整带来的人力资源大规模调整本身对引入单一窗口问题是一个重要机遇。

世界各政府均对电子政务给予重要优先地位。众所周知，电子政务全面提升治理能力。它提升民众的生活质量，降低从商的成本。许多国家（地区）成立了全面管理电子政务的中心机构。这些机构对以电子方式提供政府服务的情况进行监控，调查长期政策和愿景，帮助建立可以为各部门所使用的短期和长期项目。电子政府管理部门也致力于政府各部门各自运行的项目相互衔接以确保不同项目提供服务是不重叠的，而且各个项目最终都实现了政府的长远目标。

4. 电子政务政策

电子政务政策不仅仅只是各政府部门提供的服务，还包括确保互联互通的技术标准及电子政务公共平台建设。政府热切希望通过各部门共享来优化数据中心、网络、软硬件、联络中心、公民服务中心等基础设施。共享不仅优化了政府各部门的资源，而且形成了联合提供服务的理念。这些都是电子政务政策要考虑的重要内容。很可能成为制定电子政务政策的人认为国际贸易单一窗口是其可以发挥作用的领域。

海关管理层与该领域专家保持直接联系，了解电子政务对企业和政府提供的服务的总体规划及正在推进的政府标准至关重要。与这些专家合作是非常有益的。

（三）政治流

政治流代表的是对一个待议事项看得见的支持。正是通过政治流，政府才能制定出实实在在的议事日程（需要决策的问题清单）。经济治理和工业管理问题从来都是政府工作日程的优先领域。随着贸易通道数量的增长及贸易种类和总量的增长，口岸执法和供应链安全问题日趋复杂。在当今信息驱动的世界，商界希望政府通过更快、更有效的信息处理技术来解决这些复杂的问题。因此，让政治领导层规划单一窗口并将其放到议事日程上并不是件特别困难的事。

然而，单一窗口横跨传统部门领地之间，各部门都在各自系统管理之下，各部门都有自身的利益攸关者，各部门也都有各自官僚体制下的预算项目，各项目组都在维护自身地盘。

单一窗口理念不是一个零和游戏。政治流要解决问题的关键在于，通过基于帕累托效率原则的谈判和妥协，一个口岸执法部门可以从对责任和资源的再分配过程中受益，同时并不损害其他部门的利益。单一窗口倡议引起的业务、权力的再分配可以通过系统的讨论来疏通。通过各部门的责任、义务和参与程度来整顿跨境贸易监管。

争夺领导权往往与争夺资源或者本部门的声望与名誉有关，还与不付出责任和义务即可获得资源的想法有关。下图是商务部作为牵头部门的情景。矩阵中责任、义务和权利是并行的，该矩阵还可以用来向各部门表明，他们的职能没有也不会因单一窗口的建立而丧失。为便于讨论，可以试验性地对各部门职能进行调整以便评估影响到底有多大。改变了的情况将焦点再次回到各参与部门的能力和历史纪录上来。政府构想的战略角色及分配给每个部门的业务也起到一定的作用。改变现有角色存在丧失职能的风险，但这种改变也提供了改组的机会。

要当牵头部门，占据主导地位，既要有承担责任的意愿，还要有为结果负责的思想准备。履职的历史表现可以帮助任务分配变得相对容易一些。历史表明，牵头部门是一个非常不同的角色，这次也不例外。

如果政治领导层能够认识到问题和责任不是一个部门的问题，就成功了一半。与过去不同，问题无法像鸽子笼一样在各部门内部解决，商界越来越要求跨部门的协调。事实上，商界正期望政府部门通过利用信息技术实现无缝服务，迟早政治领导层会关注到他们的这一需求。

海关管理层也许会发现自己正面临来自政治主层关于贸易管理不协调或与安全有关问题的批评。关于单一窗口的政治流主要来自对跨境手续的持续负面报道或公众的不满。当效率低的问题与各部门独立应对导致需求增加遇到一起时会引起更多批评，从而要求增加透明度，加强各部门协调。有时，执法部门的协调不力要耗费数百人力。因此，世界上，尤其是工业化经济体，几个旨在建立协调的边境管理，并将政府服务连接起来的战略倡议正在进行之中。

政治流在其他高调的政府倡议中也可以得到，包括对财政政策的彻底检查，通常有几个部门参加的“外部稳定计划”、政府转型项目及工业“走廊”项目。

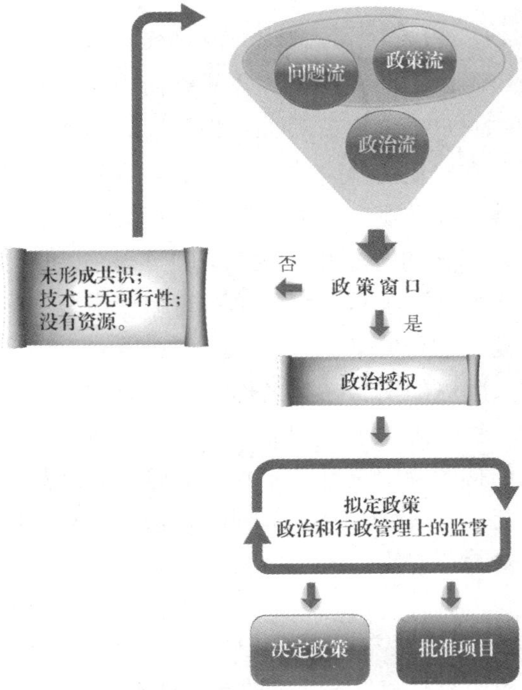

问题流、政策流和政治流共同推动形成系统的决策

四、保持政策驱动力

上文主要讨论制定政策过程的 3 个独立流。当 3 个独立流在适当条件下汇聚到一起的时候，政策决策的时刻就到了。

第一项政策决策就是政府下决心实施单一窗口。这个决心可能来自于向政府介绍单一窗口的战略商业案例。在这个阶段，政府原则同意单一窗口解决方案。紧随而来的是为建设单一窗口环境必需的优先项目做好准备。

在政治决策与确定单一窗口项目并组织实施之间可能有很长一段时间。这段时间非常重要，主要用于争取商业案例涉及的各利益攸关方的支持。常被滥用的“缺乏政治意愿”一词实际上是高级管理人员不愿意花费精力研究责任和义务问题，来使所有相关部门有效地参与到他们被分配的任务中来。

领导层对优先项目的支持程度也是一个政治意愿的问题。正是在这个阶段，对项目的政治支持力度及项目的边界问题受到了质疑。本阶段应当按照以下步骤认真进行。

（一）创建品牌

单一窗口经常以一个很简短的名称或简称而为人所熟知，这就逐渐发展成为其自身的品牌。制定单一窗口项目章程是远远不够的，创立一套可以像会议或讨论的标语一样反复的箴言绝对有必要。简短的名称或简称不应当默认为品牌，创立品牌名称必须是专业沟通战略计划的结果。

单一窗口品牌可以通过汇集单一窗口功能的思想和形象来建立。例如，世界海关组织数据模型这一项目是促进单一窗口使用统一的数据，其品牌形象是“行进在快车道上的跨境交易”。

一个能够吸引人眼球的项目品牌名称有助于吸引并保持各利益攸关方的注意力。单一窗口的关键思想可以用简短的箴言来抓住，这些箴言可以作为指引原则并帮助我们持续吸引更好的主意。徽标、标语及其他看得见的设计同样有助于品牌的建立。项目的箴言或原则表述对于整个项目具有巨大价值，因为他们使讨论更清楚、有效。

（二）找到相关领域的专家

上文说明建立单一窗口项目有几个政策驱动力。工业化、贸易物流政策、人力资源重组、海关现代化及电子政务被认为是对建立单一窗口有影响的五大领域。每个领域都有可以担任政策企业家的“思想领袖”，他们能够从各自政策领域带来大量专业知识，而且很愿意表达他们的立场。建议海关管理层为了实现其战略目标培养这种资源。这些专家可以单独或以个人身份参加，来帮助组织得到及时的新鲜血液。

（三）保持一定的曝光率

单一窗口理念要一直让人看得见，这一点非常重要。在利益攸关者社区中保持可视性是正式沟通战略计划的产物。沟通战略计划应当包括内部和外部利益攸关者。单一窗口是一项复杂的任务，有不同的利益攸关者，应当为不同的利益攸关者制定不同的宣传材料。应当根据沟通战略计划实施宣传活动，定期的研讨会、专题研讨会、唤起公众意识的活动、宣传手册、邮寄的广告宣传品及其他形式的宣传都可加深在利益攸关者脑海中的印象。在世界海关组织、联合国等组织的国际性活动上做演示也是一种可以吸引关注的好办法。

（四）融入利益攸关者的既有网络

海关当局在贸易便利化和操作方面大多以正式方式与私营和国营领域的利益攸关者进行协商。因此，海关行政人员已经与许多有影响力的利益攸关者建立了紧密的人际关系，依靠这些联系来使他们建设性参与到单一窗口理念及优先项目的开发和建设上来。

EDI工作组或者操作便利化小组等现有的利益攸关者可以参与进来。不同的利益攸关者对单一窗口有不同的目标，根据这些不同的目标会产生具体的建议。让利益攸关者和决策者认识到问题在哪里是保持政策推动力工作的一部分。专家们认为政府认识问题的方式决定了最终解决问题的方式。

为了获得政府行政授权，与利益攸关者加强沟通是政策模拟阶段的一项重要活动。早期对利益攸关者作动员将对整个政策过程及其结果有决定性影响。

（五）抓住机遇

赢得利益攸关者的好感并得到他们的支持和参与是一项长期任务。正常情况下，当有些场合听众是有决定权的时候，对项目支持就会大大提高。这些场合可能是例行的正式会议、研讨会、专题会议或演讲。对于行政人员来讲，这些都是推动单一窗口项目的机遇。

五、总结

世界各海关当局都必须将单一窗口项目作为最优先的事情，因为公众和商界对贸易便利化和提升服务的要求越来越高。商会、其他政府部门及贷款机构等要求通过单一窗口推进贸易程序改革。因此，海关当局必须明白单一窗口为何，以及如何上升到政府的议事日程。基于这一理解，海关当局应当通过灵活的行动路线来营造一种有利于出台促进议定事项实施政策的共识。

为了将对单一窗口理念的广泛而深刻的理解转化为功能体系，口岸执法部门需要将政治领导层的想法变成单一窗口倡议。本章讨论了保持政治推动力的方法，重点阐述了经常被误解的“缺乏政治意愿”一词。将政治领导层的泛泛支持转变为可持续的常规政策是成功的关键。本章介绍了3个独立的程序如何流聚到一起。

1. 问题流旨在摸清当前的问题和实施单一窗口的必要性，问题流主要包括以下 3 个方面：

（1）研讨会、专题研讨会及正式的评审会等核心事件；

（2）关于贸易便利化和竞争力的国际著名的指数和评级；

（3）来自基层的反馈和报告。

2. 政策流包括“隐藏”在政府内部的政策，其本身不足以启动单一窗口项目，但是可以产生先进的思想。就单一窗口而言，本章认为在海关之外有 4 种有代表性的专业对单一窗口倡议有重要影响，分别是运输和物流、贸易政策和区域一体化、电子政务协调，以及公共服务改革。

3. 政治流代表着对日程的看得见的支持，是使单一窗口真正成为政府行动日程的程序。还包括政府部门之间的职能和资源的调整。

无论成员海关的政治体制是否允许海关对重大政策问题发挥影响，海关领导者及其他高层海关关员都会从了解和掌握单一窗口的战略意义中受益。不管结果如何，通常情况下海关都是单一窗口建设和实施的主要利益攸关者（或驱动力量）。正如在单一窗口建设相关案例讨论提到的那样，海关高层官员应当做好充分准备，像政府期望的那样贡献自己的智慧。

不同的利益攸关者对单一窗口项目的目标各不相同，政策建议就产自这些不同的目标。在任何情况下，海关当局都必须具备将政治领导者的注意力集中在关键问题上的能力。日程设计就是为了使决策者认识到真正的问题。专家们认为政府认识问题的角度决定了解决问题的方式。

加强与利益攸关者的沟通以便获得政府授权是政策模拟阶段的一项重要任务。对利益攸关者早做动员对制定政策的过程和结果有决定性的影响。

第五章　单一窗口正式组织架构的建立

本章讨论以下问题：

1. 单一窗口环境需要什么样的治理结构？
2. 如何建立正式的单一窗口组织架构？
3. 除私营企业加入单一窗口组织架构之外，还有什么选择？

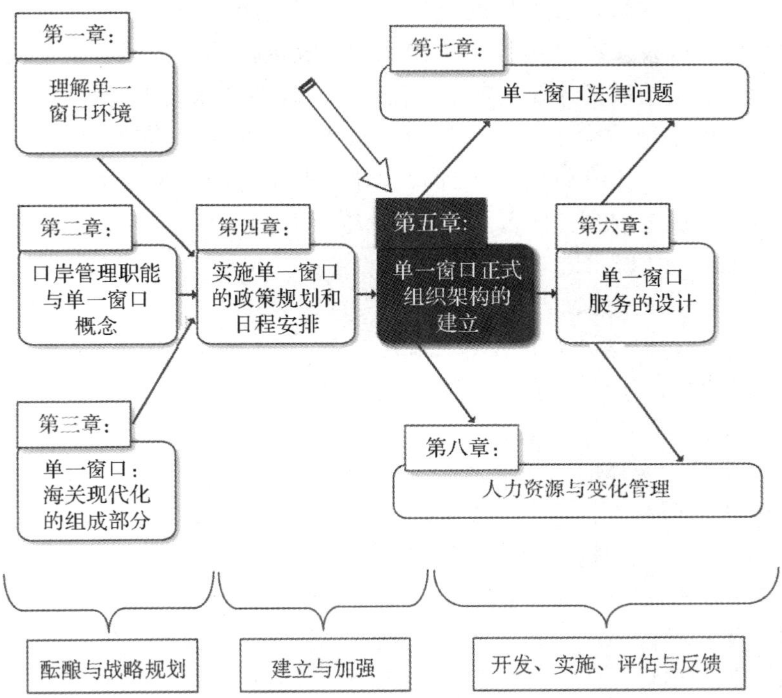

本文第一卷结构图

一、 概述

前几章集中讨论如何为单一窗口理念创造条件，赢得支持。我们已经说过，虽然在政策计划方面有挑战，还是有可能得到认同，对前进的方向也会达成共识。当政治领导层认为确有必要建立单一窗口，并愿意为这一未来的倡议去协调不同部门、加强各部门之间的配合时，付诸实践的时刻就到了。

本章详细阐述实施单一窗口应采取的具体步骤，重点讨论政治授权和建立治理结构问题，同时还将讨论财政及创造性地与私营企业建立伙伴关系等问题。上图显示的是实施单一窗口环境的不同阶段。当各口岸执法部门高层管理人员愿意加强部门间协调并认为单一窗口是他们的共同战略选择时，他们向政府提出战略性业务案例。该案例的获批意味着单一窗口倡议正式启动。中间模块是本章讨论的重点。

二、 对单一窗口的授权

对单一窗口的授权指的是发布官方指令或命令进行单一窗口建设。这一授权使得采纳某些政策和宏伟的目标，建立新的组织架构，技术和资金的分配和再分配，以及实现这些目标的授权有了合理依据。授权必须是政治层面的，因为只有政治层面才能决定单一窗口倡议需要的重大决定。

授权可以是行政命令、一项法令，或者适当立法机构制定的法律法规。授权必须在法律上是有效的，在行政管理上是有力的。关于单一窗口倡议的授权通常包括以下内容：

1. 陈述目标和意图。
2. 所用术语的定义。
3. 单一窗口概念涵盖的活动、服务。
4. 建立牵头部门并确定合作伙伴。
5. 组织机构、口岸执法部门。
6. 牵头部门实体的法律定义。
7. 牵头部门和操作哲学的资金。
8. 牵头部门组织构架及协商架构。
9. 各部门的权力，包括：

（1）牵头部门；

（2）批准项目；

（3）修订法律的建议权；

（4）制定服务标准；

（5）改变业务流程；

（6）建立互联标准；

（7）对项目实施情况进行评估和审核；

（8）处理争议。

10. 实施时间。
11. 实施单一窗口倡议的计划表。

应把授权草案和战略性业务案例一同提交政府。它主要是明确目标和权力的调整。授权如果不足够清晰的话，现有的组织体制、现行的权力和资源分配格局，以及现行的操作模式就会占据上风。授权的清晰程度因政治和行政文化的不同而不同。读者在本章结尾将发现世界一些国家（地区）关于单一窗口倡议的政治授权样本。

一旦有了授权，即可着手确定哪些是优先项目。制定商业安全的详细过程在第二卷中进行了讨论，本章其余部分讨论了一些具体问题。

三、 单一窗口法律授权机构

单一窗口明确的目标和涵盖的服务是法律授权最早予以明确的内容。前三章研究了政府如何确定单一窗口倡议的目标，决定服务的范围和边界。

下一问题是确定牵头部门，明确合作的机构或口岸执法部门。单一窗口环境需要一个牵头部门来协调决策和跨部门的口岸执法活动。第四章对此进行了简单讨论，指出牵头部门肩负许多责任和义务，这些责任和义务可能各不相同。海关或其合作伙伴部门必须基于各自的战略愿景选择希望承担的角色。任何情况下，牵头部门决策时必须广泛征求意见。尽管法律授权的治理结构可以反映出决策的结果，实际构架主要包括 4 个方面：操作或协调的程度，组织机构的重组程度和权力的再分配程度，操作实体的法律特征，私营企业在决策和操作构架中的参与程度。

（一） 单一窗口运营者和单一窗口协调者

根据对以下问题的回答，单一窗口牵头部门的责任有很大差异：

牵头部门的主要任务是否是确定、管理或实施接口、数据标准、服务标准或业务流程？

如果回答是，则牵头部门更多的是单一窗口的协调者而非运营者。

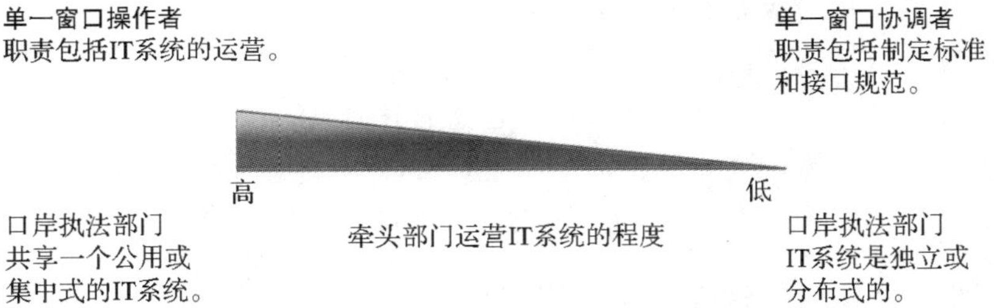

单一窗口牵头部门的角色与其负责内容相关

口岸执法部门 IT 系统的集中程度或共享程度如何？

如果集中和共享程度高，则牵头部门主要是单一窗口的运营者，与各口岸执法部门独自运营自己的系统正好相反。

（二） 口岸执法部门的机构重组

单一窗口倡议为政府提供了一个机构重组的契机。重组是重大战略决策，重组要解决的一个问题是授予牵头部门什么程度的检查、干预和放行权力。集权式的管理权力导致所谓的“单一机构模式”。

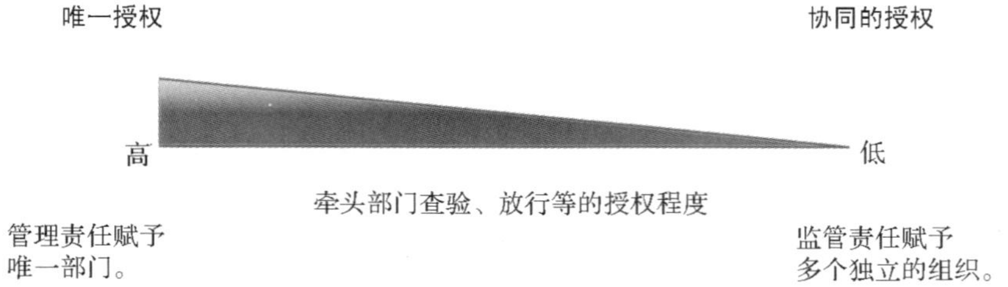

单一窗口牵头部门的授权程度决定口岸执法部门的机构重组

33号建议书对这些重要维度进行了简要讨论。从世界上的各种实施情况看，没有统一适用的模式，沿着上述讨论的维度都有变化。中肯的一点是权利和义务是并行的。牵头部门必须是有能力实施的部门，它可以是一个现有的机构，如政府部门，也可以是专门为实施该项法令而新成立的有法律和行政授权的跨部门机构。关于机构重组问题将在第八章进行讨论。

（三）单一窗口牵头部门的法人实体形式

上述讨论提供了关于牵头部门职能的两个方面：牵头部门参与单一窗口运营程度；牵头部门拥有的履行职能的权力到何种程度。

职能影响到牵头部门选择法人实体类型。法人实体可以采取以下形式：

1. 法律法规明确授予相关执行和管理权利和义务的政府部门；
2. 以立法形式成立的独立实体；
3. 私营或国营公司建立的实体；
4. 以其他国家（地区）法律形式建立的自治组织；
5. 与商界实体合资的企业。

私营企业有可能参与单一窗口运营。下面将详细讨论这一问题。

（四）公私合作伙伴关系（PPP）

私营部门有多种参与方式，也将影响着单一窗口环境的金融和管理方面的治理。公私伙伴关系的形式将决定政府参与单一窗口倡议的有关资金、税收、资金走向的程度。公私伙伴关系方式沿两个方向而不同，私营企业风险增长程度及私营企业的参与程度，特别是在运营基础设施方面。正如前面要每种参与方式所讲的那样，共同的根本性问题依然是，无论公私合作伙伴关系采用的是哪种具体形式，管理的职责和职能依然是在政府部门。

下图是公私合作伙伴关系的不同方案。斜体字是政府面临的选择。

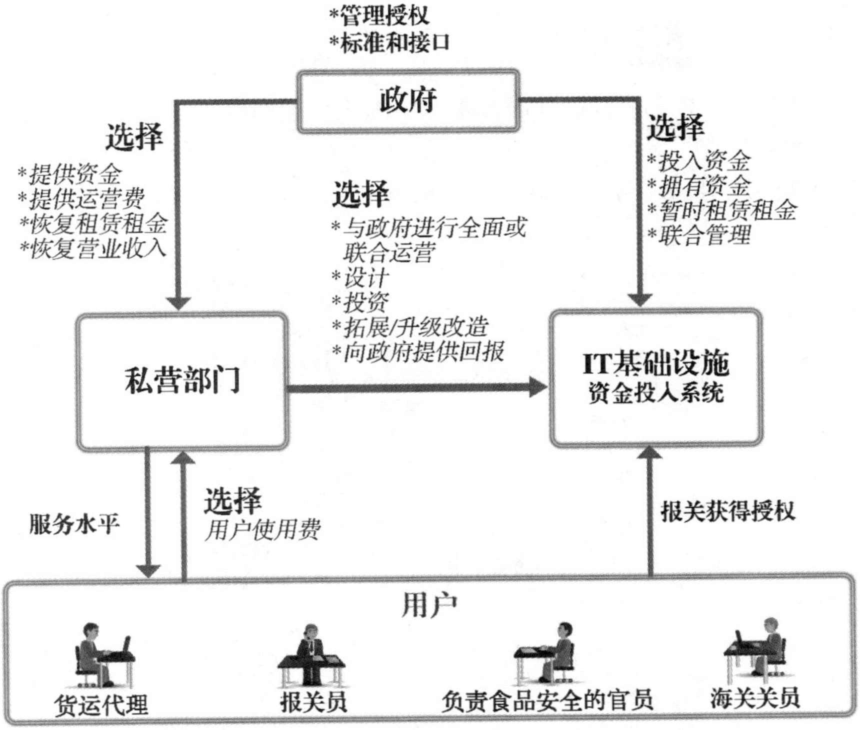

公私合作伙伴关系的方案

其主要差别在于：运营和管理合同，收购或租赁资产，设计、建设、金融、运营模式，建立、拥有运营模式，建立、拥有、运营、转让及合资模式。关于这方面的资料非常多。

从中选择哪一种模式主要基于对下述问题的认真分析：

1. 私营企业是否通过收购或租赁的方式接管涉及单一窗口项目的资产？

2. 现已租赁给私营企业的资产在租赁或合同结束时是否归还？

3. 私营企业是否可以获得其他资本？还是只有政府部门才有权决定资本投资？

4. 可否通过收费从税收渠道来抵消运营成本？还是政府部分或全部提供运营成本？

5. 在资产收购过程中，私营企业是否从设计阶段就参与进来？

6. 政府部门和私营企业是否共同建立并运营实体，并共享风险和回报？

四、 单一窗口治理结构

治理是对角色和责任的分配，也与清晰度、透明度，如何进行风险管理，谁应当为何负责等有关。建立有法律授权机构的法令应当对治理结构问题作最低限度的说明。说明这些结构的方法有多种，为便于分析，采用下图来解释有关问题：

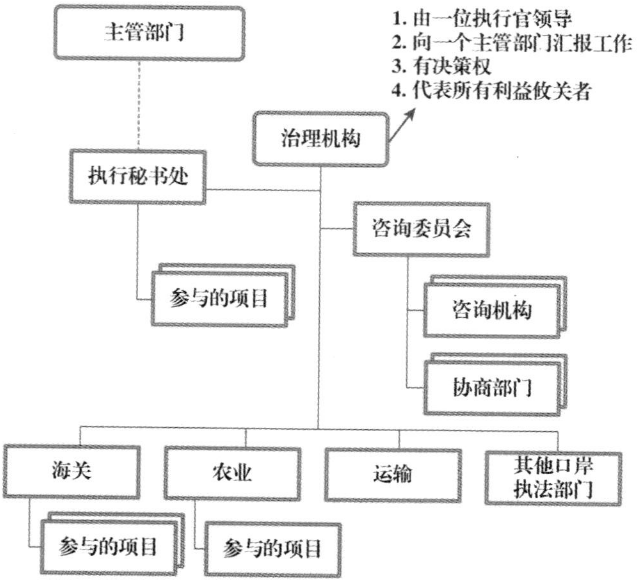

单一窗口治理结构

在本例中，政治授权成立一个主管团队作为牵头部门来运营由执行官领导并向主管部门汇报的法人实体（如财政部）。主管团队成员来自各主要利益攸关者，有权作出决策，包括批准项目、标准和接口的管理、互换协议、口岸执法部门之间的备忘录、服务等级等。它已经明确了财政权利及公共预算的分配。不仅如此，它还设置执行秘书处来提供行政和技术上的支持。

单一窗口环境下的项目由执行秘书处管理，无论它是单一窗口运营者还是协调者。单一窗口的几个核心项目由执行秘书处直接控制，其他项目由口岸执法部门自己控制，执行秘书处可以间接监管。

下面的事例清楚地显示单一窗口倡议的牵头部门参与多个项目的情况。

为了说明单一窗口牵头部门需要处理多个项目，下面列出了 X 国单一窗口主要项目及相关责任部门。

1. 支持跨部门 IT 项目之间身份识别和认证的电子政务基础。（责任部门：

政府首席信息官）

2. 在政府部门之间传递交易数据的政府门户网站。（责任部门：政府首席信息官）

3. 处理业界与政府部门之间数据传输的各增值网络。（责任部门：私营的增值网络运营产）

4. 海关当局的报关系统。（责任部门：海关）

5. 私营财团经营的港口、机场货物社区系统（责任部门：货物社区系统运营商——公私合作伙伴关系）

6. 海事部门海运单一窗口（责任部门：海运单一窗口运营者和港务当局）

7. 由动物检疫主管当局运作的动植检许可证和监管系统。（责任部门：农业部）

上述例证表明，单一窗口环境可以包括许多项目。一些项目在单一窗口管理部门的直接控制之下，另一些项目仅负责与运营标准相一致。

不同国家（地区）单一窗口环境的组织机构也不相同，报告层级、牵头部门的组织架构、行政权力分配等各不相同。通常情况下分 3 个层级：咨询层，涉及私营企业、口岸执法部门、该领域的专家；决策层，主管团队负有批准标准、运行项目、进行咨询的职责；执行层，具体负责项目的执行，职责从协调到运行。并不是单一窗口的所有项目都是由政府部门或单一窗口机构来运营的。有些情况下，政府部门的传统体制可能在单一窗口环境中继续发挥作用。

另一种可能的组织结构是等级制度，这种结构往往是政府更喜欢的。职能职责和汇报关系清晰的完整组织构架更受欢迎，组织内部的职责应十分明确。仅仅在一个政府部门内部成立一个专门机构作为牵头部门并无任何优势，任何组织机制要想可持续发展，必须保持授权、能力、责任和义务的平衡。

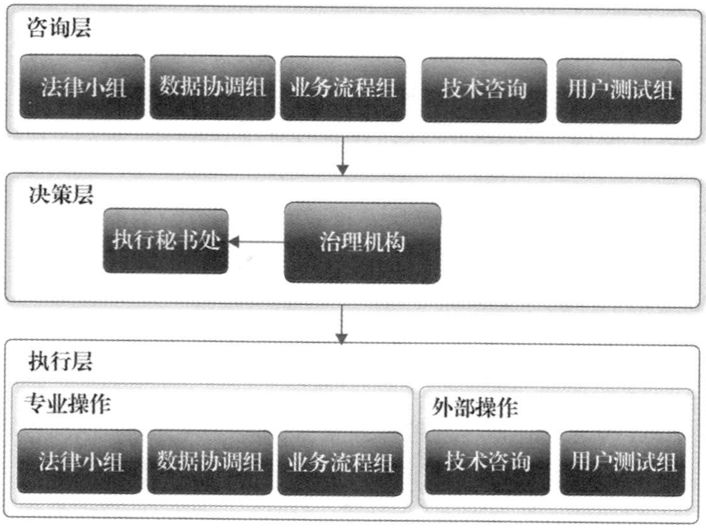

单一窗口协商、决策与执行层级示意图

五、 总结

成功地使政治层面下决心解决主要问题可以推动单一窗口倡议的启动。本章讨论如何创建一个组织构架来建设单一窗口环境。政府批准战略性业务案例后，通过政治授权建立高水平的组织机构，并赋予不同机构相应职能。这种组织结构可以反映单一窗口是运营者还是协调者。

本章详细说明了支持单一窗口项目的常用组织类型。例如，建立新的跨部门政府机构是一种可选方案。提到的其他案例是出于资金或者包容的决策程序考虑所需要的体制。本章还谈到了私营部门参加的可能性，公私合作伙伴关系及其不同的模式。本章还通过业务案例形式建议优先项目应分步报批实施，每个阶段启动新的单一窗口服务项目。

第六章　单一窗口服务的设计

本章处理以下问题：

1. 设计单一窗口服务时需要考虑什么？
2. 哪些因素影响用户使用满意度？设计阶段如何融入这些因素？
3. 在设计阶段，什么可以使管理人员确信机构的服务目标可以实现？

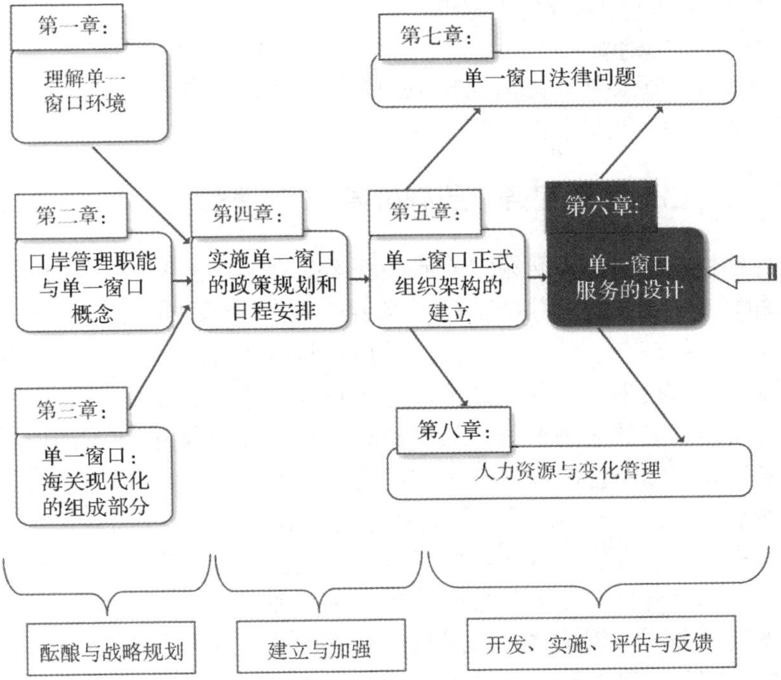

第一卷结构图

一、 概述

监管部门也是服务部门，单一窗口环境是提供服务的平台。第一章谈到单一窗口环境是随着商界和口岸管理部门之间互动应运而生的一种服务的集成，旨在简化商界为满足口岸管理部门执法需要而付出的努力。如果这种服务高效且富有成效，将有助于保留供应链的价值。服务参与方在追求价值过程中需要投入许多资源，包括能力、智慧和经验等技术和人力资源方面的资源。

服务是通过入口信道提供的。在提供服务过程中，商界及其 IT 系统和口岸管理部门及其 IT 系统共同创造了服务。单一窗口平台在这一过程中居于核心位置。跟其他系统一样，单一窗口涉及复杂的人员、程序和技术，这些系统的任何改进一定会涉及这三方面的问题，而且任何一项改进倡议必须从设计阶段就要想好。

第一章简要介绍了设计服务时各个方面的关联，指出互动设计是设计的重要内容。互动设计需要各方面的投入：

1. 业务流程模型；
2. 技术架构；

3. 功能性与非功能性要求规范；

4. 有形展示。

任何设计程序必须考虑商业价值问题，必须厘清并清除增加单一窗口解决方案投入却并不能带来价值的特性。

二、 对口岸管理服务“业务价值” 的理解

在详细探讨服务设计问题之前或许有必要理解单一窗口环境中的“业务价值”的真正含义。口岸执法部门习惯于从纯粹的宏观角度来界定其服务的商业价值。保护社会、政府税收，以及拒危险于边境之外是海关及其口岸执法伙伴部门经常用来描述其对经济和社会贡献的术语。这个角度很难描述其对单个经济运营者的业务价值。从事国际贸易的公司通常将口岸执法部门提供的服务看作必须履行的程序和强制性的运营费用。口岸执法部门并不在意客户是否满意，企业不得违法，但这样来认识监管服务是片面的。

口岸执法部门提供各种各样的服务，为经济运营者保值、增值。通常被认为对社会和经济具有更大利益的口岸执法服务，现在正日益致力于为国际贸易消费者服务。不管怎样，口岸执法是不可或缺的，高效的监管服务可以提高交货时间的可预期性并降低物流成本。交货时间和成本的变数导致运营成本增加，因此也就减少了消费者的经济价值。

违反税收方面的相关规定的代价是显而易见的。违规使公司承担本可以避免的罚金、处罚、法律费用等资金压力。违规原因可能是经济运营者对相关法律条款的无知或疏忽。违法必然使公司遭受损失，并最终将转嫁到消费者身上。大多数口岸执法在致力于保护社会整体的健康和幸福的同时，越来越重视产品质量和安全，这大大增加了消费者价值。从这个意义上来说，在国际贸易供应链中设计监管核查保证了消费者价值。除了资金方面的损失，违法还可能使公司名誉受损，从而造成更大的经济损失。这使得口岸执法部门的服务不仅是支出的部门，而且还是保护消费者价值的部门。

可以得出以下结论，设计应始于价值最大化，口岸执法部门服务的价值是防止不必要的资源浪费或对货物正常流动的不必要的改变和损害。网站提供准确的信息，减少信息输入的特性及可以带来可预期的程序的每一个互动都将增加供应链参与者的价值，最终这必将增加消费者的价值。

三、 商界与口岸执法部门之间的互动

将各部门的服务集中到“一个屋檐下”需要各口岸执法部门在重新设计商界与口岸执法部门之间的互动时加强合作。重新设计商界与管理部门之间

的互动必须以商界的眼光来审视。互动有不同的入口信道，大体可分为两类：虚拟的和实体的。在线提交信息和单证是虚拟的，商界与管理人员面对面互动是实体的。

服务地点的位置是否方便，布局是否合理，柜台服务、排队等候时间、死机时间、服务台的硬件条件等都是互动设计的重要问题，更重要的是设计阶段必须解决的“软性”问题。对于商界和管理部门之间的任何一种特定的互动而言，如果存在大量主观的结果，那么用户可能会不满意。互动中的嵌入式的复杂性和不确定性降低了可预期性，加大了可操作或腐败行为滋长的机会。在此类互动中，商界会产生一种无法控制交易的心情。因此，应努力找出这种情形并尽可能予以消除。以下将研究互动设计。

(一) 互动是单一窗口服务的重要内容

一个项目最终是否成功将以利益攸关者的反馈来衡量，评估这些反馈意见的标准是是否实现了事先界定好的服务。商界与IT系统接口的互动是服务的重要内容，其他类型的互动是与口岸执法部门前台官员的互动，总体而言，这些互动将决定利益攸关者总体反馈意见。因此，在设计阶段应关注这些特性。

1. 理解交互式服务

以下是发生在口岸执法系统中的简要互动清单：

(1) 报关员通过后台，在线将发票详细信息输入电子表格以进行申报；

(2) 到仓库寻求放行的报关企业对报关单和声明进行注册登记；

(3) 货车司机穿过无人管辖地带向边境口岸寻求货物放行；

(4) 承运人员抵达终点卡口，进行出口货物申报；

(5) 出口商通过网站确认货物状态；

(6) 进口商持相关单证等待海关关员查验；

(7) 牲畜饲养人员电话商请检验检疫人员颁发牲畜许可证。

是否有办法对这些互动进行分类呢？服务管理课程提供了理解分类的答案。项目经理是单一窗口服务的设计者，应在设计阶段关注这些程序。

互动发生在时空及跨境监管服务中，最大的变数是时间。时间就是金钱。互动设计课程将“时间”和“便于使用”视为用户体验的两个重要变量，并致力于持续改善这两个要素。总体而言，用户体验是全部流程的总和，包括设计的有形和无形的方面。业务流程模型是互动设计的基础，业务流程模型明确了流程的状态，勾勒出场景的轮廓，业务流程模型为界定功能性规范提供了平台。非功能性技术规范也可以作为需求的一部分，在表格中很容易分出设计的人为因素。“产出的变数”指的是互动可能产生的各种不同结果，产出的变数越大，对管理的挑战越大，从而可预测性越小，用户不满意的可能性也就越大，行政管理人员对此应予以关注。减少用户体验互动的复杂性是一项重要工作，界定场景、制定日常工作程序是减少这种复杂性的有效手段。集中的用户训练可以提高每一位用户应对物理或虚拟的互动能力。下图描述了互动的主要内容。

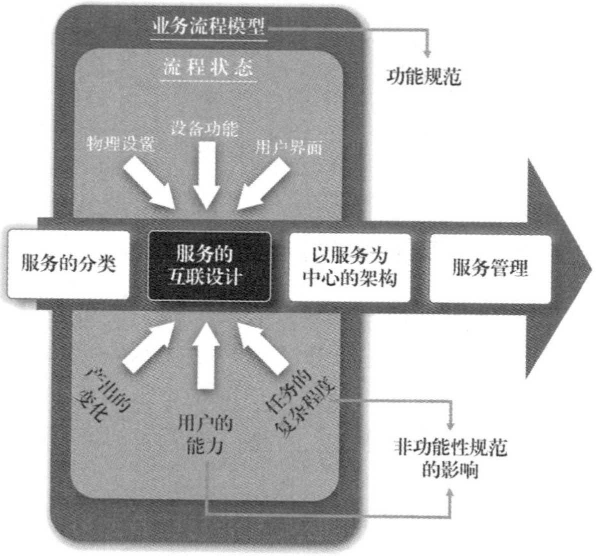

互动的主要内容

2. 联合监管的标准化

各口岸查验部门对监管的定义各不相同，每个部门的优先方向因对风险的认识及风险分析和防控的角度不同而不同。在各部门联合监管之前，单一窗口的优势是很难得到充分发挥的。对监管的协调就是共同决定优先领域，有两个方法，一种是通过一体化风险评估系统来实现，即通过协调各部门的风险原则提供重点监管指令；另一种方法是各部门独立对风险进行评估，然后对重点监管的方法进行协调。无论哪种情况，都有可能延误确定监管方法并采取行动的时机，这对于贸易商来讲都是问题，因为他们在查验部门采取行动之前一直处于无人监管的状态。

除了部门优先领域问题，还有监管标准化问题。关于修订后的《京都公约》第六章第 7 节（世界海关组织 1999 年）的指南详细解释了海关监管的不同类型。单证、实体、非侵入式控制的实施，以及抽取样品的方式是基本可以标准化的活动。监管的细微差别取决于能力，关于做法的知识包括各种变数。无论哪种情形，对于每个监管的内容来说，实施和产出应当尽可能地标准化。变化无常、模糊不清及不确定性不仅给商界，也为查验部门自身带来负面结果。风险分析的监控很大程度上取决于标准化的监管流程的反馈。

（二）共同创造与自我服务

国际供应链中的任何一方都可以帮助另一方实现价值。如果供应商能够提供准确的商品 HS 编码及其他管理信息，就可为报关企业节约大量时间，报关企业也就能够进行准确的申报，监管部门也就可以认为来自一个可靠的报关行的报关单是可靠的。经过一段时间，此类交易的查验率将得以降低。这可以帮助报关企业将人力用于准备报关单证上，也有助于执法部门减少用于核查此类单证的人力。两者都可以将节约出来的人力用于不守法的领域，从而创造出了价值链保值的良性循环。

各方对哪些因素有益于清关过程中的价值有自己的观点，这些观点经常是复杂、主观，而且是需要知识储备的，取决于各方是否理解法律、法规和技术。在供应链中，各方必须确保信息交换是正确、准确和及时的，正确、准确和及时的信息交换为整个链条中的各方节约金钱。涉及对价值的追求的还有程序，经济运营者越守法，来自执法部门的“麻烦”就越小。提交信息越快，报关就越快，在指定时间收到货物的可能性就越大。这种交换通常以相关各方之间的服务协议形式进行。甚至执法部门已经正式建立了将高效、守法的贸易商视为经认证的经营者的项目，这是一种确保价值的安排。单一窗口因为所有信息交换提供了重要的平台而至关重要，因此应被视为价值保护的中枢。

1. 协作的程序

口岸执法服务涉及信息交换方面的协作。供应链流程要求参与方通过商界对商界合作平台进行信息交换，此类平台有利于共同生产供应链参与方所需要的信息。在单一窗口环境下，口岸执法部门也要参与其中，执法信息与监管交织在正常跨境货物流动中。

放行时间研究（TRS）结果表明，准备货物报关占据了商界大部分时间、努力和成本。口岸执法部门认为收集数据以满足监管要求的程序是贸易商的责任和义务，认为他们需要较长的时间来处理报关单和货物查验是天经地义的，他们不理解口岸执法部门可以影响准备报关单证的流程。不同种类的商品报关所需的信息，制定完整、准确的报关单的数据有效期，对数据质量的指南及手续等只有口岸执法部门才能提供，这些对整个流程来说至关重要。口岸执法部门可以提供互动平台来帮助准备报关单，提供这样的平台并不影响口岸执法部门要求贸易商对其所提交的数据负责的地位。

下图显示的是一个涉及允许贸易商、承运人、报关行和口岸执法部门合作的平台的复杂程序。报关所需数据随着报关员从贸易商和承运人不同的数据集中得到数据而逐步建立起来。允许有关各方访问信息，随着交易状态的变化，累加的数据就形成了，每一条信息都是口岸执法部门需要的。在一个支持实时协同的系统里，相关各方均可得到相关信息，因此商业流程和监管报告之间是同步的。通过使用互联网服务技术，以简单和支付得起的方式实现了场景的交换。

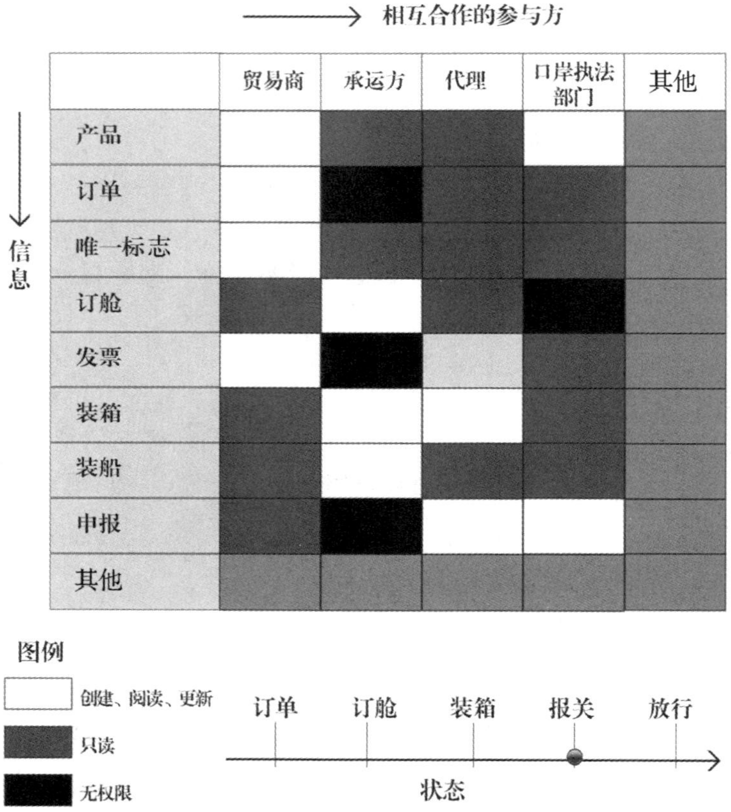

单一窗口环境下的信息访问权限

这与基于纸质或电邮系统形成鲜明对比，那里报关员接收大量传真必须破译再转入到计算机，因此浪费时间，也容易出错，而且还不透明。单一窗口环境解决方案的设计不仅要鼓励实时的合作与协同，还要提供实时数据交换。

2. 分批收集数据

单一窗口系统设计的一个原则是一步一步收集数据，只有这样，单证准备的负担才最小。信息搜集的顺序如下图所示：

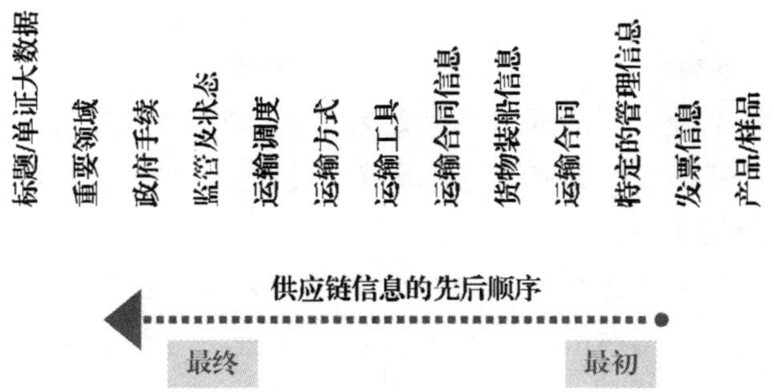

供应链数据产生的逻辑顺序

按照贸易和运输信息产生的逻辑顺序，可以逐步建立政府监管所需要的必要信息。这是世界海关组织为政府跨境监管数据建立的数据模型 3.0 版及 GOVCBR 电子信息模板的精髓所在。GOVCBR 是联合国标准信息，是世界海关组织数据模型项目的组成部分。

3. 世界海关组织唯一标志码（UCR）：电子访问密钥

关于一桩跨境交易的信息随着每一个贸易和运输事件的产生而不断增加。交易要高效的话，应当反复利用已经存储在贸易商、承运人系统及社群系统中的信息。方便地访问信息有赖于路径密钥。

下图说明 UCR 作为路径密钥的重要性。一旦 UCR 在交易早期产生，在整个交易过程中都将是一个非常稳定的路径密钥。

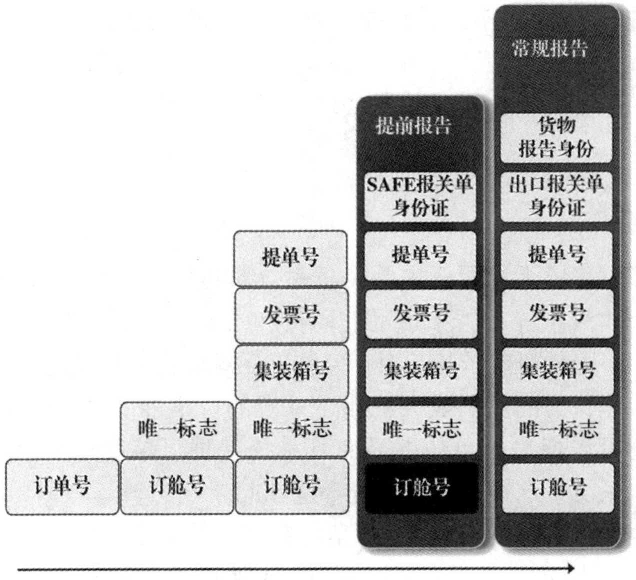

UCR 使访问信息更容易

（三）透明度

在设计信息系统时可以通过为贸易商提供及时的信息来提高透明度。透明度是负责任的基础。下面将讨论向贸易商传授透明度问题的设计理念。

1. 公开执法信息

前面列出的许多服务都与信息公开有关。大多数信息都应当很容易地被自动化系统所利用，货物的税收和非税收管理规定应当非常清楚地说明，需要解释、模棱两可、难以理解的信息会扩大自由裁量权，应尽可能地避免。如果用户知道到哪里能找到信息、得到帮助，将有利于增强用户的信心。

2. 基于 WIZARD 向导的互动

WIZARD 是用户电脑上的互动工具，可以指导用户从头至尾经历整个流程。通过提供清晰的用户当前状态信息，WIZARD 还能够提供完成整个手续所需要的大概时间。WIZARD 提高了透明度，他们为贸易商提供了一种掌控交易的感觉。这一点非常重要，因为在单一窗口环境下，一些交易的路径关系到了工作流程及监管手续在不同管理部门之间的转移。由于监管上的差异，独立的 WIZARD 程序向导对于有些商品来说是必要的。

3. 访问决定和印时戳

允许用户访问监管决定和事件的印时戳可以提高透明度。捕获印时戳不仅有利于开展货物放行时间研究（TRS），还可以评判官员行动的敏捷程度。正如规定通常要求的那样，所有决定必须尽可能地公平、合理。修订后的《京都公约》（世界海关组织 1999）总附约第 10.3 条标准要求，应被影响人请求，应告知被影响人决定或赦免的理由。提供合理的决定显然有利于透明度和公平。

（四）责任

在单一窗口环境下，责任主要是就系统对进境、出境和过境管理授权的事后核查，个体和系统对服务水平的职责和贡献，以及暴露了延误、低效的相关信息追踪。责任机制依赖于对信息技术系统数据库中信息的审计。

系统对个体行为的质疑能力依赖于系统的可信度。系统如果有必要的安全控制措施则可以视为是可信的，而且系统这种可信度应当得到正式认证。不仅单一窗口系统是这样，任何系统都应如此。

电子数据交换技术（EDI）建有审计制度，并且是互换协议的一部分。既然单一窗口环境也涉及不同口岸执法部门 IT 系统之间的互动，那么就应该建立类似机制。总体而言，责任机制的设计涉及以下事项：

1. 协商一致的督察协议是什么？
2. 如何界定督察人员的权限？
3. 官员的责任是什么（在互动设计过程中界定）？
4. 上述督查特性对通信和计算机资源有何要求？

寻找上述问题的答案需要权衡利弊，属于管理决策问题。在设计阶段就信息系统中的审计构架参考政府或专业信息系统审计人员的意见并得到他们的认同是个好主意。在设计阶段，从政府最高审计部门获得技术支持是有益的，甚至可能是相关的。

单一窗口环境的优势是无纸化，人为干预大大减少，不再重复提供申报信息。无纸化不应成为减少责任的借口，毕竟高水平的自动化放行所带来的单证审核的减少也不意味着监管的失控，因为海关主要依赖相互联系的交易信息来进行事后督察。

通过有效的设计，管理层不仅能够更快地发现违法行为，还能够通过更好的内控机制预防缺陷和损失。的确，单一窗口用自动控制系统取代了手工，但管理层有责任确保这些控制在设计阶段就内嵌其中，并由供应商来实施。必须对这些控制进行严格测试，软件应通过有资质的专业人士的认证。

四、 单一窗口互操作性设计

为确保对信息基础设施的投入能够物有所值，管理层必须选择成熟的路线以确保信息系统具有互操作性、可反复使用，并且可以升级和扩展。本文第二卷对可反复利用和可扩展性进行了详细的讨论。

互操作性大体可分为平台、数据和程序相互可操作三种类型。一些参与的公司经常随机通过互操作性来支撑正常的业务流向。正如那些可以轻松开发和使用的设备一样，互操作性强的系统不应该需要大量的客户化定制和一体化过程。当不同系统之间的互动变得很便宜、快速和可靠时，互操作的愿景就实现了。互操作允许软件通过不同的通信协议在不同技术平台上应用。计算机系统之间缺乏信息共享经常是一个成本问题。

（一）互操作性的意义

以下架构和主要内容基于欧盟委员会数字化总司一体化解决方案处（ISA），发表在欧盟委员会题为“通向相互可操作的欧洲公共服务”通讯（Virpi Makinen）。

焦点集中在：

1. 互操作性的4个层级（欧洲一体化框架文件第21~23页），分析了概念的不同方面。

2. 互操作性的实施（欧洲一体化框架文件第24~28页），介绍了促进合作的方法和途径。

互操作性是一个宽泛的概念，包括组织机构朝着互惠的、共同的目标共同努力。从公共服务角度来看，互操作性是各部门通过互动实现共同的互惠的目标的能力，涉及各部门之间的信息和知识共享，各部门支持的业务流程，各部门信息、通信和技术系统之间的数据交换等。

互操作性本质上是多层次的，最好理解为一个社区的共同价值观。它既是提供高效的口岸查验服务的前提，也是高效的口岸查验服务的助推器。

（二）互操作性的4个层次

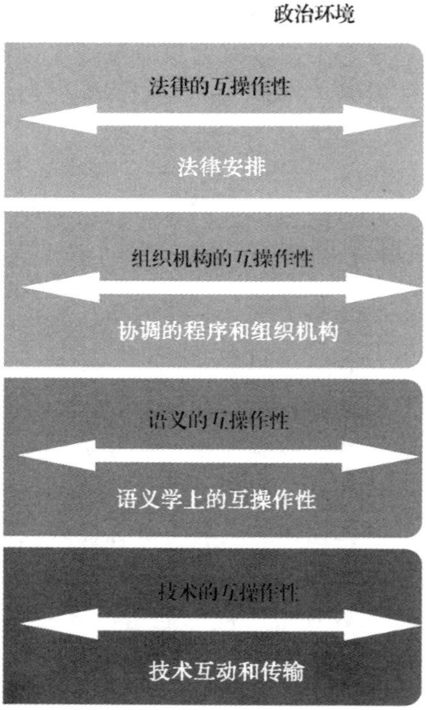

互操作性的4个层次

来源：欧盟信息化总司

建立新的公共服务是政治层直接或间接行动的结果。为使促进口岸执法互操作性方面的努力取得实效，各合作方必须有包容的愿景，有共同的目标，并确定优先领域。这就是互操作性倡议（例如，建立单一窗口环境）必须在政治背景下考虑的原因。

1. 法律安排

在绝大多数多边项目中，每一个公共部门均在其法律框架内履职尽责。有些时候，法律上的不兼容使得合作变得很复杂，甚至成为不可能。

信息交换时，跨越国境的这些信息都是有法律效力的，而且无论是输出国还是输入国，数据保护法律应得到尊重。应当协调法律，以确保数据交换有法律保障。

如果一项新的公共服务是新的立法的结果，法律必须明确建立和运营这项公共服务所需要的边界和范围、优先领域和资源。

2. 协调的程序和组织机构

互操作性的这一特性涉及组织机构，如公共管理部门如何加强合作以实现先前已达成一致的目标。实际上，组织机构之间的互操作性预示着业务流程和数据交换的协调。

不同的部门也许需要对他们现有的业务流程进行调整，甚至重新界定和建立新的业务流程，以便高效地进行合作。业务流程应当是达成充分一致并以文件确定下来，以便所有实施者理解业务流程及他们在其中的角色。

3. 语义学上的互操作性

这指的是所交换的信息有准确的意义，并保留在全流程中，且为各方所理解。这使得组织能够以一种有意义的方式利用外部资源来处理信息，并确保交换信息的准确意思在整个业务流程中为各方所理解。语义学上的互操作性指的是数据模型的意义及数据模型之间的相互关系。要想建立语义学上的相互可操作的资产，必须对建立特定社区和跨社区的程序和方法达成一致意见。

语义学上的互操作性要求准确描述交换信息的语法、形式和图式。

以特定数据结构和数据模型为起点，不同的语法、文化、法律和行政环境也是很大的挑战。这就是为什么要建立公共服务的行政管理部门在起步阶段就要弄清楚是否有现成的语义学的相互可操作性财产可以使用。

4. 技术互动和传输

技术上的互操作性涉及对计算机系统和服务互联方面的技术问题的计划和安排，包括接口规范、互联服务、数据一体化服务、数据的提交和交换等。虽然公共管理在互操作性的其他方面有特殊性，但在技术层面并无特别之处。

（三）互操作性的实施

即使新的服务不需要新的立法，只是为了提供更好、更以用户为中心的公共服务，政治方面的支持和赞助也是必需的。跨境或跨部门的服务的具体实施需要考虑 4 个层面的问题。任何一个层级的互操作性问题，相关部门必须以互操作协议的形式制定正式的合作安排，为了目标的实现，协议应当非常具体、详细。

在法律层面，互操作协议具体且有约束力，以立法、双边或多边协议的形式体现。参与部门应当仔细考虑有关数据交换的所有法律问题，包括数据保护立法。在相互矛盾的情况下可以制定特定的法律倡议来解决。

界定部门之间的关系需要寻找工具来正式确定相互帮助、联合行动及相互关联的业务流程。此类工具之一是各参与单位为确定各方义务而签署的关于联合行动或服务层级协议的备忘录。组织机构层级的互操作协议将确定所期望得到的服务的层级、保障或升级措施、联系方式等，必要时还会涉及语义层和技术层的基础协议。

在语义层，互操作协议形式是参考术语、计划安排、代码列表、数据词典、章节图书馆等，包括制定数据交换字母表。

在技术层，互操作协议包括接口规范、通信协议、信息规范、数据格式、安全规范或者动态注册及发现服务规范等。

为保证互操作性，协议应以现有的正式规范为基础。如果没有现成规范的话，参与部门应当与致力于相同领域研究的社区通力合作。

制造或消费部分服务，改变行政管理流程的集体攻关工作组的工作成果对于确保为其他公共管理部门、商界和个人提供服务的准确性、可靠性和连续性至关重要。通过改变实施协调一致的程序，可以保证持续提供服务。

1. 互操作性的标准、公开与重复利用

互操作性通常都基于标准化和公开的平台。在试图实施技术层和语义层的互操作协议时，很可能存在许多同等的、竞争性的选择，他们都可以提供这样的协议。为便于与公民和商界沟通，行政机关也许会支持多个正式规范或技术。

决定使用何种正式规范和技术应当是透明、公正和非偏见的。要做到这一点，一种方法是有共同的评估方法和选择程序。这应建立在客观的标准之上，重点要满足功能上的需要。

当有数个正式规范都符合功能互操作性要求时，额外的标准包括实施的质量、市场支持、可重复利用的潜力及公开度等。一个正式规范的公开程度是决定共享和重复使用该规范软件的一项重要因素。如果公开度原则得以全面执行，所有利益攸关者都有同样的可能性来为该技术说明发展，公众的评审是决策过程中的一部分，规范是所有研究者都能获得到的。

在有些情况下，行政部门可能会发现针对特定领域的特定需求没有现成的官方技术规范可用。如果这时必须制定新的技术标准，行政部门要么自行制定新的技术标准并提出标准化结论，要么要求标准制定机构来研制新的官方技术规范。

即使有现成的官方技术标准，随着时间的推移，他们也在不断演化，其修订也需要一定的时间。对标准化进程的积极贡献包括减轻延时，改进官方技术标准的布局，跟上技术创新的步伐等。

在向一个共同意愿努力时，关于互操作性架构的定义可能是十分重要的。制定共同的基础设施并研发共同的服务对这样的构架能够起到支撑作用。

2. 互操作性治理

关于标准及正式规范，有必要强调治理的重要性。由于跨境和跨部门的特性，政府部门在一个复杂的、不断变化的环境中运行。确保互操作性是一项长期任务，因为受到不断变化的环境的影响，即法律方面的、商界或公众的需求方面的、机构改革方面的、业务流程或技术方面的。

即使某项特定的公共服务具备互操作性，提供该项服务往往取决于跟其他服务相同的部分。此外，由于相同的部分及互联协议是不同层级、不同部门共同努力的结果，对此项工作的协调与监督应是全面的。行政部门应当建立立体的互联活动治理框架。

单一窗口概念是以商界与政府部门之间及口岸执法部门之间高效的信息交换为前提的。当商界信息在两个口岸执法部门之间的信息交换时，它们的系统应当具有互操作性。信息技术供应商经常夸大现代技术“无缝链接”的能力（Glushko 和 Mcgrath 于 2008 年提出），情况通常并非他们宣称的那样。即使依靠新的工具和技术，不同信息系统之间的互联互通性能已经大大提高了，显然这里还有许多需要应对的问题。

口岸执法部门使用的是不同的经过多年逐步建立起来的信息技术系统。各系统对技术平台、应用软件、业务流程及业务语义都是不同的。IT 系统越成熟，互联就越困难。

口岸执法部门的信息模型必须互相匹配。在成熟的信息技术系统中，模型在确定任务之初就已定型了，因此几乎没有改变的余地。换句话说，系统开发得越早，未来与其他系统合作的难度就越大。

不管是传统系统还是新建一个系统，互联互通方面最大的挑战是语义上的互通，这是单一窗口环境的基础。虽然口岸执法部门收集的数据主要是关于产品、地点、设施、交通方式，语义上的不同使得一个部门无法使用另一个部门收集的信息。弥补这些不同对于加强协同至关重要。世界海关组织单一窗口数据协调指南第二卷提供了解决这一问题的方法。

得到互操作性的语义方面的数据集是一个复杂的过程，需要得到管理层持续支持，包括提供合作的机会，通过协议为共享数据标准提供平台。单一窗口环境各参与方应当能够得到这个协议并进行同步实施。

（四）世界海关组织数据模型

世界海关组织数据模型是“从跨境管理中精心提取出来的最大的统一的数据集”。这些要求相互支持，并定期更新以满足海关等口岸执法部门对进出境和过境监管的程序上、法律上的需求。

世界海关组织数据模型以修订后的《京都公约》为基础，该公约要求海关当局对遵守海关法的要求应最小化。因此海关当局最多只能要求已经列明在各海关手续中的数据单元，并以独立数据元标明。这些自我加压的限制性规定不鼓励未来数据需求方面的增长。

世界海关组织数据模型 3.0 版抓住了货物报关单的基础结构。为避免数据反复提交，需要一个协调的数据集。第二卷讲述了一个政府建立协调数据集的过程。通过使用世界海关组织数据模型提供的简单的解决方案，才有可能为所有申报货物建立一个共同的申报格式。

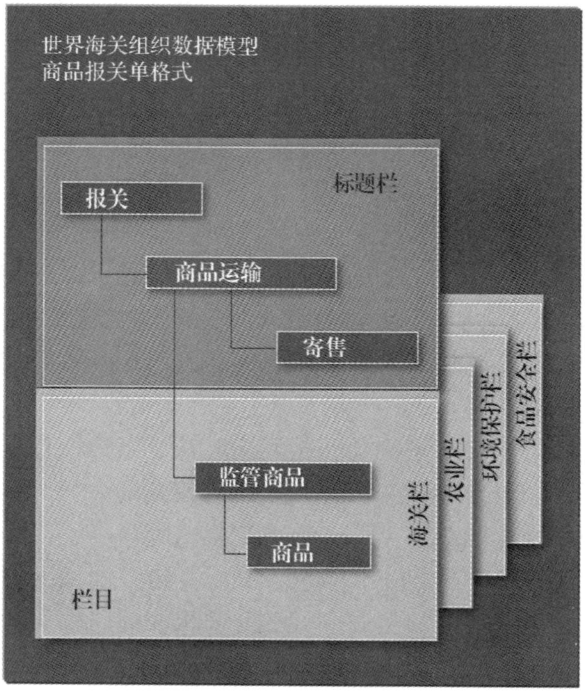

世界海关组织数据模型 3.0 版中的商品报关单格式

上图显示的是口岸执法部门商品报关单的格式。

除了共同的申报单，世界海关组织数据模型还鼓励信息反复使用。数据模型也提供了反复利用的通用模式。下图显示了世界海关组织数据模型被反复利用的可能。

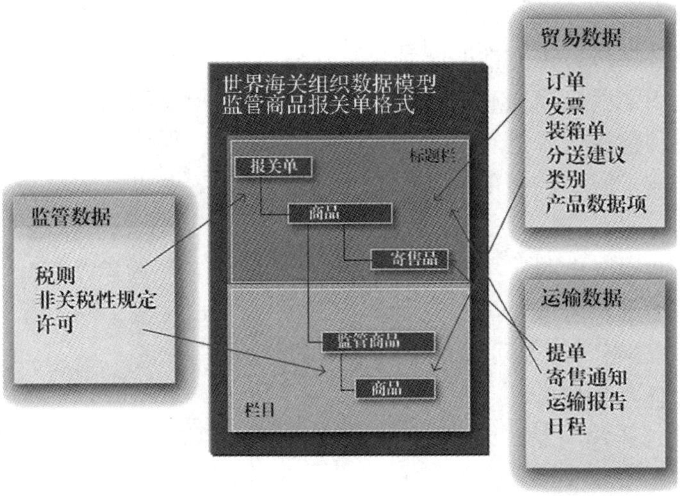

世界海关组织数据模型被反复利用的可能

世界海关组织数据模型的使用原则确保跨境管理程序中的任何新的数据要求必须对需求进行详细分析，并根据国际标准做出决定。它还应考虑贸易商在其正常贸易过程中提供该信息的能力。

五、 单一窗口服务设计中的保障程序

本部分研究管理层的确保拟开展的项目能够满足用户需求的程序。目的是让服务提供小组制定为最终结果负责的文件。有几种文件是管理层必须从项目小组那里得到的。下面列了几种，用以说明设计的数量和质量方面的特征。

（一）业务使用案例与用户情况

记录业务流程的方法有多种，也可以从不同的抽象等级来研究。业务流程文件可以从商业价值角度对流程进行分析，也可以从确定整个流程中的关键责任入手。其目的是识别并清除与业务价值无关的步骤，确定对性能和表现至关重要的节点。

业务管理人员在向信息技术供应商要求获得详细的性能方面的需求时，

越来越多地利用业务使用案例。业务流程模型可以从不同层级抽象得出。对于行政管理人员而言，业务使用案例的价值在于它们很好地提供了利益攸关者的程序和期望。业务使用案例应当包括功能性和非功能性需求，功能性需求好理解，且根植于业务逻辑和政府管理规定之中，但是行政管理层应当坚持清晰和彻底的非功能性规范，如使用性、性能、安全性、适用性，这或许是需求管理领域最有挑战性的问题。

业务使用案例应当通过简单的图表形象地表现出信息交换及决定的流向。此类图表在利益攸关者进行咨询时应当很容易可以得到。功能性和非功能性需求共同构成了服务层级的规范。好的业务使用案例也是解决方案得到认可的基础。

与业务使用案例明显不同的是“用户故事”，它用简单几句日常叙述性商业语言来讲述用户需求。虽然这种捕捉需求的方式通常为一些软件开发方所青睐，“用户故事”还是可以作为反复诱发需求的基础。

用户故事：案例1

作为一名卡车司机，我穿过无人管辖地带，停好卡车，然后在机器上刷卡。机器上显示我卡车车牌号并打出了一个条形码，我将条形码贴在报关单指定位置，然后等候。我在触摸屏上输入我的条形码号，显示出需要等候的时间。5分钟后，电子显示屏叫我的号，指引我到6号柜台。我的报关单已经盖好章了，于是我开着车向出口驶去。

这个用户故事还可以拓展，人们可以通过不同的故事获得关于同一场景点的不同解决方案。用户故事有助于管理人员形成对技术应用的认识。我们可以逐个讨论不同的用户故事，每个故事都可以用来检验如何改进用户自助服务或以技术为基础的互动。

用户故事：案例2

我是一名卡车司机，穿过无人管辖地带后一名边境保护工作人员向我致以问候，取走了我的报关单证，扫描了上面的二维码。他检查了我的护照和驾驶证，建议我进行行李的查验。我将行李从卡车的行李架上取下来，走进房间里的金属探测器。同时，他们用一个可移动的伽玛射线扫描仪对卡车和集装箱进行扫描。我完成护照检查后，开着卡车来到出口，再次扫描二维码，门自动打开了，表明货物可以放行了。我向站在旁边的边境保护工作人员挥挥手，微笑着离开了。

（二）单一窗口服务蓝图

服务蓝图把商业流程视作一系列互动行为，并认为积极的互动将提升整体服务质量。

服务蓝图是一种基于流程图的设计工具，描述了前台、后台和中间各层的活动。按实际发生的时间顺序对人与机、人与人之间的互动进行描述。每一个互动的标准执行时间、预计等候时间、可能的失败之处都可以捕捉到。同时还可以识别失败或者偏离的风险。可能发生的特殊情形和失败，连同失败减缓和服务恢复战略也有记录。

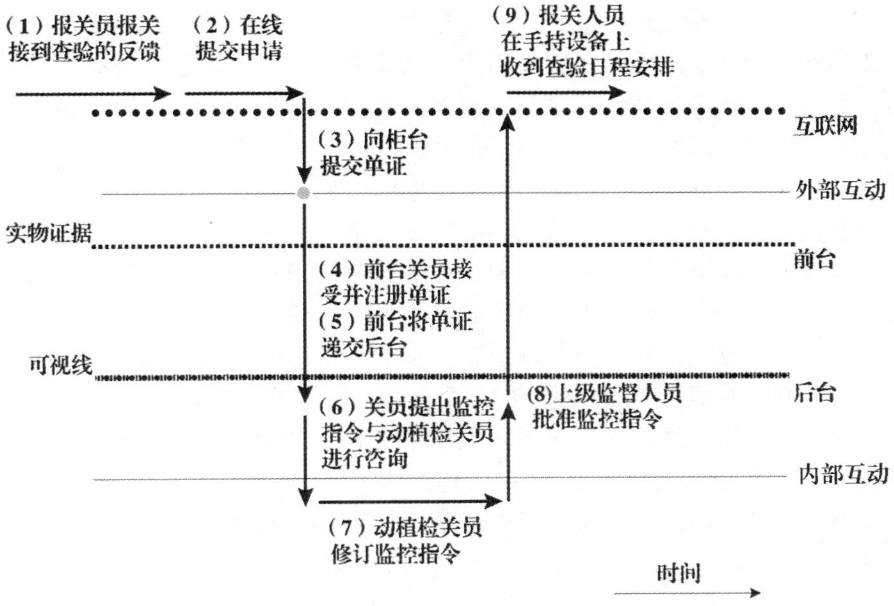

货物查验流程的服务蓝图

模型是交流的工具，服务蓝图是一种服务模型。在上图中，服务蓝图为用户确定了接触点。管理者在设计阶段可以轻松地理解未来的情景，这在他们进行接受度测试时经常要用到。

（三）单一窗口服务等级规范

在设计单一窗口服务时，服务等级规范便于各方理解窗口工作时间、性能及业务流程各环节所需要的最少时间。商业术语表达的服务等级规范是信息技术服务规范的基础，后者常用正常运行时间保证、平均故障排除时间及平均修复时间计算。服务等级规范可以作为服务等级协议的一部分，是约定应具备的最重要的性能。

跨部门服务等级规范如果服务水平规范局限于交易过程中各口岸执法部门各自为中心，那么单一窗口将以失败告终。口岸执法部门之间必须达成的一项重要协议是共同提供服务，由此所有服务设计将采取一个共同的办法来进行，从业务流程设计开始，到数据模型、互动设计、基础设施，以及服务台等。

六、 总结

本章描述了设计单一窗口服务的过程。对单一窗口所提供的服务进行分类有助于合理安排推进顺序。从商业服务角度来处理单一窗口项目有助于管理层按照商业价值推进项目实施。当用提供商业服务作为衡量项目成功的标准时，管理层就会准确地计算服务的成本并制定出基准点。服务范式不仅为解决方案提供了有用的框架（以服务为中心的构架），还为引进互动设计学提供了可能，这会使商界和监管部门的满意度大不相同。

服务设计包括贸易商和网站之间的在线互动，贸易商可以使用各种终端客户设备和入口信道，服务设计包括在服务台的面对面的互动。设计的结果不仅影响业务流程、工作流程和电子表格的设计，还将深刻地影响项目的理念。信息以何种方式提交给单一窗口是互动设计的一个关键问题，掌握海量信息的贸易商随着贸易和运输过程的一个自然状态向单一窗口无缝提交信息，这必然导致商品和货物监管状态与日俱增的变化。毫无疑问，世界海关组织数据模型是支持这一理念的最有用的工具。

当最终对服务进行推广时，可以用基于信息技术的服务管理来有效跟踪项目的性能，从而完成单一窗口服务从构想到生产，到实现商业价值的全过程。

第七章　单一窗口法律问题

本章讨论以下问题：

1. 单一窗口倡议为何需要法律授权？
2. 实施单一窗口环境会遇到哪些法律问题？
3. 单一窗口倡议逐渐成型时，哪些法律需要调整？

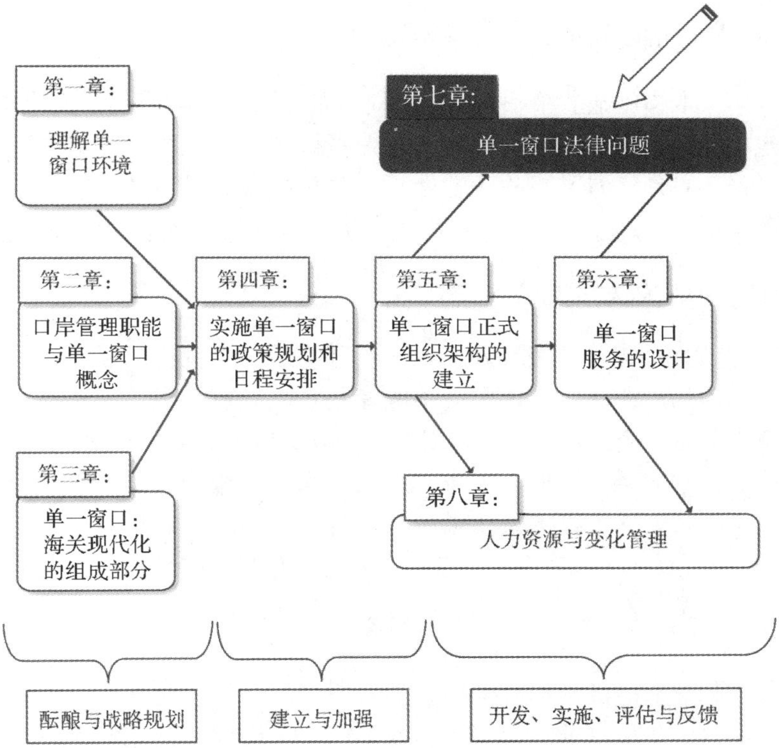

第一卷结构图

一、 概述

本章讨论建立单一窗口环境中的法律问题及如何应对这些问题。我们首先从法律角度介绍单一窗口环境的特点，然后是几个主要的议题，最后得出结论。此外还提到了管理层需要注意的问题。

本章内容基于联合国贸易便利与电子业务中心第 35 号建议书等现成的相关知识，同时也汲取了目前世界上已经实施单一窗口的经验，还尝试参照实体公司遇到的法律问题及其应对之策。此外，本章还指出了问题最多的法律问题，阐明了某些法律问题的重要性。

第二部分介绍了单一窗口典型的法律特征，它们与口岸查验部门传统的、独立的系统的差异。第三部分介绍了单一窗口的生命周期，其商业模式，作为法人而存在、运营的模式，以及最后当对其存在的理由有新的看法时进入升级改造阶段。第四部分研究单一窗口环境下口岸查验部门管理机制和业务流程带来的法律问题。最后指出管理层应予关注的经验教训。

二、 单一窗口的主要法律特征

当政府采取措施建立单一窗口环境时，都会要求他们将倡议变成正式的、法律界定得非常清晰的制度安排。口岸查验机构在各自职权范围内运行自动化系统，他们必须注意其操作的法律后果。单一窗口中也有自动化系统，也有这样的要求，此外还有传统上口岸检查机构各自 IT 系统没有的特征。

（一）明确的法律授权

自动化信息系统及其表现形式，如互联网站、接口技术说明、入口信道等必须有明确的法律定义，否则就不能参与实施政府管理。这些设施有明确的法律定义后可在全国运行，法律对其运行有明确的要求和限制。

传统、独立的系统植根于政府开展某项服务的相关立法。比如，海关法及其下位法授权建立了报关自动化系统。例如，1901 年制订的澳大利亚海关法第 126D 节授权澳大利亚海关总裁建立和维护信息系统，以便于人们与海关通过电子方式进行沟通。后来又通过修正条款详细说明了这些信息系统的技术接口。

参与国际贸易的机构都有其独特的服务。只有与其他部门合作才有可能建立单一窗口，在单一窗口环境下，各部门联手提供一体化的服务。这时如果各部门还是独立行事，这种服务就不会很高效。信息通信技术是把这些或大或小的实体联系起来的驱动力。

（二）有法律授权的实体

单一窗口涉及多个参与部门系统之间的协调。从操作角度看，口岸查验部门或商界提供相应的服务都是有法律依据的。换言之，单一窗口运行实体也应有充分的法律授权。

在现有实体之外成立一个不同的实体是办法之一。关于如何建立这个实体，政府有以下几种选择：

1. 法律授权政府部门特定的执行权利和义务；
2. 法律或行政命令授权成立一个自治实体；
3. 以公司法形式成立一个实体，无论是私营的还是国营的；
4. 其他法律形式授权成立的自治组织；
5. 与商业实体合资。

世界海关组织单一窗口调查情况表明，目前单一窗口的运行实体以政府部门和政府控制的机构占主导地位。

联合国贸易便利与电子业务中心第35号建议书把“中立性”作为单一窗口的根本原则。单一窗口运营者应当在执法部门及其系统中间保持中立或一定距离。

如果贸易和运输等第三方与单一窗口办理业务时将其视同口岸执法部门，则必须用法律手段将这种关系正式固化下来。单一窗口与口岸执法部门之间的关系也应建立在坚实的法律基础之上。政府强调单一窗口运营部门是输入和输出口岸执法部门相关数据的唯一渠道，以此赋予它明确的法律授权。被管理者在守法合规情况下，离不开单一窗口运营者充分履行法律授予的职责。

人们可能会把单一窗口当中看得见、摸得着的外在表现，如网站页面等认为是单一窗口，但从法律角度看，重要的是它所代表的那个机构。单一窗口运营者不仅代表参与部门，还是他们的推动者。运营者承担口岸执法部门义务和商界作为单一窗口用户的双重责任。如果它为政府所拥有，就有很大的主权豁免权。单一窗口必须是真正的法人实体，否则是靠不住的。

正常情况下，单一窗口运营者需要一个实体来完成一项合同。例如，单一窗口运营者代表执法部门通过其互联网接口独立完成用户登记合同。

单一窗口的运行原则是各口岸执法部门单独负责，也可以是各参与部门共同为单一窗口运行负责。

单一窗口并非要为商界带来的全部损失负责，正常的跨境管理免除了善意行为。同样的原则适用于善意地代表口岸执法部门的单一窗口运营者。然而，为了让单一窗口运营者承担责任，并使其为自己的行为或失误负责，可以建立两种协议。

一种是单一窗口运营者与口岸执法部门之间签署的“雇主—服务协议”，内容包括性能要求、代表性、担保等方面的责任和义务，通常还签有服务水平协议、互联安全协议等。

另一种是单一窗口运营者与商界之间的确立客户关系的协议，包括终端用户/使用条款协议、知识产权/许可协议及订购方协议，规定了服务等级、性能保证、使用费（如果有的话）及行政处罚、罚金、减免税等政策。

下图有助于确定单一窗口运营者处在哪个阶段。

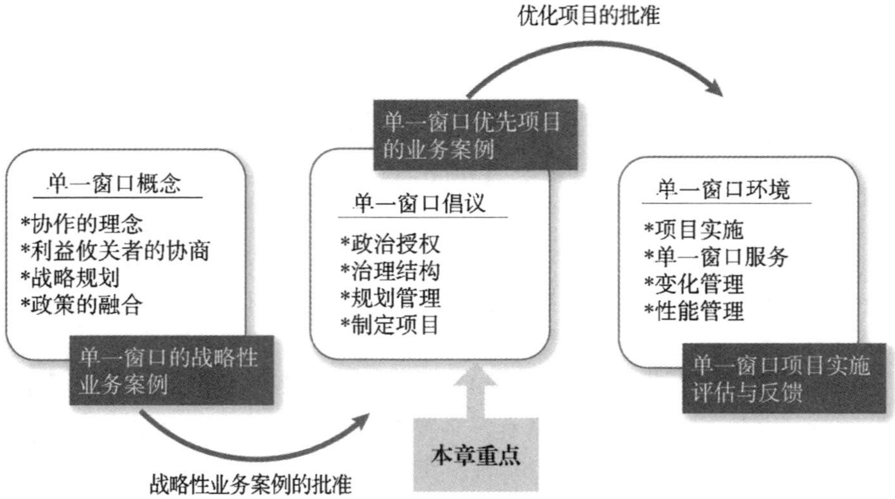

单一窗口运营者发展阶段

网络技术使得单一窗口成为一个看得见的存在成为可能，但必须赋予它法人的身份，明晰各成员的责任。

单一窗口运营者属于政府部门时，其存在就很自然。但如果有私营成分时，则必须有注册的办事处、执行代理等具有法人资格的合法机构，只有这样，来自贸易或运输界的，觉得单一窗口有利可图的第三方实体才有参加的积极性。

（三）互换协议/备忘录

单一窗口中口岸执法部门之间的关系可以用相互之间存在的一套规则、责任和义务来描述。这些关系通常是备忘录的形式。私营企业多用互换协议，但政府部门不愿意作为法律协定的参与方，因为他们更倾向于行政监督而不是法庭的裁决，因此他们之间通常采用备忘录形式，备忘录对所有签约方都有约束力。另外，涉及私营部门的协议必须是公平的。发生争议时，法庭必须决定它是否有权处理。因此，互换协议书必须阐明适用的法律和专属管辖条款。为便于讨论，备忘录和互换协议统称为互换协议。这些协议一方面构成了规范口岸执法部门之间关系的规则，另一方面也规范着单一窗口与口岸执法部门之间的关系。这些协议/备忘录包括服务等级协议、相互关联的安全协议（ISAs）。

若还想与国外实体互换，则此类互换还涉及国际协议。在国际互换中，这些协议书可以是单独的双边协议，或者是海关行政互助协议的补充协议。互换协议可以包括数据库及信息标准、服务本体，以及元数据寄存器。以下清单是说明性质的：

1. 互换方式（数据传递的协议、句法）；
2. 电子数据互换—数据文件传递；
3. 文本文件专用格式（EDI文件、XML文件）；
4. 共享的数据库（口岸执法部门和商界互相可查看数据库）；
5. 远程程序调用；
6. 网站输入和输出数据的服务规范；
7. 基于代理的数据传输技术。

联合国贸易便利与电子业务中心第26号建议书已涵盖了所有能想到的有关各方可能遇到的法律问题，可以用作该领域的基础文件。联合国贸易便利与电子业务中心第26号建议书主要是商业性模式而不是政府主导模式，它没有认识到EDI管理体制的不同。建议书主要用于增值网络服务。尽管如此，它有助于确定互换协议或谅解备忘录需重点考虑的问题。

（四）授权、隐私与数据保护

政府信息通常必须符合隐私和数据保护方面的规定。单一窗口中这一点尤其重要，因为口岸执法部门通过电子方式相互连接。互换协议意味着数据的共享，个人的保密信息有可能被意外泄露。单一窗口框架必须包括以下主要法律问题。

1. 数据库的身份：通过数据库的名称或标题来清晰地表明其边界。

2. 数据库的所有权：单一窗口中的所有数据库必须有名字、标题和所有权，包括单一窗口经营者的特定数据库。有明确法律授权作为单一窗口环境下各数据库管理者的法人必须有标志，其注册地应予以公告。

3. 建立数据库的法律依据：行政当局从何处获得授权来建立并维护数据库。

4. 信息的分类：一是保密等级，政府信息保密规定将信息分为保密、内部、非保密、公开。二是隐私类别为标称或非标称数据。三是授权和访问控制。

5. 收集、处理和使用数据的目的及其法律依据，尤其是非标称数据的长期使用。

6. 收集数据的方式及其法律依据：接口的技术规范。

7. 数据管理周期政策、保管期限（如有）、跨国数据交换。

8. 保险的承保范围曝光。

（五）身份、认证与授权

为单一窗口用户提供可链接的在线服务只是冰山一角。为使其能进入口岸执法部门的不同的应用系统和业务流程，也为了使单一窗口用户能有一种无缝链接的感觉，单一窗口方案必须采用一种既安全又合法的解决方案。

联合国贸易便利与电子业务中心第35号建议书认为，单一窗口提供基于规则和身份登录各种系统的重要手段是身份管理，基于公开标准的身份管理方案通过关联各部门用户的身份能够促进互操作性，阻断各独立平台上的基础应用和数据库资源的访问控制机制。

还没有可以清晰地解决身份管理系统问题的立法。但是，隐私和数据保护立法可以直接应用于身份管理系统的数据，其他地区也在探索这方面的国际标准。最著名的就是亚太经合组织名为“探路者”的跨境数据隐私项目。尽管如此，单一窗口运营者必须遵守政府关于隐私和商业秘密的法律。

由于个人无法撤销自己的身份，人们担心身份管理系统可以将各系统的个人信息联系起来，观察个人的行为。数据保护部门因此强调身份管理系统中信息的不可链接性，行为的不可观察性及身份的可撤销性作为身份管理的主要原则。

这些顾虑应与单一窗口环境下身份管理系统更广泛的用途相权衡。为进行风险分析，各部门的自动化系统在有些情况下可以合法地链接经济运营者的信息。此外，各部门的自动化系统也喜欢个人的行为具有可观测和审核的特性，单一窗口中个人是不能随便消除其在身份管理系统中的行为的，任何情况下均无法否认其行为。

用户在签署参加单一窗口系统的协议中，对个人隐私和合法的商业秘密的担忧应当得以缓解。既然已经接受单一窗口环境的条款，经济运营者应当允许口岸执法部门合法使用个人隐私和合法的商业秘密。

个人用户的标识符应以某种方式与政府发给他（她）的身份保持一致。这与经济运营者的标识符基于法律上的标识符（如工商注册登记号）类似。为了打击跨境违法行为，口岸执法部门需要准确识别管理相对人。此外，要对自动化系统上被发现的行为负责任的应当是法人。

自动化系统采用认证和授权制度。前者指自动化系统有把握地识别出用户并确认用户是否是其本人。授权则与用户的访问等级有关，要考虑的是用户是否有权进行某项操作的问题（比如更新数据库时某一特定数据库表）。

坚持使用身份识别、认证和授权对确保信息系统安全，提供持续、可审计的服务至关重要。单一窗口服务随着用户的信任而不断发展壮大，多年的安全运行增加了这种信任度。如果缺乏合法的身份识别、认证和授权机制，用户行为的法律效力将面临挑战。

电子记录、电子单证、电子合同可以作为证据使用的条件取决于相关法律规定。关于数字证据的裁定由法庭决定，专家将帮助法官决定访问日志作为证据使用的效力和价值，例如，此类日志是否真实、可靠和完整。如果电子记录或单证是有法律效力的，则数字签字将具有重要的证明价值。

数字证据问题是一项非常重要的法律问题。在一些国家（地区），数字签名比其他类型的电子签名更具证明效力。此外，在许多国家（地区），日渐普及的数字签名还涉及成本和可靠性问题。因此，尽管数字签名的技术已经成熟，世界海关组织全球贸易安全与便利标准框架中也有所提及，还是有其他办法来保护数据安全。保护数据的方法应与遭遇破坏可能带来的风险相称。

三、 单一窗口的生命周期

从法律角度看，主要有以下几个发展阶段。

1. 开发阶段：这一阶段主要研究参与实体的目的和动机。确定单一窗口所要涵盖的服务、战略计划、政策模型，以及准备战略性的商业案例。

2. 形成阶段：战略性商业案例得到批准，获得政治上的授权，获得建立单一窗口倡议的法律或法令，或者单一窗口环境各参与部门签署一项协议。无论何种方式，实体都是可以对内、对外承担相应法律责任的法人。

3. 制定规章制度阶段：单一窗口运营者正式建立组织构架，其正式任命的管理人员将代表单一窗口运营者签署协议。建立单一窗口运营者的法律基础，以及对内、对外签署的各种协议（主要是互换协议）构成了单一窗口的主要制度框架（这独立于货物、人员跨境管理的实体法）。

4. 运营阶段：在这一阶段，形成阶段和制定规章制度阶段的法律安排正式运作，接受实践检验。必要时这些法律条款可以进行修订。但是，在一个不断变化的环境下，为贸易商提供可预见性和事前确定性非常重要。

5. 发展演变阶段：协议规定各方如何脱离单一窗口（不适用的操作），以及应采取的步骤。

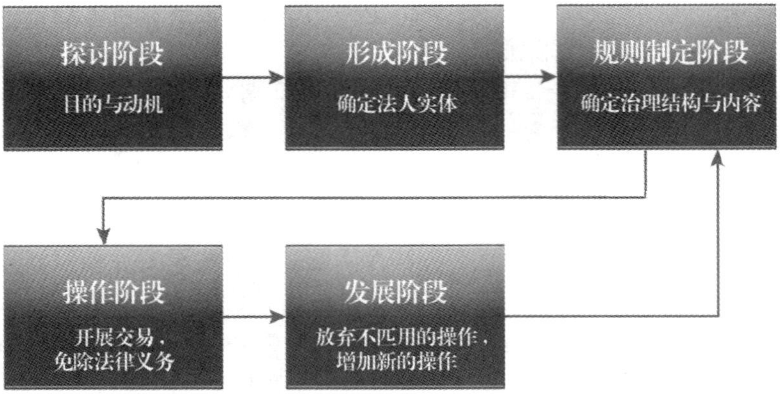

单一窗口法律问题：全生命周期视图

（一）单一窗口运营者的内外关系

分清单一窗口环境中的内部关系和外部关系对于法律问题分类是有用的。内部协议是口岸执法部门之间或与运营者之间签署的协议，主要包括互换协议、服务等级协议、知识产权保护协议、声明暨保证、身份管理、责任与保险、数据的合法使用、数据保护及数据生命周期安排等。政府部门之间通常以备忘录的形式签署，此前我们已解释过。另外，单一窗口的外部用户的法律安排中，一系列类似问题也非常重要，包括隐私问题、数据保护、服务等级、身份管理、责任与保险。

（二）建立单一窗口运营者

单一窗口系统的建立与运营包括建立一个“单一窗口运营者”作为法人实体。各国应决定这个法律实体的特征，可以是一个根据本国法律在公共部门掺入私营成分的“公私合营”模式，注册的社会组织、非营利组织、信托或合作关系，也可以通过法律授权形式成立新的独立实体。这关系到单一窗口的运营。

四、从业务流程角度对法律问题进行分类

前文从单一窗口的生命周期讨论了法律问题。本部分从业务流程角度来分析法律问题。单一窗口的业务流程及相关的法律问题有以下几种。

（一）注册/管理授权

海关法通常都是以明确国际贸易管理部门的职责开始，明确货物进境、离境

和过境的地点、方式和人员。类似的法律授权其他口岸执法部门确定哪些实体对交易的商品承担义务和责任。这些法律法规也涉及交通工具及其工作人员。

第一组是注册/管理授权程序，这是单一窗口的基础，因为单一窗口运营者最早可以识别的就是参与方、地点、运输工具等，这些注册企业在各口岸执法部门中都是一个合法的存在。注册程序还可以与预审核程序一起进行，这时各管理部门可以对用户提供的信息进行核实。可以通过行政法规明确预审核程序。

在被授权访问单一窗口服务之前，必须满足单一窗口运营者所需要的行政管理要求，这些要求体现在注册管理程序中，单一窗口运营者以此种方式与单一窗口的各种类型的用户建立了法律关系。通常可以是单一窗口运营者与注册企业的负责人之间签署协议，也可以是多边协议，如贸易商、运输方作为订阅方，海关及其他口岸执法部门作为主管方，国家（地区）单一窗口运输方作为服务商之间签署协议。所有海关合作对象统称为参与者，这些参与者主要分为以下类型：

1. 国家（地区）单一窗口运营者：单一窗口运营者指的是根据法律授权可以提供单一窗口服务的实体。在讲述单一窗口业务流程时，有必要指明不同管辖权下的国家（地区）单一窗口。原产地（离境）有一个国家（地区）单一窗口，过境地有国家（地区）单一窗口，目的地（抵境）也有一个国家（地区）单一窗口。国家（地区）单一窗口之间的互动与合作属于单一窗口的政府—政府事务。

2. 经济运营者：指的是单一窗口中贸易和运输方面的参与者。经济运营者通常需要被称为代理的中介机构的帮助，代理的责任是承担经济运营者的责任。代理机构的职责义务由过境管理的法律法规规定。任何经济运营者应当遵守的守法行为都可以由其代理办理。

下表列出了业务流程及相关法律问题：

单一窗口的业务流程及相关法律问题

参考编号	业务流程	相关法律问题
R1	口岸执法部门注册	单一窗口运营者获取必要信息，对口岸查验部门进行注册（本案例说明口岸查验部门是如何加入单一窗口环境的）。 法律事务： ①单一窗口运营者所提供的服务的相关规定； ②说明所提供的服务是合法履行监管职能的规定； ③规定单一窗口经营者经营单一窗口的权利、职能与义务。

续表1

参考编号	业务流程	相关法律问题
R2	单一窗口服务的注册	单一窗口运营者代表口岸执法部门提供某项服务。 法律事务： ①单一窗口运营者与口岸执法部门关于所提供的服务的义务； ②单一窗口运营者与口岸执法部门之间关于安全、隐私、数据管理生命周期、服务标准等方面的协议。
R3	经授权的单一窗口用户的注册	单一窗口运营者对单一窗口信息系统有关条款作出安排，单一窗口用户接受上一栏中的服务，它们要么来自口岸执法部门，要么来自经济运营者。 法律事务： ①有关加入手续的规定； ②授予用户（来自商界或口岸执法部门的个人）访问单一窗口信息的权利； ③有关用户身份的管理、认证、使用电子签名等方面的规定； ④用户参加每项服务的条件。
R4	经济运营者的注册	涉及跨境管理的单一窗口运营者获得经济运营者有关的所有数据后将其注册为所申请服务的用户。经济运营者注册后形成贸易商账户，在其参加单一窗口期间一直由单一窗口运营者管理。 法律事务： ①协调与单一窗口打交道的所有商业实体的法律定义； ②有关经济经营者的管理性核准、管理程序； ③管理不同口岸执法部门的身份； ④管理国家（地区）单一窗口与社区系统之间的身份； ⑤管理全球范围内不同国家（地区）单一窗口之间的身份（国际单一窗口窗口与地区性单一窗口）。
R5	经授权的IT系统的注册	单一窗口运营者对与单一窗口服务关联的IT系统进行注册。 法律事务： ①授权（口岸查验部门或经济运营者的）IT应用和IT设备访问单一窗口的信息库（如WEB/EDI申请）； ②有关每项服务参加条件的规定。

续表2

参考编号	业务流程	相关法律问题
R6	监管场所的注册	涉及跨境管理的单一窗口获得监管场所的全部相关信息。 法律事务： 法律上明确允许货物（及运输工具）过境、存储、仓储、检验、检测或办理其他国际贸易过程中需要处理事务的地点。各口岸执法部门的立法都从各自立法上对此给予不同的定义。
R7	查验设施的注册	涉及跨境管理的单一窗口获得查验设施的所有相关信息。 法律事务： 如 R6 栏所述。
R8	监管产品的注册	涉及跨境管理的单一窗口获得监管产品的所有相关信息。 法律事务： ①产品注册的程序，产品身份、属性、监管类别、监管限制及进出口条件的识别等； ②各口岸执法部门识别和分类可交易商品的方法可能不一样。
R9	监管运输工具的注册	涉及跨境管理的单一窗口运营者获得某一运输工具的全部相关信息。 法律事务： 有关从事国际货物运输的运输工具管理证件的法律，这应与相关的国际法律法规相一致。

（二）申请许可证件

货物和运输工具的所有跨境活动都受关税或非关税管理制度的约束。随着贸易自由化，世界上大多数交易货物不再受数量的限制，但仍存在各种各样法律和国际公约形式的非关税限制，这些限制构成了监管部门允许进出境或过境的前置条件，这些条件通常以执照、许可、证书或其他形式体现。除了商品不同外，这些限制性条件的使用方式基本相同，包括申请，预审核，进出境环节对交易合法性的审查，交易后守法性分析。执照、许可、证书或其他的申请和颁发流程大同小异。

申请许可证件的相关法律问题

参考编号	项目	相关法律问题
L1	执照、许可、证书或其他	经济运营者向口岸执法部门申请许可或证书并收到反馈。分为预核、事后审核和交易中审核程序，对各种证件的有效性、适用性、数量、金额等进行审核。 法律事务： ①识别其他国家（地区）颁发的许可证件； ②对监管审核的授权（当设计这种授权时）。

（三）提前申报信息

全球贸易安全与便利标准框架中，海关有权要求提前获得国际供应链交易前相关信息。框架要求进出口物品和货物在进境和入境时提前向监管部门提交报关单信息。运输工具所承载的集装箱的信息以船运装载位置计划和货柜状态信息方式提供。下面详细介绍了提前申报信息的流程。

法律事务：适用于所有信息提前申报程序。

1. 授权实施信息提前申报。

2. 如果授权第三方代表载运方提交信息，第三方的责任必须有相应的法律授权。

3. 向离境地国家（地区）单一窗口提交的信息及向过境地国家（地区）单一窗口和抵境地国家（地区）单一窗口传递并合理使用的法律安排是什么？（应当单独阐述此类传输的适用性和必要性。）

（四）提交物品报关单/货物报告/运输工具报告

流程主要基于商界可以与单一窗口进行互动的修订后的《京都公约》。除了上述模式，还有一种“反馈包模式”，描述了口岸执法部门对申报的反馈情况。认为在单一窗口环境下，经济运营者与海关之间的管理数据的协调和数据交换点，跟他与其他口岸执法部门之间的数据交换是一致的，这表明为海关提供的标准化监管报告活动也适用于其他合作口岸执法部门。从逻辑上讲，这是一次性提交原则在数据和单证共享方面的必然结果。

法律事务：货物报关、货物报告、运输报告的通用流程。

1. 申报立法不仅仅为海关，而且为口岸其他执法部门（明确申报义务的立法，什么情况下必须纳税，交纳税费的责任和义务，不同税费的征收方法和计算方式等）。

2. 允许各口岸执法部门接受电子数据的立法，包括法律上明确规定的逻辑和安全监控等，从批准电子政务向数字化或无纸化程序发展。

3. 协调海关和其他口岸执法部门之间的申报时间、地点等管理程序。

4. 口岸各执法部门自身的法律对允许访问、使用和处理所接受的数据均有明确规定。必须认真对待口岸执法部门审核单一窗口所收数据的“数据池”中的数据并做出相应裁定这一问题。所有这些程序必须：

（1）部门之间的数据交换协议及处理数据的相关部门的权利和义务相适应。

（2）把握好报关单及报告书中有关数据及与数据隐私和信息透明度问题的平衡。

（3）实施报关单核查、核实及管理决定的通知。

（4）立法经常授权第三方代表进口商或承运人提交信息，这时第三方的责任必须有相应的法律授权。能够使用数据及与提供监管声明和报告的合法的第三方供应商的社区系统交换数据。

（5）有关各方之间明确通过第三方报关的多边法律条款是重要的法律事务。

（6）要对提交给国家（地区）单一窗口的报关单和单证的数据继续传递给中转地和目的地国家（地区）单一窗口所利用，作出法律安排（应当单独阐述此类传输的适用性和必要性）。

五、总结

本章讨论了单一窗口环境下的法律问题，首先探讨了5个重要的法律问题，然后从单一窗口生命周期角度逐一分析了这5个问题，最后从业务运行角度指明对法律机制进行调整。

单一窗口有5个鲜明特征。建立单一窗口必须有明确的法律授权，建立一个法人实体，可以独立签署互换协议等合同，互换协议可以从法律界定和规范信息交换行为。互换协议包括部门之间数据和信息交换的标准和服务。这些都需要反过头来研究各参与部门的法律法规。另外，协议还应包括相关的接口规范。

由于单一窗口负责处理从商界获得的数据，因此其合法地收集、拥有、处置和分享数据应有明确的法律授权。同时必须保证信息的隐私，除非法律明确规定不得共享。

为使单一窗口的交易与人工交易具有同等法律效力，应采纳身份管理、认证和授权管理方式。基于UNCITRAL模型编码的数据文件、电子签名及电子合同的相关立法是十分有益的。身份管理系统处于重中之重的位置，因为所有其他单一窗口的服务都是以身份认证为基础的。本章探讨了身份认证管理面临的法律问题方面的挑战，这个问题可以通过专门立法或以签署相关协议方式来免除相关法律义务。多边互换协议可以整合相关授权条款，确保身份管理系统与隐私权立法条款和谐运作。

本章从单一窗口环境的生命周期和业务流程角度研究了法律问题。管理层应当任命优秀的法律专家协助建立单一窗口环境的法律框架。

第八章　人力资源与变化管理

本章研究以下问题：

1. 单一窗口环境中的牵头部门究竟意味着什么？
2. 对牵头部门的人力资源有何要求？
3. 单一窗口环境对口岸执法部门的组织架构有何影响？
4. 单一窗口对人力资源构成怎样的挑战？如何应对这些挑战？
5. 管理层如何管理单一窗口带来的变化？

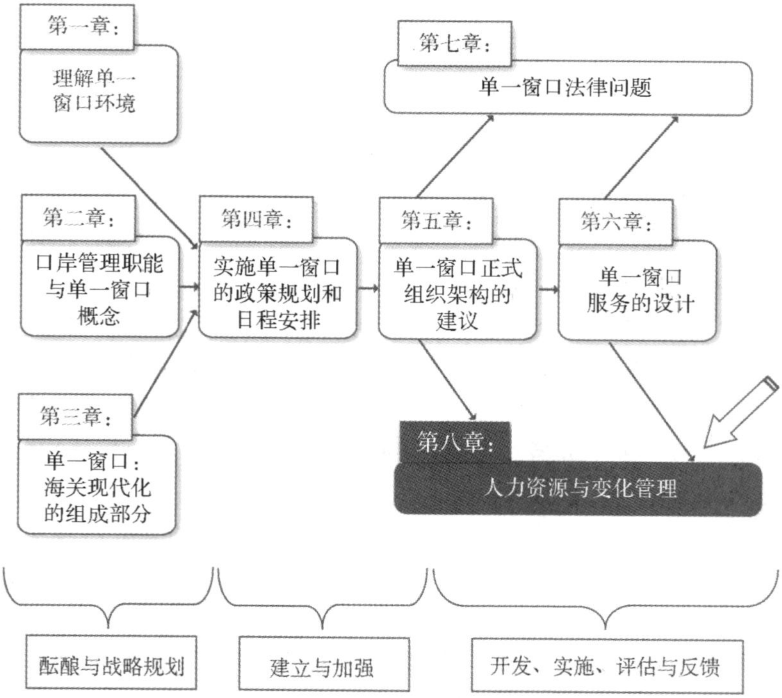

第一卷结构图

由于其战略性本质，建立单一窗口环境将造成各参与其中的口岸执法部门组织架构上的变化。设计新的服务接口也会产生组织机构的变化，应当系统地加以考虑（参见第五章）。确定建立单一窗口的牵头部门和项目的组织机制是一个战略问题，影响到组织构架。组织构架的变化将产生新的职能，同时调整现有职能。海关应当以长远的眼光来看待这些问题，并制定路线图。

第二章突出强调海关处理的许多任务都是跨部门的。从政策和操作角度讲，这对传统的集权式的组织体系构成了挑战。口岸执法部门必须加强协调与合作，不允许各参与的口岸执法部门相互割裂。战略管理程序可以校准和统筹动机、组织流程和部门文化，以适应完成部门内部及部门之间关键任务的要求。

本章讨论人力资源与变化管理。首先系统研究海关在未来单一窗口中所肩负的职能方面面临的战略选择。然后指出自然而然出现的组织架构是其战略选择的产物。海关关员掌握的独特而重要的能力确保他们在任何单一窗口工作职能重构中均保持重要地位。本章的最后是变化管理程序指南。

一、 海关的战略角色

第五章讲到了项目制定的过程。虽然建立牵头部门是一个政治程序问题，它同时也是一个战略问题，应在单一窗口倡议早期即进行研究。

（一）牵头部门的作用

牵头部门在实现单一窗口环境战略性功能方面承担一定的领导责任。所有参与部门都应当分析并决定他们在未来情形下的职责。下面的模板有助于开展这种分析。世界海关组织在2011年进行的单一窗口调查清楚地表明，单一窗口涵盖的大多数商业流程都与货物清关有关，在这其中海关不可避免要参与其中。在任何情况下，海关都是单一窗口倡议的使用者和利益攸关方。任何感兴趣的部门都必须决定各自在RACIN矩阵（即牵头部门、参与部门、咨询部门、通报部门、无关部门）中的位置。

伴随每一项职能而来的是应当具备的能力。政策和技术方面要求具备一定的基于知识的能力，而项目管理和操作层则需要较高水平的基于流程的技能。

各部门在单一窗口环境中的职能及作用

类别	职能	海关部门	商务部门	运输部门	其他部门	变化	能力要求影响
政策	支持对单一窗口进行政治监督	通报	参与	牵头		无	
	建立战略业务案例	通报	参与	牵头		轻微	无
	保持政策驱动和持续支持	牵头	参与	协商		轻微	了解政策变化
	项目管理	参与	牵头	牵头		显著	项目管理要求
项目	建立优先项目案例						
	项目采购与实施						
	项目的监控、评估、审查、可持续性						
技术	包括出台新的配套法律法规在内的法律和手续的协调						
	数据协调与业务流程再造						
	建立数据交换的功能与描述性架构						
业务操作	账户管理						
	许可证件管理						
	业务操作管理、放行决定						
	督查						
	一体化环境下的风险管理						
	商业情报						
IT操作	信息技术资产的所有权：数据中心，硬件、软件及网络						
	信息资源所有权：数据管理及数据全周期政策						
	基于信息技术的操作管理、变化管理、架构管理等						

（二）建立单一窗口的战略定位

牵头部门的牵头作用体现在许多方面。人们经常错误地认为项目采购或对信息技术系统的控制等职能是至关重要的。虽然这些职能可能确实非常重要，但也依赖于人力资源的投入和管理层的关注。任何一个参与部门都需要评估他在建立单一窗口过程中的战略作用。他们必须进行在其现有的职责、能力、优点、弱点和缺点基础上进行 SWOT 分析。单一窗口倡议带来的机会必须还要与可能对其现有地位带来的损失进行权衡。

历史上，许多国家（地区）的海关都提供了国际贸易数据和简化手续方面的服务。海关历史上推行的项目得到了很好的认同，这些项目普遍涉及信息技术。此外，海关推行贸易便利化使其成为单一窗口牵头部门的最佳人选。在那些海关已经凭借出色的技术和管理广受好评的国家（地区），他可以期待项目管理、业务、信息技术操作、协调技术和法律事务等职责。另外，如果在某些国家（地区），海关并非技术的有力推行者，则可能成不了牵头部门。

在所有这些决定中，海关及其他口岸执法部门以往的业绩对政治决策有重要影响。

（三）项目结构的影响

正如第五章所述，项目的组织构架有创新的可能。公私伙伴关系所要求的治理结构与政府全部操办型的不同。建立跨部门行政决策架构也将影响政策的决策方式。同样，建立独立机构负责合同管理、项目管理与规划评估也将影响海关的人力资源配置。

信息技术系统与服务的战略外包决定着外部人力资源的规模。建立 RACIN 矩阵有助于海关以战略眼光找准自身定位。它将帮助海关回答自身应该在哪里，以及为了实现自己的战略目标应该做些什么的问题。

为了确定牵头部门，政府越来越多地从不同角度来考虑这一问题，不仅仅局限于现行的业务布局，各部门现有的职能与职责，而且还要从战略角度看待这一问题。

不管政府确定的牵头部门是谁，海关在任何单一窗口倡议中都不可能不承担重要职责。海关作为不可或缺的边境管理部门的传统职能是决定性因素。其使命、远景及战略目标所确定的战略定位决定着它参与的程度。政治层面主要以它在政府有关外贸及边境管理的关键性项目方面的业绩决定它将承担的职责。

二、 对组织架构的启示

在建立单一窗口项目过程中，一个经常被提及的问题是正在形成的组织架构问题。钱德勒（Chandler）那样的专家认为组织架构是组织战略形成过程的结果。当组织的战略出现变化时，会带来行政管理问题，必须通过组织构架方面的变化加以应对。

设计组织架构是行政管理的一项重要职责，必须警惕战略的变化可能带来的行政管理方面的困难。这些战略改变不可避免地形成新的组织机构，并对不同部门造成一定的压力。例如，实施基于风险管理的货物清关在各层级组织架构带来新的职能。集中进行风险分析、确定风险原则，以及系统地进行风险布控将取代分散的、个体化的、交易型的风险评估方式，这将带来机构内部的权利转移。这一变化显然需要组织构架的重组。

强化审计与“经认证的经营者”计划不仅需要新的技能，而且创造了数项新的职能。海关组织构架必须取消或严格控制实时的详细的单证检查，转向货物放行后的监管。

同样，边境上协调的查验和放行也催生着新的组织架构。物理边境上的“九龙治水”带来大量协调工作，从而导致行政管理的困难，指挥的不统一。有些国家（地区）已经制定了不同的战略来解决重组问题。

（一） 工作流程

口岸执法部门与后台之间操作层面的协同带来工作流程的改变问题也有讨论。实施单一窗口将从根本上改变工作任务的组合方式，以下概述了工作是如何得以完成的：

1. 与其他口岸执法部门、联邦管理机构、综合风险管理单位、跨部门布控中心、联络中心和窗口单位合署办公。

2. 统筹安排来自不同部门的工作人员的工作。

3. 通过跨部门分配任务的方式向一线工作人员授权，一个口岸执法部门的工作人员可以接受并处理商界提出的涉及其他口岸执法部门的问询。

4. 更好地下放权力，不仅可以减少请示层级和环节，完成更多的工作，同时也丰富了岗位职责。

5. 联合监管。

6. 联合查验和放行。

上述改变带来的结果是重新界定提供这些服务的职责，并重新确定请示报告关系。

（二）机构重组

重组是重新设计服务的必然结果，它是行政管理当局手中的强有力工具，必须系统地、有效地利用这一难得的机遇。宣布即将进行机构重组必须在充分准备好的情况下小心进行，一方面，这将帮助行政当局采取有力措施获得资源来进行内外沟通，另一方面，员工、商界和其他利益攸关者得到暗示，变化即将来临。

除了加强部门之间的协调与合作之外，人们总认为高效的 IT 系统会解放人力。但是，情况并非一定是这样，需要加以验证，特别是对员工完成工作的实际情况进行核实。机构重组一定要与未来格局的需要、优先领域和预期相匹配。

当行政管理向单一窗口环境过渡时，必须对每一位员工的岗位职责进行审查。

三、人力资源

（一）人力资源清查

为口岸执法机构这样的政府部门工作的重要特征就是终身制的。职业上的安全感对员工而言是件好事，因为无论工作内容怎么变化，都不会影响他们的就业。同时，铁饭碗不利于实施处罚，在讨价还价中有利于雇员而不是雇主。

在有些国家（地区），海关及其他口岸执法部门很容易受贿赂和灰色收入的侵蚀。在此类国家（地区），必须从管控员工诚信风险的角度对一线岗位进行评估。任何一种权力的分享都会产生矛盾。在工作于一线岗位是一种“奖赏”的文化中，与其他口岸执法部门分享一线岗位的理念本身就会造成政治层的争吵。可以肯定的是，单一窗口环境是防止权力滥用、腐败的有效手段，将对不透明的工作方式造成巨大压力。一个合理的战略应当利用信息技术来系统地削除腐败行为。

能力清单可以显示人力资源现有能力与单一窗口对人员能力的需求之间的差距。多年以来员工在工作岗位上一直在从事什么工作？他们准备好了在改变了的工作环境下工作了吗？这将我们带到员工能力问题面前。下面将进行专门的讨论。

（二）管理层和员工的能力

在单一窗口环境下，员工和管理者的岗位都有具体的能力要求，这些必须予以明确。对于海关的每一种能力要求，还有具体的职责要求。希望在单一窗口中发挥重要作用必须具备特定的能力。例如，当要求海关管理单一窗口的操作性事务时，其管理层还应额外具备有关跨部门协调及 IT 系统一体化的能力。

（三）培训需求分析

培训对于实现单一窗口环境中的转型至关重要。在任何一项以信息技术为基础的改变中，用户培训都是一项重要的工作。员工需要花时间熟悉新的工作流程和输入屏。培训应当聚集于人际沟通和技术领域。

培训需求应当严格围绕有助于实现服务及有助于员工熟悉现阶段正在推进的目标而展开。靠个人拍脑袋来决定培训需求及“给我们的员工介绍一下”的模糊想法几乎不会获得成功，也不能取代对培训需求进行正式评估。梳理并制定职业生涯规划是制订一揽子培训计划的基础，而且还应与总体人力资源及其布局相联系。使员工的态度向为客户服务转变，特别是使他们从商界的角度来看单一窗口提供的服务是一个巨大的挑战。培训行为学和态度学可以更好地理解培训需求。

行政管理层必须确保员工处于提供所期望的服务的位置。新的环境下的培训至关重要，因为这使得员工清楚地体验到单一窗口环境下的挑战。

切勿以为员工已经准备好承担单一窗口构架中的位置，必须采取一系列措施来重新定义岗位职责及新的工作方式所带来的文化上的改变。

在即将推出某项操作之前，开展动手操作培训是个好主意。此类培训还可同步推出训练模块。计算机培训或电子培训模块，可以自行安排时间进度，并符合实际需要。

方法一

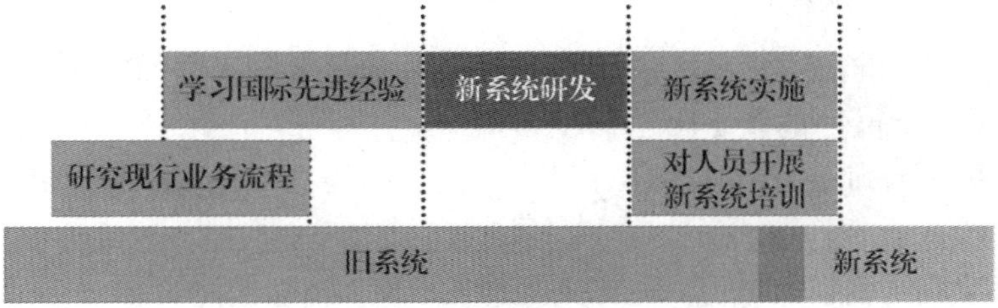

方法二

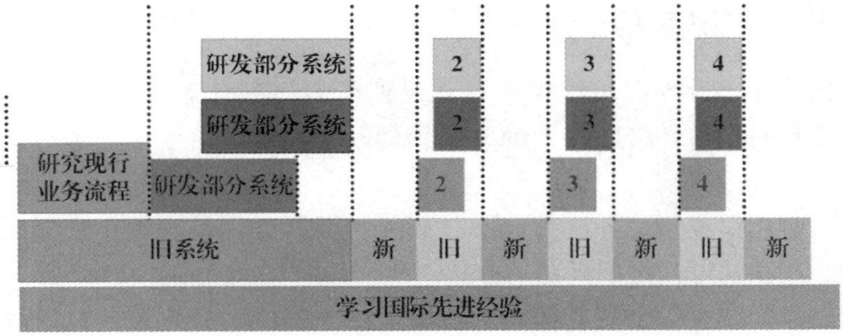

推出培训模块的方法

来源：阿塞拜疆海关

上图是两种推出培训模块的方法。有的国家（地区）在实施单一窗口时采用的是第二种方法，以循环往复的方式重复开发、推出、培训，以此巩固知识，为相关官员提供掌握即将推出的新的模块的能力，而且还巩固他们关于先前模块的知识，对已推出模块的性能提出反馈意见。

（四）实施干预以促进机构发展

众所周知，系统、固定地收集员工的工作表现、想法及组织流程的数据可以获得巨大的效果。基于分析后的数据，管理层可以介入以发展为目标的项目，培养积极价值观，提高员工能力，巩固企业文化。

问卷调查有助于产生管理层所企盼的结果。对问卷调查中发现的问题进行梳理为创造性地解决这些问题提供了可能。除了问卷调查，关于机构发展还有其他一些系统的、框架性的项目，“全面质量管理”就属于这一类。

四、 变化管理

单一窗口的实施必然带来一些变化，所有口岸执法部门必须回答“改变能带来哪些价值”的基本问题：

1. 单一窗口给政府、客户（进出口商、承运方、报关企业）带来哪些新的价值？

2. 实现这些新的价值到底需要怎样的改变？

3. 这些改变对行政管理有何益处？

4. 是否需要改变行政管理方式以适应新的价值？

（一）带来改变的十步法

下面是基于世界海关组织能力建设汇编的简单有效的改变管理的方法。为适用于单一窗口环境建设中的改变管理，我们已经对十步法进行了一定的调整。

第一步：聚集于业务流程而不是职能。因为流程是口岸执法部门与客户或其他口岸执法部门之间互动的方式。

第二步：建立一个流程档案。在实施单一窗口之前大多数口岸执法部门的内部流程都是不成文的，但只有成文的流程才会得以改进。这适用 80/20 法则：

20%的流程耗费了 80%的资源；

一个流程内部的 20%的活动产生 80%的结果；

一个流程内部的 20%的问题代表 80%改进的机会。

第三步：流程图。只有成文的流程才会带来可控的改变，大多数口岸执法部门的流程都是不断变化的。

第四步：流程的测算。不可测算的东西很少是可控的，流程测算使口岸执法部门判定当前的表现水准，建立量化的改进目标。

第五步：研究其他单一窗口实施情况。其他海关当局的想法或经验可以提供有价值的信息，节省时间，还可能避免错误。

第六步：流程再造。基于上述 5 步获得的信息，海关现在可以制订新的流程，废除冗余和重复的工作。

第七步：流程和技术之间的平衡。通过交互设计使技术的使用得到最佳效果。

第八步：流程变化管理。口岸执法部门应当在变化发生前通过对风险的识别和评估来积极地对改变进行管理。

第九步：使包括员工和客户在内的人员做好迎接流程改变的准备。采用头、心、脚的模式：头，人们基于支撑的数据明智地理解到必须要进行改变，尽可能地参与其中有助于理解；心，人们因看到可能的卓越性能而满腔热情地投身到改变之中；脚，人们采取实际行动参与其中，不当旁观者。

第十步：继续改进流程。口岸执法部门应时刻准备好应对每天的挑战和机遇。（如果希望不断得到改进和提高，请参考调查问卷、全面质量管理等框架性文件。）

（二）沟通是改变的生命线

管理单一窗口带来的改变需要根据以下广泛的目标制订一个正式的沟通计划：利益攸关者的支持；克服阻力，减少恐惧；保持头脑清醒，减少困惑。区分内部沟通和外部沟通是非常有好处的。

1. 内部沟通

非正式沟通为主对于改变管理没什么作用。应当就即将来临的改变对员工进行正式、迅速和准确的通报，这样就不会为暗示“地下日程安排”的谈话、滋生谣言留有余地。信息应该是定期的、统一的，有明确的目的，符合目标。员工有正式的渠道畅通地获得正式信息有助于集中精力处理需要处理的问题。

2. 外部沟通

外部沟通的一种正式方式是将利益攸关者分为不同的班级，为每一个班介绍单一窗口项目的好处，确定沟通对象和目标。分析利益攸关者之后，管理层应集中精力搞品牌建设。为单一窗口树立形象，可以建立能够生动反映单一窗口主要价值的徽标、口号，简明扼要地传达单一窗口主要好处的口号可以作为谈话和讨论的“灵丹妙药”，帮助整个管理团队将单一窗口价值主张“卖”出去。不同类型的利益攸关者应当用不同的沟通素材，例如，针对政治层、管理层和商界应该有不同的宣传材料。短小精悍的宣传材料可有效地推广理念，例如，哥伦比亚在建立单一窗口时打出了“不再门难进脸难看”的口号，大获成功。秘鲁和韩国制作的视频也是如此。世界海关组织秘书处在推广世界海关组织数据模型作为单一窗口建设工具时也是以一种非常正式的方式制订了沟通计划，来实现有计划、有安排的目标任务。建议口岸执法部门制订一个正式的、有专业支持的沟通计划。

五、总结

海关肩负的责任与使命既是海关自身的战略选择，也是政治上的需要。

海关历来都是边境上不可或缺的部门，他们曾经提供服务的表现决定着政治领导层将赋予其怎样的任务。承担使命的愿望必须与所需要的能力相匹配。本章提供的模板有助于评估和分析某一部门的战略责任，以及单一窗口对人力资源及改变的影响。

机构重组有助于单一窗口环境的建立。机构的重组取决于机构的发展战略。实施边境联合行动的跨部门组织构架对行政管理层既是挑战也是机遇。对一个机构而言，机构重组的机遇是最有力的一个手段，必须仔细地、系统地加以利用。

人力资源是成功实施单一窗口的关键。一线关员和管理人员必须成为他们希望单一窗口所代表的变化。一线人员的能力必须达到单一窗口交互服务设计人员所期望的水准。

海关当局不能对变化管理采取随意的态度。世界海关组织能力建设汇编为实施单一窗口提供了十步法。在变化管理中，沟通是一项重要任务，建议行政管理层采用并实施专业的沟通计划。

第二卷　专业实践指南

第一章　全球范围内单一窗口建设的趋势

一、概述

（一）简介

为提高管理效能，海关等口岸管理部门一直在反复研究单一窗口的概念。在单一窗口模式下，经济运营者不需要多头申报，仅需一次性提交口岸管理所需信息，这将从根本上提高口岸协调管理的水平。世界海关组织一直致力于推广单一窗口系统，一些成员已开始建立单一窗口。在 2010 年亚洲太平洋经济合作组织（以下简称亚太经合组织）海关手续分委会上，亚太经合组织决定就单一窗口实施情况开展一次调查。该项调查结果公布后，世界海关组织秘书处将调查范围扩大到了全球。

调查的目的是提供单一窗口实施情况，帮助世界海关组织成员建立单一窗口。本次研究与此前关于单一窗口的研究相比，有几个显著特点：首先，本次调查与亚太经合组织调查一样，是首次有实际数据支撑的单一窗口实施情况调查，为使成员积极参与其中，并确保数据的真实性和一致性，调查期间世界海关组织秘书处主动与各成员联系沟通；其次，世界海关组织六大区全部参与了本次调查，调查结果足以反映单一窗口的全球视野；最后，本次调查涉及单一窗口建设的方方面面，问卷内容非常广泛，涉及通常的海关通关、相互可操作性、安全治理及政府部门之间的信息互换等。

本次研究是世界海关组织关于“如何建立单一窗口环境”汇编的组成内容之一，汇编将提交给 2011 年 6 月举行的理事会会议审定。

（二）结构与分析

本次研究的形式和问卷最初由亚太经合组织设计。为便于分析，避免亚太经合组织经济体重复反馈意见，世界海关组织秘书处使用了同样的调查问卷。调查包括四组共计 27 个问题：

1. 现行海关通关系统概述；

2. 单一窗口的规划与建立；

3. 国际互操性；

4. 单一窗口治理。

在亚太经合组织海关手续分委会的支持下，世界海关组织秘书处得到了亚太经合组织各经济体的反馈意见。为确保反馈意见的清晰和一致，世界海关组织在分析过程中与其成员进行了联系。

（三）参与的成员

世界海关组织 56 个成员参加了调查，其中包括亚太经合组织的 20 个成员。世界海关组织六大区均参加了调查。

参与调查的成员名单

世界海关组织大区	国家（地区）名称	数量（个）
东、南非洲	安哥拉、埃塞俄比亚、毛里求斯、卢旺达、南非、乌干达	6
欧洲	阿尔巴尼亚、阿塞拜疆、比利时、保加利亚、丹麦、芬兰、法国、德国、拉脱维亚、立陶宛、马其顿、马耳他、荷兰、波兰、俄罗斯联邦*、斯洛伐克、斯洛文尼亚、瑞典、瑞士、土耳其、英国	21
亚太地区	澳大利亚*、文莱*、中国*、中国香港*、印度、印度尼西亚*、日本*、韩国*、马来西亚*、蒙古、缅甸、新西兰*、巴布亚新几内亚*、菲律宾*、新加坡*、泰国*、越南*	17
北非，近、中东	约旦、摩洛哥	2
美洲	阿根廷、加拿大*、智利*、多米尼加共和国、墨西哥*、巴拉圭、秘鲁*、美国*	8
中、西非	贝宁、布基纳法索	2

* 表示亚太经合组织成员国家（地区）。

二、调查分析

（一）现行海关通关系统概述

本部分简要介绍海关通关系统及海关与其他口岸执法部门的关系。

关键调查结论是：

一个重要发现是海关当局普遍使用计算机货物报关系统：所有参与调查的海关当局都选择了计算机货物报关系统。

绝大多数货物都是以电子方式向海关申报。本次调查中，进口 92%、出口 91%、过境 95%都是以电子方式向海关申报。

只有少数几个政府部门与海关报关系统连接。平均 3 个政府部门与海关报关系统联网。平均 15 个部门参与跨境交易，这些部门参与的活动包括贸易与工业、交通与通信、专利注册、出口管制、进口许可、移民、环境保护、动植检、食品安全、税收征管、统计。

阻碍其他部门与海关报关系统联网的主要原因是：缺少信息和通讯技术，缺少预算和人力资源，法律框架不完善，跨部门协作方面的困难和问题。

1. 计算机自动报关系统

反馈意见的 57 个海关当局（100%）均表示已采用了计算机自动报关系统。

2. 电子申报

绝大多数货物都是向海关进行电子申报，在反馈意见的海关中，接近 92%的进口货物实施电子申报，接近 91%的出口货物实施电子申报，接近 95%的过境货物实施电子申报。①

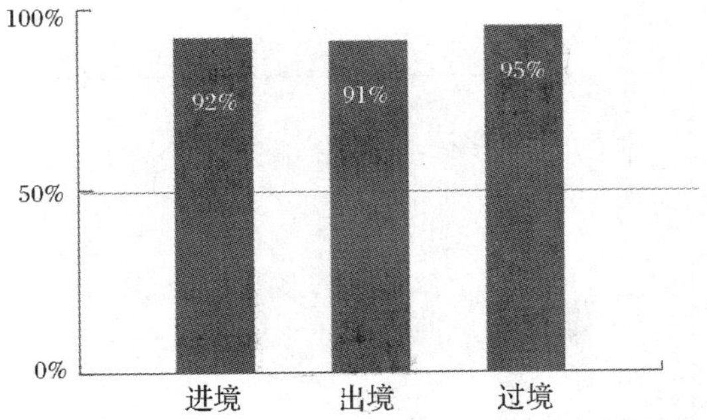

向海关电子申报的情况

3. 参与跨境贸易的政府部门

直接参与货物、运输工具、机组人员及运输设备跨境流动管理（或要求提供相关信息）的政府部门的中位数是 15 个。在反馈意见的海关当局中，31 个（58%）表示相关部门的数量不到 16 个，15 个（28%）表示相关部门的数量在 16~30 个之间，7 个（13%）表示相关部门的数量超过 30 个。

① 百分比为选择电子报送的海关数量除以反馈意见的海关数量。——作者注

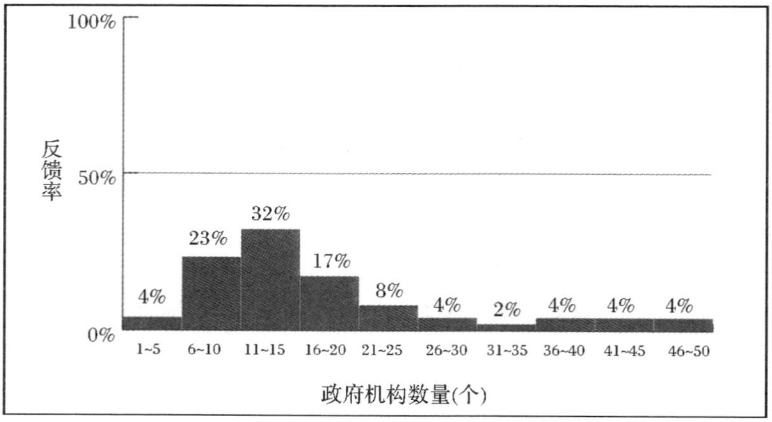

直接参与跨境交易的政府部门数量（中位数是 15 个）

这些部门从事许多活动，包括贸易与工业、交通与通信、专利与注册、出口管制、进口许可、移民、环境保护、动植物检疫、食品安全、税务、统计①。

4. 与海关报关系统联网的政府部门

与海关报关系统连接的政府部门的中位数是 3 个。在反馈意见的海关当局中，11 个（21%）表示没有与外部门连接，26 个（49%）表示与 1~5 个外部门连接，8 个（16%）表示与 6~10 个外部门连接，8 个（16%）表示与超过 11 个外部门连接。

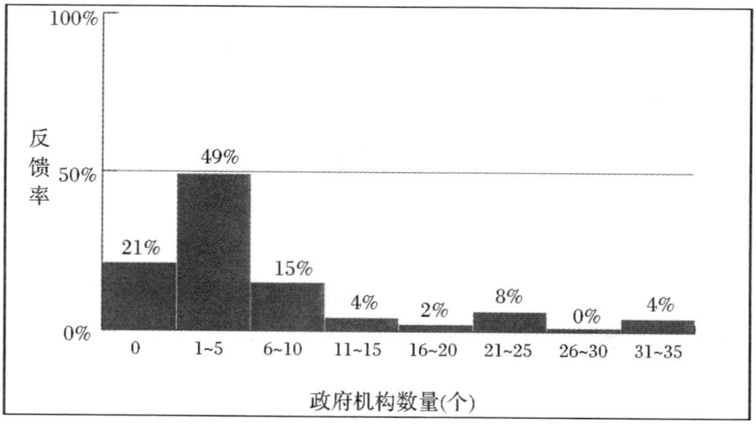

与海关通关系统连接的政府部门数量（中位数是 3 个）

① 这并非调查问卷里的内容，有些反馈意见的海关当局提供了具体部门名称。——作者注

5. 影响口岸管理部门电子联网的主要原因

关于影响口岸其他管理部门与海关报关系统联网的主要原因，海关当局的反馈意见表明：缺少信息和通讯技术，28 个（34%）；预算和人力资源紧张，20 个（24%）；法律框架不完善，18 个（22%）；跨部门协调困难，10 个（12%）；其他原因，7 个（8%）。①

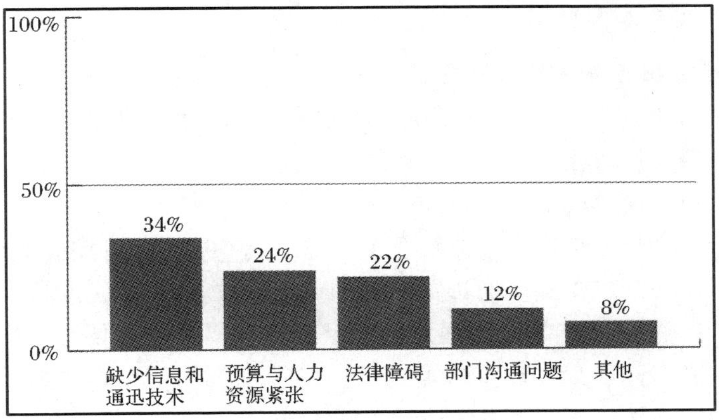

未与海关报关系统联网的主要原因

（二）单一窗口的规划与建设

本部分研究单一窗口规划与建设问题，包括单一窗口的模型、功能、服务提供方、运营与维护，以及建设单一窗口过程中面临的挑战。

关键调查结论是：

在参与调查的国家（地区）中，现行货物报关系统中尚未建立单一窗口的国家（地区）多于已建立单一窗口的国家（地区）。在单一窗口各种模式中，海关当局普遍倾向的并不是最先进的一体化模式，反而是混合型模式最受欢迎。在尚未建立单一窗口的国家（地区）中，大部分正在建立单一窗口。

在已经建立的单一窗口系统中，只有几个是 20 世纪 90 年代即投入使用的，大部分是在 2000 年以后开始运营的。随着互联网等信息技术的进步，单一窗口系统的数量一直在稳步增长。人们注意到单一窗口系统的建设是分步推进的，因此由于系统的涉及面越来越广，信息技术不断发展，单一窗口建设也在不断发展。

① 这是一个没有多重选项的开放式问题。世界海关组织秘书处将各国海关定性的反馈意见分成 5 种类型。“其他”指的是没有明确的需求（或者需求不迫切）、缺少战略、缺少高层政治决策。——作者注

无论是单独还是与其他政府部门一起，海关都是单一窗口服务的主要提供者。

虽然有使用收费和公私合营等形式，但政府财政似乎是单一窗口运营和维护的主要资金来源。

研究发现，海关当局已将许多业务流程、功能和服务融入到货物报关系统（或单一窗口系统）中。

1. 现行货物通关系统的类型

本次调查将海关货物报关系统分为5种类型。前3种是单一窗口模式，后2种是非单一窗口模式。

一体化单一窗口模式：通过单一地点（一体化自动化系统）一次性提交单独数据元以满足全部进出境监管要求，即一次性提交即可完成多种手续。

接口型单一窗口模式：通过单一地点（如网关服务器或因特网“增值网络服务”）一次性提交单独数据元以满足全部进出境监管要求，即以一次性提交即可完成多种手续，在接口模式下，各管理部门保留各自自动化系统但通过专门的电子接口与其他系统连接。

混合型单一窗口模式：是一体化模式与接口模式的结合。

“一站式”服务：个网站或终端与海关等贸易相关政府部门相连接，为利益攸关者提供一站式服务。但要求利益攸关者履行各种手续/分别报关。

独立的海关通关系统。

在参与调查的海关当局中，现行货物通关系统中没有单一窗口的海关多于有单一窗口的海关。在已经建立电子货物通关系统的海关中，18个（34%）表示已建立单一窗口模式，36个（66%）表示尚未建立单一窗口系统。①

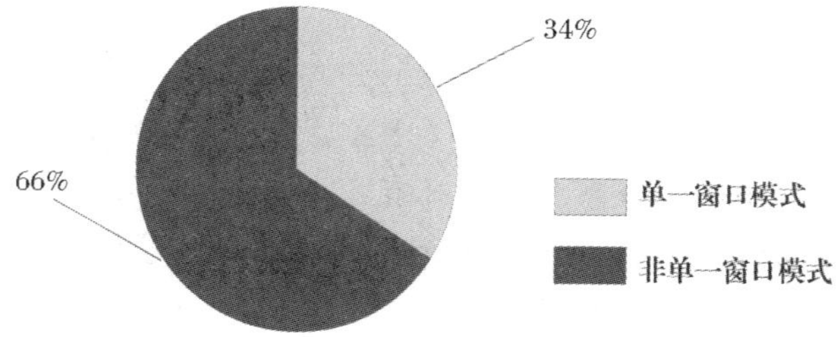

货物通关系统的类型

在单一窗口模式中，海关当局倾向的并不是最先进的一体化模式，反而是混合型模式最受欢迎。

① 1个成员表示同时存在两种模式，3个成员没有回答该问题。——作者注

在非单一窗口模式中，最常见的是独立系统类型。在反馈意见的海关中，2 个（4%）是一体化单一窗口模式，4 个（7%）是接口型单一窗口模式，12（22%）是混合型单一窗口模式，7 个（13%）是一站式，24 个（44%）是独立的海关系统，5 个（9%）是其他系统。①

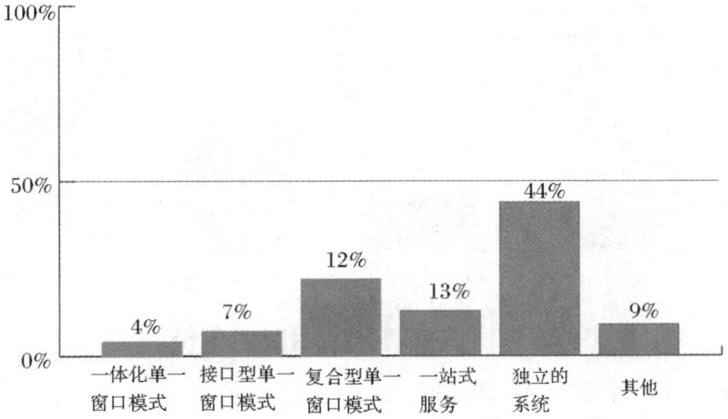

货物报关系统的类型

2. 单一窗口的发展阶段

目前尚未建立单一窗口的海关当局基本上都正在建立单一窗口系统。目前使用一站式或独立系统等非单一窗口的国家（地区）全部（100%）正在建设单一窗口。

研究发现，目前正在使用的单一窗口中，大多（77%）是在 2000 年以后建成的，其他是 20 世纪 90 年代开始建立的。在反馈意见的海关中，2 个（9%）始建于 1989 ~ 1994 年，3 个（14%）始建于 1995 ~ 1999 年，6 个（27%）始建于 2000~2005 年，11 个（50%）始建于 2006~2010 年。

① 其他类型的货物通关系统包括：(1) 独立的系统，但与统计、外贸及农业监测部门有接口；(2) 与其他主管部门和欧盟 common domain 连接，具有一体化单一窗口功能的多功能独立系统；(3) 海关提交全部进口电子数据，其他一些政府部门提供部门电子数据的独立系统；(4) 类似于混合型模式，但系统接受与其他重要利益攸关者共享的申报。——作者注

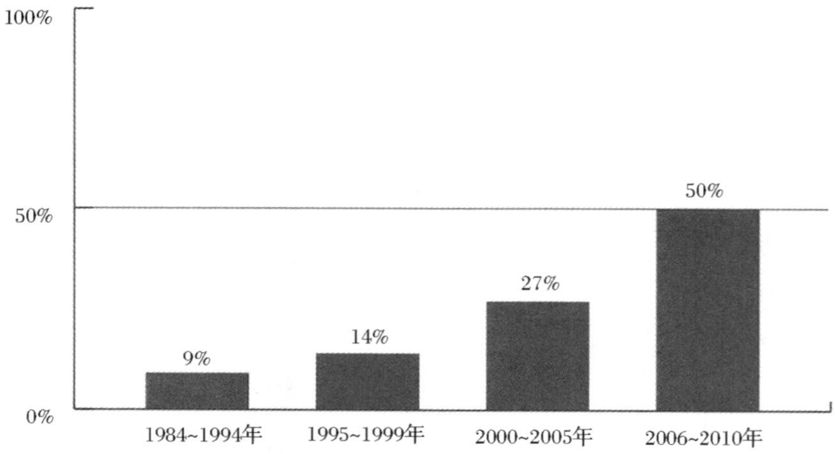

单一窗口系统开始运营的年份

启动单一窗口建设的海关数量呈稳定上升趋势，这与近年来包括因特网在内的信息技术的进步是同步的。

有些海关当局表示其单一窗口系统建设是分步推进的，因此，随着功能的不断拓展和信息技术的发展，单一窗口仍处于不断发展过程中。①

3. 单一窗口服务提供方

无论是单独，还是与其他政府部门一起，海关当局都是单一窗口服务的主要提供方。

反馈意见的海关当局中，大多数表示（22 个，占 63%）海关是单一窗口服务的提供方，其他单一窗口服务提供方有政府部门（6 个，占 17%）、私营部门（4 个，占 11%）、半政府机构性质（2 个，占 6%）、其他情况（1 个，占 3%）。

6 个海关当局表示与其他政府部门（包括准政府部门）共同提供单一窗口服务②，港务部门、外贸与旅游部、商业咨询与支持部、环保部、食品与农村事务部，以及商业创新与能力部。

除了 1 个海关当局以外，没有发现其他政府部门或半政府性质的部门单独提供单一窗口服务。此外，有 1 个海关当局表示以公私合作形式提供单一窗口服务。

① 关于这一点不是调查问卷的内容，有些海关当局作了进一步说明。——作者注

② 海关当局可以多项选择。——作者注

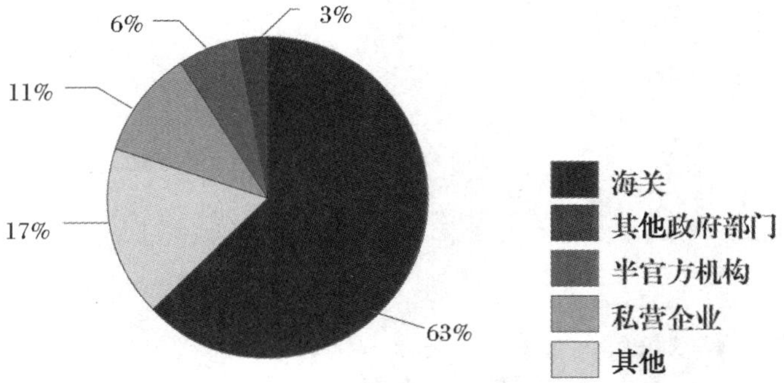

单一窗口服务提供者

4. 单一窗口运营和维护资金来源

虽然存在用户使用费、公私合作等形式，但政府财政是单一窗口运营和维护的主要资金来源。

反馈意见的多数海关当局表示单一窗口运营和维护来自政府财政，有 19 个（70%）；向用户收费的有 4 个（15%）；公私合作的有 2 个（7%）；其他情况有 2 个（7%）。①

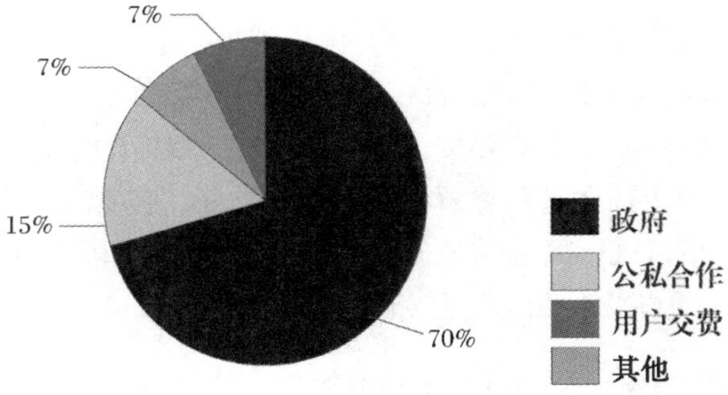

单一窗口运营和维护资金来源

5. 影响单一窗口建设的问题和困难

关于影响单一窗口建设的问题和困难，反馈意见的海关表示有以下几种：缺少信息与通讯技术，17 个（29%）；预算和人力资源紧张，12 个（20%）；跨部门合作方面的问题，12 个（20%）；法律框架不完善，8 个（14%）；没有牵头部门，4 个（7%）；其他原因，6 个（10%）。

① 海关当局可以多项选择。——作者注

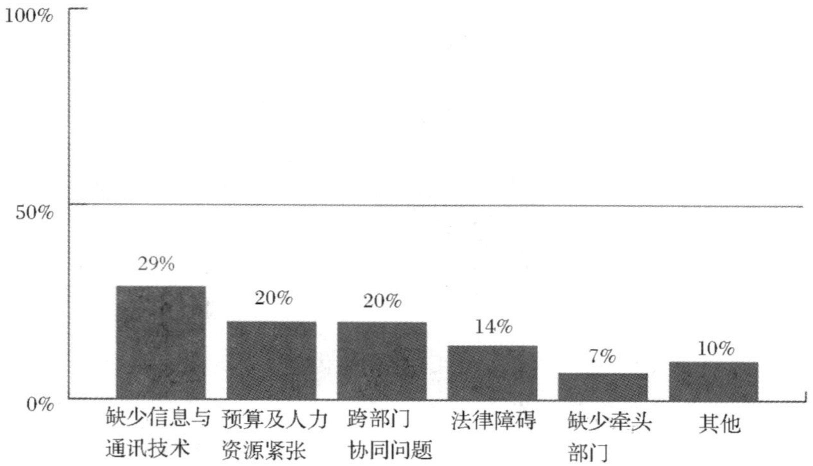

影响单一窗口建设的困难和问题①

6. 货物报关系统

海关当局将许多业务流程、功能和服务融入到货物报关系统（或单一窗口系统）。反馈意见的海关中，60%表示报关系统（或单一窗口）中包括许多传统海关职能，包括进出口报关程序、保税许可、商品/产品的税率、进出口管制信息、税费计算、税费的征收/退还、货物仓储管理、提交货物舱单、发送检查/检验结果、货物风险评估、统计报告。30%～60%海关表示报关系统（或单一窗口）中包括促进跨境贸易便利化的功能，包括其他部门的职能，如公共商务注册、船只抵/离港的通知和处置、进出口许可证件的申请和颁发、放行时间调查、更新物品和寄售品相关信息。

海关当局对单一窗口系统的业务流程、功能与服务的反馈情况

业务流程/功能/服务	反馈的数量（比重）
共同的企业实体注册服务	21 个（41%）
共同的查验场地/设施目录	14 个（27%）
单一用户注册服务（只与一体化模式有关）	13 个（25%）
共享数字签名许可服务	14 个（27%）
共享用户认证	13 个（25%）

① 这是一个没有多重选项的开放式问题。世界海关组织秘书处将各海关定性反馈意见分成六大类。“其他”指官僚主义、缺少对现状的分析、管理层的变动、不愿意对现有系统和程序进行升级改造及管理文化方面的问题。——作者注

续表

业务流程/功能/服务	反馈的数量（比重）
进口货物报关程序	48 个（94%）
出口货物报关程序	45 个（88%）
保税许可	33 个（65%）
商品/产品相关税收、进出境管制信息	40 个（78%）
税费计算（系跨部门、跨服务的服务）	35 个（69%）
税费支付	44 个（86%）
退税等相关业务	34 个（67%）
货物仓储等	32 个（63%）
提交货物舱单	34 个（67%）
报告和处置提交海关的运输工具抵/离港通知（如船只，飞机）	22 个（43%）
提交并处置工作人员/旅客名单	12 个（24%）
查验，包括自动安排查验设备和人员等	13 个（25%）
发送查验结果	33 个（65%）
检疫申请与签发	14 个（27%）
食品检验申请与签发	15 个（29%）
进出口许可证件的申请与签发	20 个（39%）
移民手续	1 个（2%）
空管手续，如飞机抵离许可	6 个（12%）
港务手续，如船只抵离许可	10 个（20%）
危险品报告	15 个（29%）
原产地证书的申请与签发	13 个（25%）
其他许可证件的申请与签发	11 个（22%）
归类、估价等预裁定的申请与发放	15 个（29%）
自动货物简介/风险评估（选择查验）	34 个（67%）
统计报告	42 个（82%）
放行时间研究	20 个（39%）
更新商品和货物信息①	17 个（59%）
其他	3 个（6%）

① 除了更新商品和货物信息的百分比为选择海关数量除以 29，等于 59%外，其他百分比均为选择数量除以该问题所有反馈意见海关数量（51 个）。——作者注

（三）国际互操作性

本部分深入研究海关当局如何推进与其他利益攸关者之间的协同，并达到何种程度。特别关注数据协调标准、接口和报文标准、世界海关组织商品唯一标志、与其他利益攸关者交换贸易相关数据，以及相互认证机制等。

关键结论有：

在参与调查的国家（地区）中，大多数海关当局单一窗口数据采用的是国际公认的标准。

虽然世界海关组织数据元是海关当局在建设单一窗口中最常用的数据模型，联合国贸易数据元目录（UNTDED）和联合国/行政、商业和运输电子数据交换（UN/EDIFACT）等传统方法也有广泛应用。

在参与调查的国家（地区）中，海关当局已经或正计划在单一窗口设计中使用可扩展标记语言（XML）、网页（Webservices）及电子数据交换（EDI）作为接口和报文标准。由于越来越多的单一窗口通过互联网平台交换数据，前两种似乎越来越为人们所接受。

只有很少海关在建设单一窗口时包含了世界海关组织商品唯一标志，需进一步加大推广力度。

在参与调查的国家（地区）中，多数海关尚未启动此项工作。只有少数海关已经开始通过单一窗口与其他贸易伙伴交换数据。已经开始交换数据的国家（地区），海关与贸易伙伴通过单一窗口共享各种数据和信息。

XML 是单一窗口用于数据和信息互换最常用的方式，其广泛使用部分应归功于因特网的快速发展。

1. 单一窗口数据与国际标准的协调

大多海关似乎正在将单一窗口数据与国际普遍承认的标准相统一。在反馈意见的海关当局中，40 个（77%）海关表示单一窗口数据与国际标准是统一的，12 个（23%）海关表示单一窗口数据未与国际标准相统一。

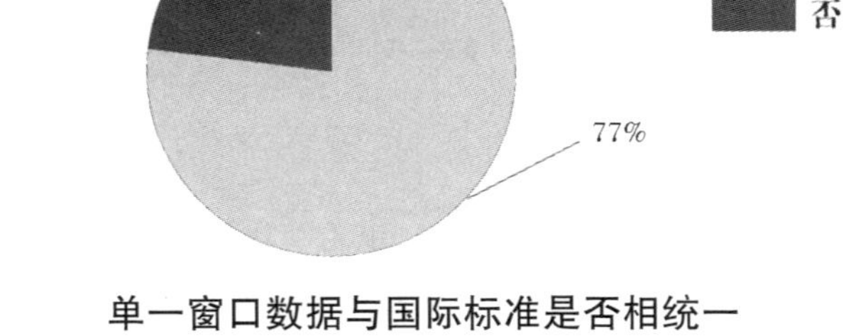

单一窗口数据与国际标准是否相统一

2. 协调单一窗口数据的标准

虽然世界海关组织数据元是成员海关在建设单一窗口中最常使用的数据模型，传统的 UNTDED 和 UN/EDIFACT 海关当局一直也在使用。在已根据国际标准统一单一窗口数据的海关当局中，36 个（40%）使用了世界海关组织数据元；23 个（26%）使用了联合国贸易数据元目录（UNTDED）；19 个（21%）使用了联合国电子数据交换目录（UN/EDIFACT）；6 个（7%）使用了联合国贸易便利与电子业务中心（UN/CEFACT）核心组件库（CCL）；5 个（6%）使用了其他标准。①

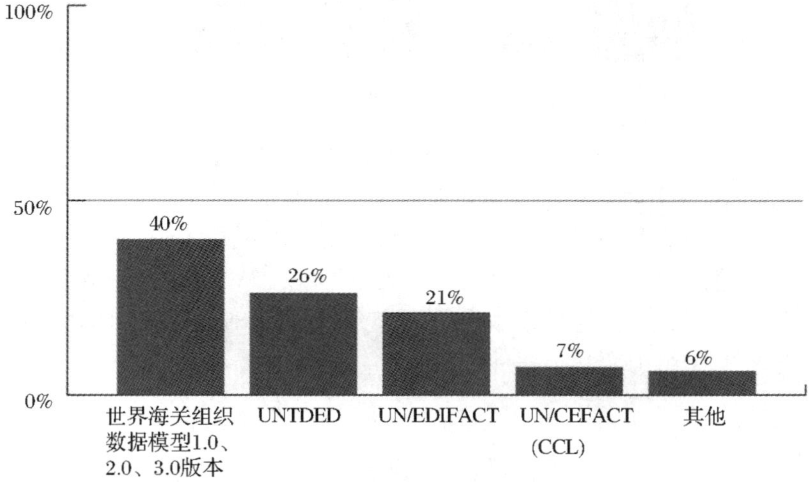

单一窗口数据协调标准

3. 单一窗口设计中的接口与报文标准

海关似乎已经或正计划将 XML、Webservics 及 EDI 作为单一窗口接口与报文标准。在反馈意见的海关当局中：38 个（39%）已在单一窗口设计中采用了 XML；23 个（27%）使用了 Webservics；26 个（24%）使用了 EDI，包括 UN/EDIFACT；7 个（7%）使用了 IBM 公司消息中间件（MQ）；3 个（3%）使用了其他。②

由于越来越多的单一窗口通过互联网平台交换数据，前两种似乎为越来越多的人所接受。

① 这是一个多项选择问题，其他包括通用商业库、模块化电子商务框架规范及其他国家（地区）或欧盟标准。——作者注

② 海关当局可以多项选择。其他指的是 X. 25 OFTP 及 EBXML。——作者注

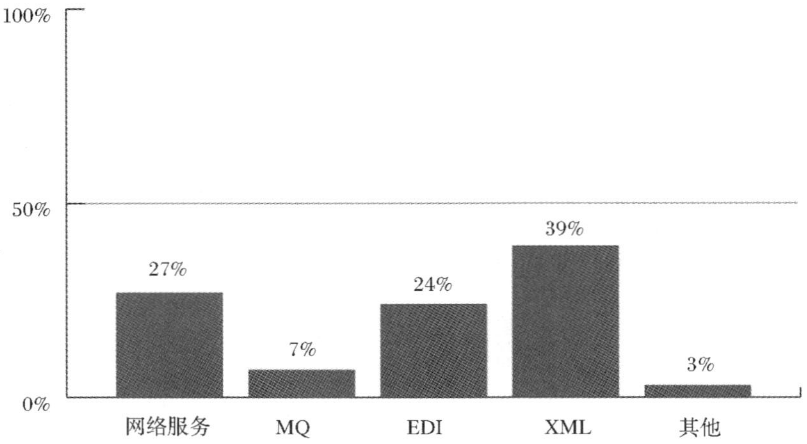

单一窗口的接口与信息传输标准

4. 单一窗口中的世界海关组织商品唯一标志

只有很少一些海关当局将世界海关组织商品唯一标志纳入单一窗口建设，因此需加大推广力度。在反馈意见的海关当局中，5 个（11%）表示已在单一窗口中使用了世界海关组织商品唯一标志，42 个（89%）表示单一窗口建设未包括世界海关组织商品唯一标志。

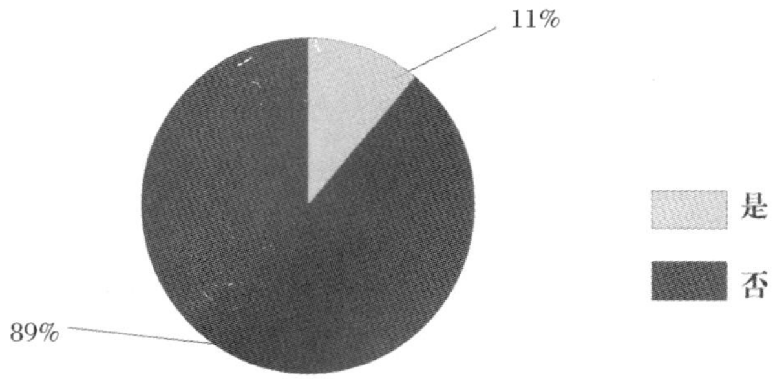

单一窗口系统是否包含了世界海关组织商品唯一标志

5. 与商业伙伴交换信息

研究表明，有些海关已经通过单一窗口与其他贸易伙伴交换数据，但大多数海关还没有启动此项工作。在参与调查的海关当局中，21 个（39%）表示已经开始交换贸易数据/信息，33 个（61%）表示尚未开始交换贸易数据/信息。

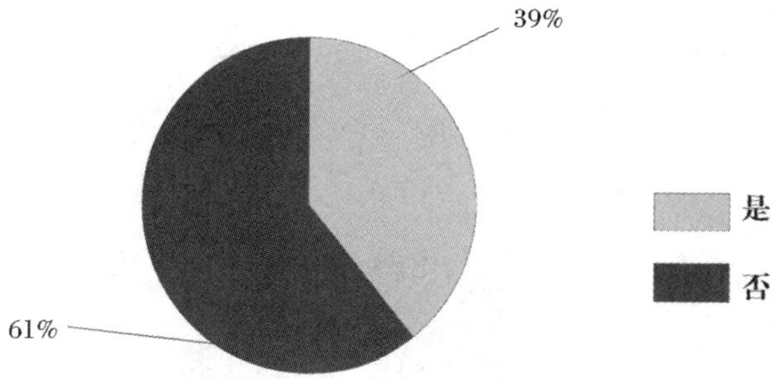

是否通过单一窗口与其他贸易商交换商业数据/信息

有些海关提供了通过单一窗口与海关交换贸易数据/信息的贸易伙伴的名称。除了商业银行外，贸易伙伴似乎都是政府部门，包括贸易与工业、外交与国际贸易、出口、交通运输（铁路、港口）、农业、自然资源、环境保护、食品监管、统计部门，以及商业银行。

只有少数国家（地区）海关当局已经或打算与其他海关当局交换贸易信息。

当进行信息交换时，海关与贸易伙伴之间通过单一窗口可以交换各种信息，包括进出口许可，货物通关，货物提前申报，各类舱单、载货清单，外贸统计，出口管制，外贸许可证，海关报关单，经认证经营者相关信息，固体废物及有毒化学品许可证，农药许可证，原产地证明，农业许可证，精神卫生许可证，完税证明，关税数据。

关于单一窗口数据交换过程中，使用相互认证或者认证机构公钥基础设施互通机制包括口令系统、机构之间直连、三级用户授权、认证部门之间的公用密钥基础设施、两个数据库服务器之间压缩的 MQ、对特定线性服务用户名和口令的识别和认证、电子签名、SSL 安全连接、Korea-verisign 技术。

6. 数据/信息交换方式

XML 是单一窗口用于数据和信息交换最常用的方式。其被广泛应用的部分原因应归功于因特网的快速发展。在已经开始通过单一窗口交换数据/信息的海关当局中，6 个（17%）使用的是 EDI（包括 UN/EDIFACT），17 个（47%）用的是 XML，9 个（25%）是双方之间协调数据，4 个（11%）使用其他。①

① 海关可以进行多项选择。“其他”包括通过 MQ 或两种不同的 PKI 协调报文格式。——作者注

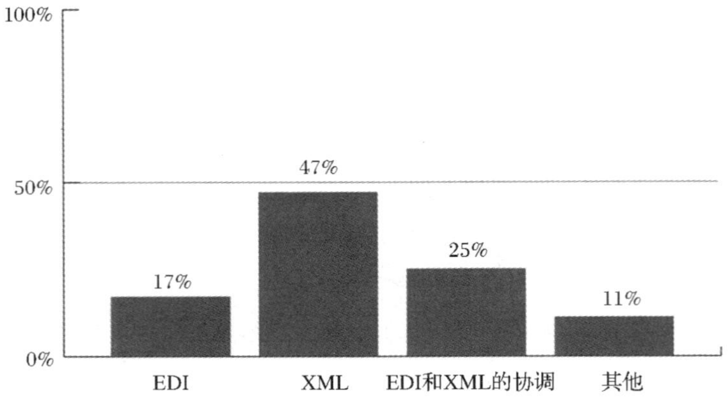

单一窗口数据/信息交换方式

（四）单一窗口的安全治理

调查的最后部分重点研究海关在建设单一窗口过程中如何应对非法或未经授权访问，以及身份管理和授权等问题。

关键结论是：

在单一窗口建设中实施 ISO 28000 或 BS 7799 等安全标准仍需加大推进力度。在参与调查的国家（地区）中，多数海关当局还没有安全标准实施框架方案。

在参与调查的国家（地区）中，PIN（和/或口令系统）和公共密钥基础设施是访问单一窗口系统最常用的认证工具。也有使用非-PKI 数字许可、认证令牌、生物特征识别、智能卡等技术。

调查情况表明，接近半数的海关当局在合作部门访问单一窗口系统时使用公共身份管理系统。

在参加调查的国家（地区）中，约半数海关当局在合作部门访问单一窗口系统不同应用时使用“单点登录”方式。

海关与其他部门进行信息交换时，海关通常不允许其他部门访问单一窗口中的原始数据。

1. 安全标准实施框架

在单一窗口建设中实施 ISO 28000 或 BS 7799 等安全标准仍需下大力气。在反馈意见的海关当局中，10 个（28%）表示已经建立安全标准实施框架，26 个（72%）表示尚未建立安全标准实施框架。

安全标准实施框架包括 AFIP 标准安全框架，BS 7799，信息安全手册与看门人，ISO 27001，ISO/IEC17799：2000。

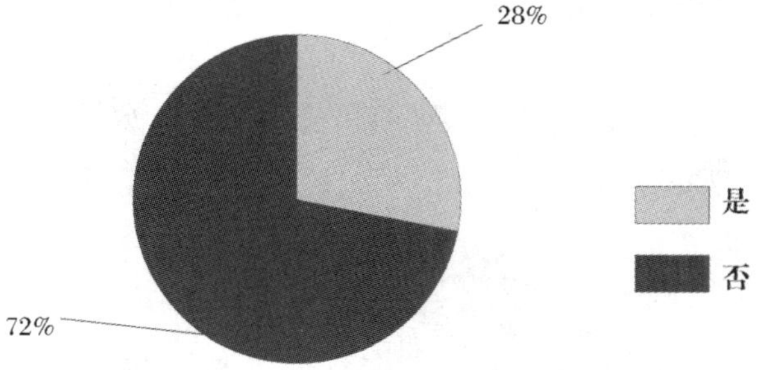

单一窗口是否已建立安全标准实施框架

2. 访问单一窗口的认证工具

PIN（和/或口令系统）和公共密钥基础设施是进入单一窗口系统最常用的认证工具。在反馈意见的海关当局中，提到客户用以下类型的认证工具来进入单一窗口：PIN/口令系统，27 个（43%）；PKI，23 个（37%）；非-PKI数字许可，3 个（5%）；认证令牌，2 个（3%）；生物特征识别技术，1 个（2%）；以及智能卡，6 个（10%）。

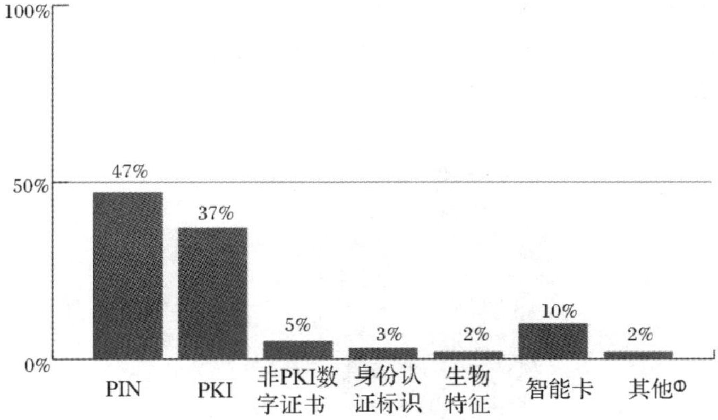

用户访问单一窗口的身份认证技术类型

① 海关当局可多项选择。其他指的是一项新的基于 PKI 技术的认证令牌技术。——作者注

3. 公共身份管理系统

接近半数的海关当局在合作部门访问单一窗口系统使用公共身份管理系统。

16 个（44%）表示已经使用公共身份管理系统，20 个（56%）表示没有使用公共身份管理系统。

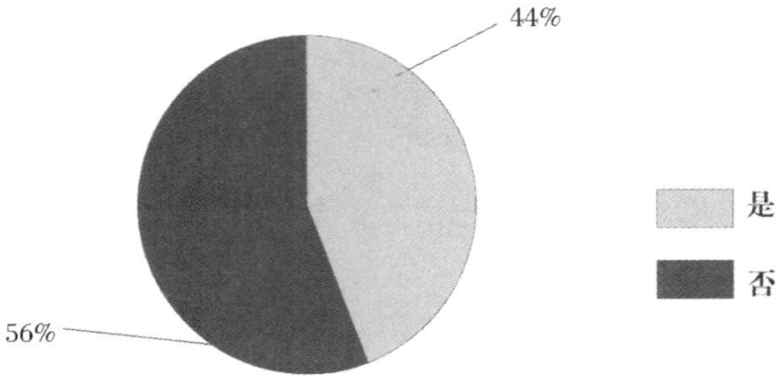

单一窗口是否使用了公共身份管理系统

4. 实施单点登录

接近半数的海关当局选择实施单点登录。在单点登录模式下，相关合作部门经身份认证后即可访问单一窗口系统的不同应用程序。在反馈意见的海关当局中，19 个（51%）已经实施单点登录，18 个（49%）尚未实施单点登录。

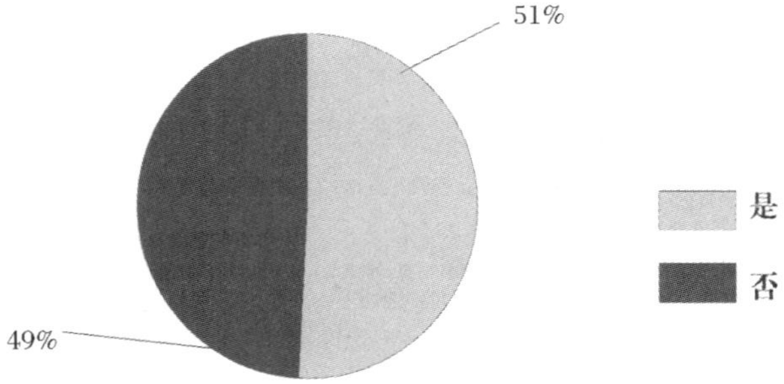

单一窗口是否实施单点登录

5. 其他部门访问单一窗口数据

海关与其他部门交换信息时，通常不允许其他部门访问单一窗口系统中的原始数据。在反馈意见的海关当局中，35 个（95%）表示不允许其他部门访问，2 个（5%）表示允许其他部门访问。

需要指出的是，这一结果并不表明海关与其他相关实体之间不交换信息。正如下图显示的那样，海关与贸易伙伴通过单一窗口交换多种数据和信息。

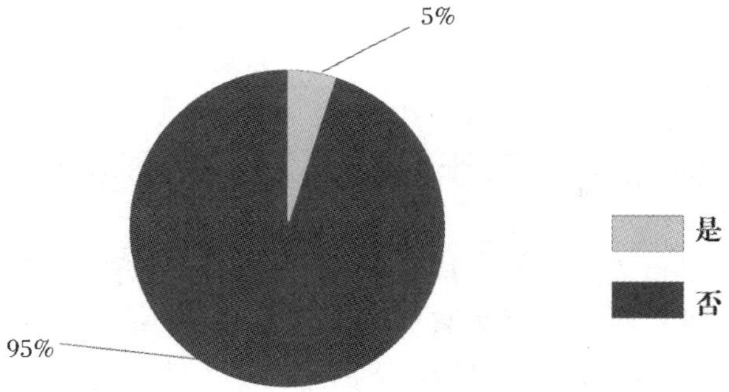

其他部门是否可以访问单一窗口中的全部原始数据

三、总结

为了推动单一窗口的实施，世界海关组织秘书处第一次对全球范围内各成员计划实施国际贸易单一窗口的总体情况进行调查研究。在世界海关组织六大区及亚太经合组织的积极参与下，本次调查提供了一次全球实施情况。

本次调查提示出许多有趣的现象。其中一个重要发现是全球范围内各海关当局普遍使用电子货物报关系统，实现了海关报关和处理的自动化。调查还清晰地表明单一窗口的数量还将继续增长，因为多数海关当局正计划建立单一窗口或对单一窗口进行升级改造。此外，调查还发现了一个重要趋势，即在众多口岸执法部门中，海关当局通过公共财政在单一窗口服务中扮演着关键角色。

现代信息与通讯技术的突飞猛进显然是这一趋势的重要推动力量。单一窗口的出现与信息技术产业的繁荣是同步的，大多数单一窗口系统在 2000 年以后投入运营，特别是，普遍认为因特网的广泛应用促进了因特网平台工具在单一窗口建设中的应用。

调查也表现出面临的困难和挑战。要着力推动口岸管理部门之间的信息互换。由于缺少电子连接渠道，海关与其他口岸管理部门并不共享与贸易相关的数据。单一窗口建设及口岸执法部门之间电子连接的主要障碍包括缺少信息和通讯基础设施，预算和人力资源紧张，法律框架不完善，跨部门协调困难。

口岸管理部门之间的信息互换应以完备的安全治理及数据互操为基础。虽然一些安全提升工具（如 PIN、PKI）已经在海关系统中得到应用，海关当局普遍没有实施 ISO 28000、BS 7799 等安全标准实施框架。关于互操问题，调查发现许多海关当局正在协调单一窗口数据与国际标准。其中，WCO 数据元与 UNTDED、UN/EDIFACT 认可度日益提高，而世界海关组织商品唯一标志尚未引起足够的重视。

第二章　单一窗口环境的功能评估

本章旨在帮助世界海关组织成员对单一窗口环境建设过程中口岸执法部门所需数据进行评估。评估结果将详细说明口岸执法部门不同业务需求所要求的数据及这些数据在单一窗口环境下的进出境手续中是如何使用的。

评估的目的是帮助相关口岸执法部门编制功能需求。所设计的调查问卷使海关当局能够确定目前口岸执法部门与跨境交易相关的职能，这是下一步进行详细的程序评估的前提。口岸执法部门可以把本次评估结果作为工作材料使用。评估对海关当局用途很多，可以用它来评估现状，确定当前数据需求并建立有关模型，评估与国际贸易数据标准接轨程度。虽然功能评估不能代替详细的业务流程分析，但这是确定单一窗口项目范围的高水平、有效的工具。

一、 完成本次评估的要求

本次评估是选取了多个口岸执法部门进行问卷调查。一个口岸执法部门只能提交 1 份问卷、进行 1 次评估。因此，如果一个口岸执法部门内部有不同意见时，该口岸执法部门问卷反馈应有所体现，并注明有不同意见的具体部门（进口、出口、许可证、担保、督查部门等）。

设计问卷的目的是帮助海关认清口岸执法部门与世界海关组织单一窗口业务流程分析文件、世界海关组织数据模型 3.0 版有关的功能及其目前操作情况。

虽然下述有些功能可能是人工方式进行的（如查验及其他核查行为），为了准确建模，业务流程建模者还是有必要了解它们。对于建模者而言，同样重要的是还要了解这些数据需求是属于交易（标题层）还是属于商品（项目层）。

回答问卷应在网上完成。请注意，为统一答案格式，有些问题附有表格，表格行数不限。

二、 联系人信息

请提供各口岸执法部门及其内部各部门主要联系方式。请注意，为便于回答，有些问题随附了相关表格，表格行数不限。

口岸执法部门问卷模板

口岸执法部门的单位名称：		
口岸执法部门联系方式：	电话：	
电子邮箱：	传真：	
处室名称：		
联系方式：	电话：	
电子邮箱：	传真：	
处室职能：		
本部门是否在口岸一线执法？	是	否
本部门口岸执法的职责：		
处室名称：		
联系方式：	电话：	
电子邮箱：	传真：	
部门职能：		
本部门是否在口岸一线执法？	是	否
本部门口岸执法的职责：		
部门名称：		
联系方式：	电话：	
电子邮箱：	传真：	
部门职能：		
本部门是否在口岸一线执法？	是	否
本部门口岸执法的职责：		

三、 口岸执法部门职责

本部门描述了口岸执法部门现行业务操作。虽然下述有些职能可能是人工进行的（如查验及其他核查行为），业务流程建模者为了正确建模还是有必要加以了解。

请注意，为方便回答，有些问题随附了相关表格，表格行数不限。有时问题可能适用于多个小节，例如，关于表格的问题适用于所有表格，而不局限于“抵达前/离境前”这一时间段，在这种情况下，请忽略时间因素全面回答问题。

（一） 账户管理

账户管理是与贸易账户的建立与维护、担保的发放与管理，以及与贸易商沟通等相关的活动与职能。

1. 口岸执法部门在进出境哪个环节与商界沟通（如要求提供更多信息，或进一步说明某些事项等）？请说明沟通的具体方式。

2. 目前口岸执法部门从商界收集哪些联系信息？

3. 口岸执法部门为贸易参与者发放或记录哪些唯一的标志或编号？（如有）请说明名称、格式及使用方式。注意，只填写口岸执法部门发放或记录的标志，其他部门发放无须填写。

表格模板

用户名	格式	用途

4. 口岸执法部门对贸易有何担保要求？（如有）担保针对哪些商品或运输工具？进出境需要担保吗？以担保的验证是口岸执法部门负责还是依靠其他部门进行？

表格模板

担保类型	商品/运输工具	进境/离境/过境	口岸执法部门验证	其他验证部门

5. 请说明口岸执法部门为商界提供的所有特殊项目情况（如报关方式的选择、特殊待遇）。请说明这些项目的要求、对象（承运人、代理人等），以及其对商界的益处。

（二）放行（进口）流程管理

放行管理包括对进境货物/物品、运输工具、人员（工作人员），以及相关设备的处理、放行及跟踪和监视。货物/物品、运输工具、人员（机组人员）及相关设备涉及进口监管程序，直到最终做出放行决定，还包括保税、仓储、自由贸易区及特殊进口报关等。上述程序总体上分为两个阶段：运抵前和运达。

运抵前指货物/物品/运输工具申请进口报关（presented for import）。这一阶段的职责至少包括商业发票、舱单、运输数据，特定商品许可证件核查，以及数据确认等。当本阶段要进行选择查验时，相关问题见第六部分。

运达指货物/物品物理上抵境的时间节点。这一阶段职责至少包括对收到的商业发票、舱单、运输数据，许可证，以及商品的证书的验证，并对数据进行编辑和验证。当本阶段需要进行选择查验时，相关问题见第六部分。

1. 目前口岸执法部门在进境环节要求商界提供哪些表格？如有可能，请附上一份表格并注明表格的名称和编号。请提供以下关于商界提交信息的方式（电子或纸质），信息是直接提交口岸执法部门还是由其他部门代口岸执法部门收集，以及要求商界必须提交表格的时间。

表格模板

表格编号/名称	时间要求	主要提交方式	向口岸执法部门提交	向其他口岸执法部门提交（请具体说明）

2. 口岸执法部门在进口环节需要其他官方机构核查的数据（风险管理和选择查验除外）有哪些？请注明数据、其他官方机构、进口的具体环节，以及核查结果反馈至口岸执法部门的具体方式。

表格模板

核查的数据	其他中央口岸执法部门	具体的进口环节	核查结果反馈方式

3. 进口环节其他口岸执法部门应对哪些数据进行核查（风险评估除外），并将核查结果反馈海关？请详细说明数据及进行核查的具体时间。

表格模板

核查的数据	具体环节（时间节点）

4. 请列出进口环节其他口岸执法部门从海关所获得的通知的种类。请说明通知的原因（如货物/物品放行通知）、通知的具体时间，以及具体方式（如自动化系统、电话等）。

表格模板

通知	原因	时间	通知的方式

5. 请列出进口环节海关从其他口岸执法部门所获得的通知的种类。请说明通知的原因（如货物/物品放行通知）、通知的具体时间，以及具体方式（如自动化系统、电子邮件、电话等）。

表格模板

通知	原因	时间	通知的方式

6. 请列出进口环节口岸执法部门直接发给商界的通知的种类。请说明通知的原因（如货物/物品放行通知）、通知的具体时间，以及具体方式（如自动化系统、电子邮件、电话等）。

表格模板

通知	原因	时间	通知的方式

7. 请说明口岸执法部门关于货物/物品/运输工具所做的决定（如扣关、放行、查验等）。说明决定的类型和时间（即何时作出决定）。

表格模板

决定	时间

8. 请说明口岸执法部门关于跨境运输工具上的工作人员所做决定的种类及时间（即何时作出决定）。

表格模板

决定	时间

9. 在货物、物品、运输工具经授权以保税形式进出自由贸易区、仓库等时，商界应向口岸执法部门提交哪些数据？请详细说明经授权进境的类型（自由贸易区、保税仓库等）。口岸执法部门是否直接向商界要求相关信息？

表格模板

数据	具体环节	经授权进境的类型	口岸执法部门直接向商界取得的数据	海关

10. 在货物/物品运输工具经授权进出自由贸易区、保税仓库等环节中，其他口岸执法部门要求海关提供哪些数据和通知？

表格模板

数据	具体环节	经授权进境的类型	海关的信息系统

（三）放行后管理

放行后管理包括集中申报、报关单集中处理、货物报关及清关等流程，也包括清算环节的退税报关及申诉等。

1. 请说明口岸执法部门在清关环节中的作用。口岸执法部门目前在清关环节是否对交易造成了一种阻碍？

2. 口岸执法部门目前是否对反倾销或补偿商品进行监控？如果是，口岸执法部门从哪里个部门以何种方式获得相关信息？

3. 请说明口岸执法部门在退税环节的作用（如有）。口岸执法部门从哪个部门以何种方式获得相关信息？

（四）出口管理

出口管理包括出境程序，即对商界提供的舱单、运输工具和出口货物的报关数据的处理，与出口货物相关的许可证件的核查，在此基础上作出允许货物出口决定。

离境前出口管理指货物/物品/运输工具出境前这一段时间申请出口（presented for export）。这一阶段的职责至少包括接受出口报关、舱单、运输等数据，某些商品的许可证件的核查，以及数据的校订与核查等。当商界提交了所有离境前数据且数据得到处理之后，如果货物物品运输工具运抵海关时一切正常，海关向承运人发出“放行”指令。当承运人向海关发出离境消息时，离境得以最终确认。当本阶段进行选择查验时，相关问题见第六部分。

离境后出口管理指货物/物品/运输工具已获准出口或允许放行，并且确认货物/物品/运输工具已经离境时。在简化程序的情况下，数据可以在此阶段提交。当本阶段要进行选择查验时，相关问题见第六部分。

1. 目前口岸执法部门在进境环节要求商界提供哪些表格？如有可能，请附上一份表格并注明表格的名称和编号。请提供以下关于商界提交信息的方式（电子或纸质），以及信息是直接提交口岸执法部门还是由其他部门代口岸执法部门收集？要求商界何时必须提交表格？

表格模板

表格编号/名称	时间要求	主要提交方式	提交口岸执法部门	提交其他部门（请具体说明）

2. 口岸执法部门需依靠其他官方机构核实进口环节哪些数据（风险管理和选择查验除外）？请注明数据、其他官方机构名称、需要核查的具体进口环节，以及核查结果是如何传输至口岸执法部门的。

表格模板

核查的数据	其他中央口岸执法部门	具体的进口环节	核查结果反馈方式

3. 其他口岸执法部门应对进口环节哪些数据进行核查（风险评估除外），并将核查结果反馈海关？请详细说明数据及进行核查的具体环节。

表格模板

核查的数据	具体环节（时间节点）

4. 请列出其他口岸执法部门从海关所获得的关于出口环节通知的种类。请说明通知（如货物/物品放行通知）的原因、通知的具体时间，以及具体方

式（如自动化系统、电话等）。

表格模板

通知	原因	时间	通知的方式

5. 请列出海关从其他口岸执法部门所获得的出口环节通知的种类。请说明通知（如货物/物品放行通知）的原因、通知的具体时间，以及具体方式（如自动化系统、电子邮件、电话等）。

表格模板

通知	原因	时间	通知方式

6. 请列出口岸执法部门直接发给商界的关于出口环节通知的种类。请说明通知（如货物/物品放行通知）的原因、通知的具体时间，以及具体方式（如自动化系统、电子邮件、电话等）。

表格模板

通知	原因	时间	通知的方式

7. 请说明口岸执法部门关于货物/物品/运输工具所做的决定（如放行、查验等）。说明决定的种类及何时作出决定。

表格模板

决定	时间

8. 请说明口岸执法部门关于跨境运输工具工作人员所做决定的种类及时间（即何时作出决定）。

表格模板

决定	时间

（五）口岸执法部门许可证件

口岸执法部门许可证件是由口岸执法部门发放的，用以管理有关进出境商品和/或运输工具的单证。例如，进口钻石应有“金伯利证书”并在抵港时予以核实；再如，肉类、植物、植物产品进港时必须核查“国际健康证书”。

1. 请明确海关以外其他口岸执法部门发放的商品及/或其运输工具的许可证件，并说明这些许可是否影响进、出境进程。

表格模板

许可证件名称	商品/运输工具	进境/出境

2. 请明确口岸执法部门为其他口岸执法部门或外国政府代行的许可证件的管理职责，并说明是否影响进出境进程。

表格模板

许可证件名称	商品/运输工具	进境/出境	其他口岸执法部门或外国政府

3. 请列出口岸执法部门需要核实的商品和运输工具许可证件，并说明是否影响进出境进程，以及口岸执法部门是自己核查还是由其他口岸执法部门核查。

表格模板

许可证名称	商品/运输工具	进境/出境	口岸执法部门检查	其他部门核查

（六）执法管理

选择查验（风险评估）是决定货物、运输工具及有关个人在进出境环节相对风险的过程，还可以包括选择查验后的相关核查和执法活动。

核查行动包括单证检查、查验等，目的是核查进出境环节货物运输工具及有关个人在进出境环节的行为是否符合相关法律规定。核查行动可能是选择查验结果建议的，也可能是边境一线执法人员的经验。根据核查结果，可能会要求采取补救措施使货物/物品/运输工具可以进境或离境。执法指的是核实或执行货物/物品/运输工具/人员及相关人员（工作人员和/或旅客）法律、政策和管理规定的行为和职责。

1. 何种交易口岸执法部门需要其他部门配合进行选择查验？请说明代表口岸执法部门实施选择查验分析的部门及告知分析结果的方式。

2. 海关以外的其他部门在进出境的哪个环节实施选择查验（如抵境前、抵境、离境前、离境后等）？

3. 口岸执法部门收集、使用或产生何种信息来实现跨部门的选择查验行动（风险分析）？

4. 请说明口岸执法部门在武器、爆炸物、化学品、放射性物质、小型武器、食品、药品等进口时肩负的保卫安全的责任。

5. 请说明口岸执法部门在武器、爆炸物、化学品、放射性物质、小型武器、食品、药品等出口时肩负的保卫安全的责任。

6. 口岸执法部门是如何将其标准纳入其他口岸执法部门系统中去的？如果每个执法部门情况都不一样，请逐一说明。

7. 口岸执法部门为何种授权、特定项目、倡议、法规、规章而与其他部门合作进行选择查验？请说明合作的具体部门，以及近期这种合作是否还将持续下去。

8. 口岸执法部门是否有限制进出境的“黑名单”？如有，口岸执法部门与哪些部门共享这份黑名单？

9. 口岸执法部门对进出境商品履行何种核查、验证、查验、禁止等职责？请说明上述行动的结果保存在何处。

表格模板

行动	进境/出境	记录的结果

10. 口岸执法部门要求其他部门对进出境商品履行何种核查、验证、查验、禁止等职责？请说明上述行动的结果保存在何处及传输给口岸执法部门的方式。

表格模板

行动	进境/出境	其他口岸执执法部门	结果记录	传统方式

（七）商业情报管理

业务情报管理包括对配额、许可、协调制度等相关信息及商业法规的处理和维护，以及撰写与进出境程序相关的统计数据和报告等。

1. 口岸执法部门是否依据中央统计局公开发布的数据撰写与进、出境及促进贸易程序有关的统计数据和报告？请说明口岸执法部门撰写的统计数据或报告的类型，以及周期（如月刊、季刊等）。

2. 口岸执法部门是否依据其他部门公开发布的数据（国家统计局除外）撰写与进、出境及促进贸易程序有关的统计数据和报告？请说明口岸执法部门撰写的统计数据或报告的类型，以及周期（如月刊、季刊等）。

3. 口岸执法部门是否依据其他部门公开发布的数据（上述两种情况除外），撰写与进、出境及促进贸易程序有关的统计数据和报告？请说明口岸执法部门撰写的统计数据或报告的类型，以及周期（如月刊、季刊等）。

4. 目前是否有商品在进出口环节因受配额和许可限制从而需要海关监管？海关从哪个部门获此消息？如何获得？

表格模板

进境/出境	商品	口岸执法部门	方式

5. 请说明目前口岸执法部门在进、出境环节知识产权保护方面的职责。

6. 口岸执法部门在进出境环节参照的材料（清单、代码表等）有哪些？这些参照材料多久更新一次？这些参照材料对于商界或其他部门是否在线可得？

7. 口岸执法部门在网上维护哪些内部参考资料（如标准运行程序、内部规定等）？

（八）法律管理

法律和政策管理包括影响法律、规章和政策需求的行动，包括本质是法律事务的程序，如法规的颁布、守法项目、对授权的回应及司法审查等。

1. 哪些法律法规授权口岸执法部门从公众或商界获取贸易或运输的进出境信息？请说明法规（仅需要提供法律法规的名称，不需提供规定全文）。

表格模板

名称/标题	引文	授权

2. 口岸执法部门近期是否授权进行电子报关？请详细说明，包括授权要求提供的信息类型。请说明此类立法授权的实施时限。

表格模板

授权	影响的程序/信息	时限要求

3. 口岸执法部门维护网上哪些资料（如条例、规则等）？是否对贸易商公开？

（九）财务管理

财务管理包括与税收征管相关的数据、活动和职责。

1. 口岸执法部门在征收进口环节税费时需要哪些许可证件？与许可证件的颁发或者商品、运输工具进口有关吗？由口岸执法部门征收还是由其他部门代收？

表格模板

税费种类	商品/运输工具	口岸执法部门征收	其他部门代收

2. 口岸执法部门在出口环节征收税费时需要哪些许可证件？与许可证件的颁发或者商品、运输工具出口有关吗？由口岸执法部门征收还是由其他部门代收？

表格模板

税费种类	商品/运输工具	口岸执法部门征收	其他部门代收

3. 口岸执法部门对哪些违法行为实施罚款或处罚？

表格模板

违法类型	罚金或处罚	口岸执法部门征收	其他部门代收

四、 口岸执法信息系统现状

1. 口岸执法部门通过何种系统接口向海关提供进出口数据（如贸易、运输信息，口岸执法部门向海关进出口管理系统或其他系统输入数据）？请说明所交换数据的类型（舱单、货物、运输工具等）、交换数据频率，以及口岸执法部门与其交换的海关系统。

表格模板

提交的数据	口岸执法部门的系统	海关的系统	交换的频率

2. 口岸执法部门通过何种系统的接口直接从商界获取进出口数据（如贸易、运输信息，口岸执法部门向海关进出口管理系统或其他系统输入数据）？请说明所交换数据的类型（舱单、货物、运输工具等）、交换数据的频率，以及口岸执法部门与其交换的海关系统。

表格模板

提交的数据	口岸执法部门的系统	交换的频率

3. 口岸执法部门通过何种方式向海关提供数据？（请多项选择）

（1）"实时"的贸易、运输或决策数据。

（2）根据简易程序，定期报关单数据。

（3）交易层级的贸易、运输或决策数据。

（4）不适用。

（5）不确定。

4. 口岸执法部门如何从海关获取进出口数据（网上、磁带、刻录光盘或其他方式）？请说明交换数据的类型、交换数据的方式（网上、磁盘、刻录光盘）及数据交换的频率。

表格模板

获得的数据	数据传统方式	美国海关与边境保护局系统	数据交换的类型

5. 口岸执法部门如何从海关获得数据？（可以多选）
（1）实时贸易、运输或决策的数据。
（2）定期汇总的数据。
（3）关于每一笔交易的贸易、运输或决策数据。
（4）不适用。
（5）不确定。

6. 口岸执法部门目前进行数据核查和校订（风险评估与选择查验除外）使用何种系统？请说明每个系统的名称。

7. 口岸执法部门是否建有选择查验或风险评估系统？该系统是否与其他政府部门（海关）选择查验系统相连？请说明与其他部门选择查验系统相连的部门名称。

8. 口岸执法部门记录核查结果的系统是什么？请说明系统名称。

第三章　单一窗口业务流程

文件起草经过

版本	评审	起草人	时间
0.80	提交初稿供同行审议	SP Sahu	2010年7月11日
0.85	同行审议	Belle Vanderhoof DMPT核心小组	2010年9月24日
0.88	吸收同行审议意见予以完善	SP Sahu	2010年11月9日
0.90	吸收2010年9月11日电话会议意见予以完善	SP Sahu	2010年11月15日
0.91	进一步完善、评审	Susan Dysel	2010年12月27日

本章旨在说明政府在管理跨境贸易时需要什么样的业务流程，试图找出最佳方案来确保商界只需要向不同部门提供一次而不是同样的数据。政策管理者、业务架构、国际贸易法律专家，以及单一窗口项目经理将从此项工作中受益。有政府跨境贸易管理及电子商务背景的人也可以从中得到启示。

修订后的京都公约、安全标准框架等国际工具已经设计了高水平的业务流程。这些业务模型作为世界海关组织数据元项目一部分已经公开发布，提供了高水平的业务流程，但其本意不是作为软件开发的技术说明。

文件草案主要为以下了解、评论和可能使用而准备：

世界海关组织数据元项目团队（DMPT），世界海关组织信息管理分委会（IMSC），世界海关组织 UNCITRAL 联合法律工作组，全球网络化海关专家在研究国际信息流向时使用，以及世界海关组织成员海关专家使用。

第一部分介绍了单一窗口概念、定义及对业务流程模型的影响。第二部分介绍了确定单一窗口下业务流程的方式方法，以及文件的材料来源。第三部分研究单一窗口业务流程发生的环境，业务流程分析的范畴，数据的协调，以及协调后数据的提交。第四部分详细介绍了单一窗口环境下各参与方及各流程的概况。

一、 单一窗口定义对业务流程的影响

单一窗口是提供服务的一种方式。根据这种方式，服务供应方将多种相关的服务集中在“一个屋檐”下，从而使消费者可以很方便地进入并使用这些服务。单一窗口从用户角度来组织服务地点布局，提供进入服务并与管理部门互动的相关信息，以此减少双方在费用和时间上的支出，实现共赢。

围绕跨境贸易单一窗口下的操作概念已经开展了大量的研究，在这种操作中，管理部门向国际贸易和运输各参与方提供服务（根据世界银行，2010年）。世界海关组织认为单一窗口是“协调的边境管理”的一部分，旨在强调全球在优化和简化边境管理系统和手续方面的努力。协调的边境管理包括以下形式：

联合办公及共享管理设施：包括统筹设置服务网点，强化部门之间的合作，加强沟通，以及通过共享操作信息实现联合监控。

经授权的一线关员：以通知的形式将一个政府部门内部或部门之间的授权调整情况通知负责政府—商界接口的执法人员，有了授权的一线执法人员可以提高决策时间，从而加快服务完成时间，完成更多业务。

一站式边境站：共享陆路边界的国家（地区）签署相关国际协议，加强双方有关部门之间的合作，确保与进境、出境、过境相关管理手续不重复。

单一窗口环境：信息和通讯技术使得贸易商在不同时间节点可以通过系统向不同政府部门一次性提交所有进境、出境、过境所需要信息。

从全球看，单一窗口概念有在上述各种方式下实施。现代信息技术使得一次性提交只是答案其中的一部分。33号建议书提供了单一窗口的正式定义，该定义一方面从信息在贸易和运输参与方之间流动，另一方面从监管部门角度研究，前一段已就此作了充分说明，通常被理解为实施单一窗口组织形式的变化，但是从法律和业务流程方面的意义来讲同样非常重要。

世界海关组织更喜欢用“单一窗口环境”一词，33号建议书的宣传手册中也使用了该词。这是因为单一窗口实施通常是相互关联的设施通过相互认可的接口和业务流程的联合体。因此，本文使用世界海关组织非正式的定义“单一窗口环境”作为跨境的、智能性的设施，通过该设施，贸易和运输方面的所有参与者均可以通过一个点提交标准化信息，以完成所有进境、出境、过境管理手续。

智能化非常重要，因为单一窗口不仅仅只是一个数据开关，或者说只是通往一些设施的门户，通往一个网页的接口，它还是一个为用户提供共享服务的载体。税费的计算、协调的风险管理和业务操作，以及跨部门的业务流程的协调只是共享服务的一部分。智能化还使得贸易商对交易过程有一个全面的了解。如果没有智能化，单一窗口只是单一网页或连接贸易商和不同政府部门的增值网络而已。

不仅仅是智能化，单一窗口最突出的特征是向需要贸易商提供相关信息以便对跨境贸易实施监管的政府部门一次性提交所有信息。

一次性提交避免了相同信息重复提交不同的政府部门。一次性提交并不是说一次性提交所有信息。经济运营者可以根据跨境贸易清关全过程中自然业务流程顺序逐步提交相关信息。

没有信息和单证的标准化就不可能实现一次性提交。“一次性提交”中的“提交”一词指的是根据法律要求的方式向某一口岸执法部门提交信息以便得到该口岸执法部门的决定。信息在商界与政府之间，以及在不同政府部门之间的流动，不仅仅只是某一方面发布信息而已，而是相关立法明确规定的活动。所提交的信息通常是报关单。向口岸执法部门提交信息的一方，必须对其所提交的材料和行为负责。

单一窗口业务流程是相关、有序的活动的集合，旨在实现贸易和运输方一次性提交信息。政府部门也会向商界和运输方传递信息，但这时强调的是口岸执法部门以一种协调的方式向信息提供者反馈信息。避免信息的冗余是单一窗口最具潜力和价值之处。

单一窗口中的一次性提交基于以下原则，每一条都彰显单一窗口环境智能化的一面：

分批提交信息：贸易商和运输方在国际贸易交易流程不同时间节点向口岸执法部门提交相关信息。单一窗口允许分批提交信息，以反映交易中的一个变化或程序。在单一窗口下，如果一个信息是此前已提交信息的一部分，则不需要再次提交。

协调报关：不同的口岸执法部门有各自的数据要求，这些数据要求往往是交叉的。单一窗口制定了一个协调的数据要求，贸易和运输参与方无须重复向不同部门提交相同的信息。

口岸执法部门之间信息共享：这是协调的报关的必然结果。信息共享使得各口岸执法部门可以进行联合或独立的监管。

口岸执法部门统一反馈：业务流程中的内容之一是对贸易和运输方提交的报关单的反馈意见。一个口岸执法部门的反馈意见，如货物放行，表示管理的完成。各口岸执法部门可以独立处理反馈意见，但是最终必须由单一窗口统一向贸易商反馈信息。

二、 业务流程建模方法

要实现单一窗口下商界一次性提交标准化进出境电子数据，可以先研究各项活动和流程，同时再看看他们之间的关系。专家们提出了一个从业务流程分析入手，循序渐进地建立单一窗口的方法。从信息角度研究业务流程，同时单一窗口应以确保提交的信息没有冗余为前提。

（一）UML 和 BPMN

对业务流程的分析有不同的方法，每种方法都有自身的公约。UML 是一种标准化的通用的建模语言和建模方法，UML 在软件工程中得到广泛应用，商务专家也经常用其来描述和说明商业需求。UML 利用不同方式来构建业务流程模型，说明信息需求。本文在说明单一窗口业务流程中利用以下几种方式，这与世界海关组织数据元项目也是一脉相承的。

用例图：

用例图的目的是描述系统中的各参与方及其目标，以及相互之间的关系(如包含或不包含等)。画钩的表示在其中承担一定职责，椭圆表示有关活动/步骤，直线表示参与方与步骤的关系。

用例描述：

是关于参与方、前提条件、后置条件，以及场景的表格。“参与方”表示在某一流程中发挥作用的一方。“场景”一列是对场景逐渐予以完善和说明。

许多国家（地区）都认为有效的业务流程模型与功能信息是单一窗口建设准备阶段的一项重要工作。虽然 UML 与软件开发密切相关，还有一些得到国际普遍认可的建模标准需要认真对待。为单一窗口进行业务流程建模，对于商业人士来说尤其需要简单的符号。

好几个组织已经运用 BPMN 2.0 版作为建模手段。BPMN 是由目标管理小组（OMG）建立并维护的标准。

在给《欧盟现代海关法》有关实施条款建模过程中，欧盟专家使用的是 BPMN。世界海关组织成员海关还可以利用其他公开的业务流程模型。世界海关组织将 UML 作为公开业务流程模型的一个选择，因为此前信息管理分委会决定要遵循 UN/CEFACT 建模方法，而 UML 是该方法的基础。在 BPMN 等其他公开标准升级之后，没有理由把建模方法限制在 UMM。

(二) 五维分析法

模型是帮助我们更好地认识业务真实面貌的抽象物。抽象物是对真实世界的简化，有助于分析人员只分析与分析主题相关的方面。本文对时间、地点、参与人员、手续与交换进行五维分析。

业务流程模型涉及各口岸执法部门自身的流程、与商界的关系，以及各口岸执法部门之间的关系。模型并不涉及口岸执法部门是如何实现这些流程的。例如，当一个活动图形提到“口岸执法部门实施风险分析”时或“进口商提交报关单”时，模型并不研究如何开展风险分析或如何验证、处理进口商的报关单。

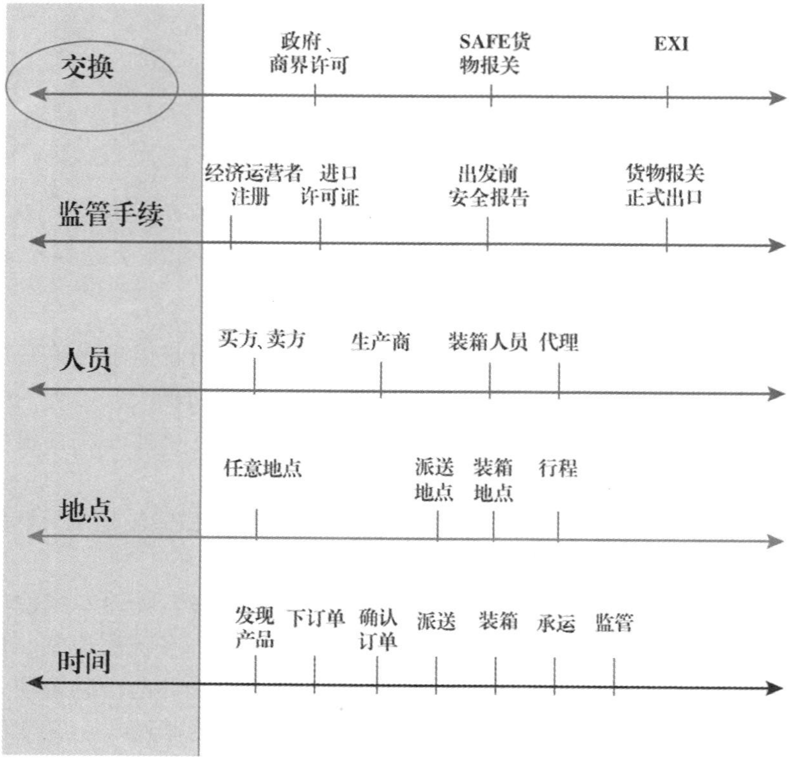

单一窗口业务流程分析：世界海关组织的五维图

单一窗口业务流程包括以下几项：

时间：按时间顺序确定国际贸易链中的事件。事件是时间轴上离散的点，标志着一项活动发生过程中重要的时刻。对同一事件有不同的看法，导致同一事件的日期和时期数据概念也各不相同。

地点：事件发生的具体地点。事件的发生总是与地点有关，地点与法律管辖权有关。

人员：参与事件的有关各方。人员是按法律规定承担一定权利和义务的法人，也是使用案例中的参与者。基于参与者职责不同进行抽象，例如，从海关当局和农业当局可以抽象出“主管部门”的概念。

监管手续：管理手续通过参与者与特定行为绑定在一起，使程序具备一定的特征。

交换：交换是国际贸易中不同参与方之间的信息流动。下图中有商界与政府部门之间的交换（B2G），政府部门之间（G2G）及商界之间（B2B）的交换。法律或相互协议对信息交换作了明确规定。

下图讲述了国内和国际商界与管理部门之间 B2G、G2B、G2G、B2B 等模式的信息交换形式。图中部分名词的含义为以下：

国家（地区）单一窗口，包括一个国家（地区）或关境内商界与口岸执法部门或者口岸执法部门之间的信息双向流动。

国际单一窗口，包括不同国家（地区）或关境之间，国家（地区）单一窗口之间或不同国家（地区）或关境的口岸执法部门之间的信息双向流动。国际单一窗口涉及的信息互换与世界海关组织全球网络海关相同，也是 UN/CEFACT 项目组关于单一窗口互联性的主题之一，该项目目前处在初始阶段。

社群系统，可以促进国内外商业部门之间信息交换的系统叫做“社群系统”。这些系统是一种基础设施，使电子商务满足一种利益共同体。港口社群系统或者货物社区系统即属于社群系统。这些系统在单一窗口建设中具有重要作用，因为它们经常促进信息一体化进程和业务流程的编排。社群系统中的程序建立在各业界部门之间的合作关系上。为促进管理信息流动，有时口岸执法部门与社区系统合作。社群系统作为第三方中间人代表商界提交数据，提供主要的工作流程和监控以管理国际贸易或运输流程的进程。每一系统有自身的服务组合，可以按分类法进行分类。通过分类法，可以列出属于互不重叠的服务清单类型。每一类别可以分解成不同层级。服务分类法可以分离不同社群系统及单一窗口解决方案的规模。

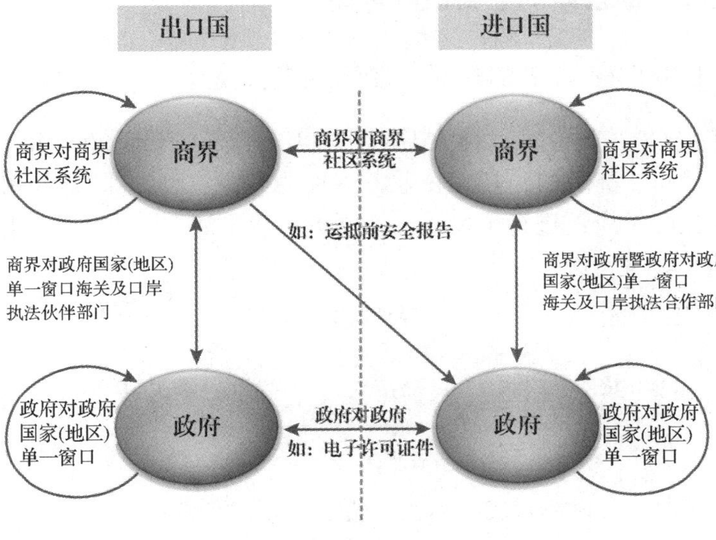

跨境管理信息互换分析

上文提到的五维分析法提供了业务流程全程框架。本章第三部分对框架进行了描述，第四部分包括了流向，但不包括单个的 UML 图表。

（三）单一窗口的业务流程：信息源

作为3.0版本的一部分，数据元目组从单一窗口视角对数据需求进行了检查。它制定了名为“世界海关组织单一窗口倡议功能评估指南”的用于记录单一窗口功能需求的分析工具。DMPT还制定了名为“世界海关组织单一窗口数据协调指南”的工具，以此采集、分析和协调单一窗口中的数据。为了确定单一窗口业务流程，必须使用以下材料：

世界海关组织数据元3.0版本包括了经修订后的《京都公约》、国际海事组织便利运输公约、国际道路运输公约及其他国际公约中的业务程序。文中已经声称单一窗口环境下各口岸执法部门之间的（信息）流动。

亚太经合组织在2007年和2010年进行了单一窗口调查，记录了国际贸易领域不同的政府部门的职能。世界海关组织在2011年完成了一项类似的调查。这些调查获得了政府各有关部门对国际贸易和运输管理的详细信息、具体职责等。调查还涉及各个国家/经济体单一窗口涵盖的业务流程。

政府立法对跨境管理手续作出规定。此类立法通常基于旨在简化和协调贸易手续的国际公约、标准和实践。本章将这些国际文件作为对这些业务程序进行标准化处理的基础。

三、单一窗口中的业务流程环境

（一）UN/CEFACT的购买—船运—支付模型

UN/CEFACT在联合国第18号建议书（UN/CEFACT于2001年公布）中提出了一个简单、高级的包括三种业务流程的参照模型，即购买—船运—支付模型，对国际供应链进行了描述，主要参与者是海关、供应商、中介及其他管理部门。

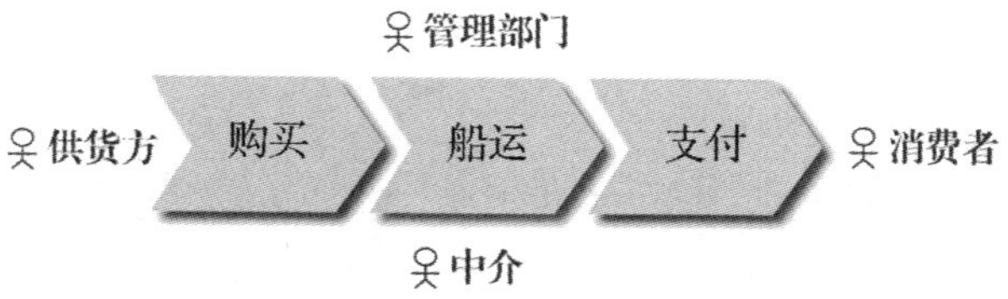

国际供应链购买—船运—支付模型①

看待国际供应链中的业务流程的角度有多种，每种视角都服务于特定的

① 来源于联合国贸易便利与电子业务中心。——作者注

利益，对国际供应链中的交易有自己的定义。对于管理部门来说，货物的放行和清关意味着交易的完成。对于贸易商（买家和卖家）来说，只有解决了货物交付、应收款问题才能代表交易的结束。同样，负责运输的人只有当运输合同中所有付款和索赔都解决后才是交易的完成，这可能涉及多批次运送。为协调这些不同的观点，专家们制作了不同的流程和信息模型，来表达供应链中比较接近的程序。这些不同的观点可以分成三类：贸易、运输和管理。

根据购买—船运—支付模型，购买程序包括所有与订货相关的商业活动，船运手续包括政府监管在内的所有涉及货物物理移动方面的活动，支付程序包括货物付费方面的所有活动。国际供应链参考模型重点参照贸易便利与安全（UN/CEFACT，2007）对 UN/CEFACT 购买—船运—支付模型进行了拓展。购买—船运—支付模型中每一个部分还可再分成业务领域和程序领域，作为对有关细节做深入研究的基础。UN/CEFACT 购买—船运—支付建模指南已经在商业领域得到广泛应用。

为方便起见，涉及跨境管理部门所有执法程序的控制归到船运项下，但广义上讲，执法检查超出了商品物理移动范畴，有时甚至延伸到了买卖环节（国际采购订单依赖于商品或厂商的许可等前提）。监管程序还延伸到支付环节，因为货物的支付包括税费的支付，货物已付或拟付款的数额决定着海关估价。

关于 UN/CEFACT 购买—船运—支付模型的完整论述还在进行中，无法为单一窗口业务程序提供完整的指导。世界海关组织数据模项目下开展的建模工作及世界海关组织数据模项目组制定的其他模型提供了其他必要的高级模型。

在关于单一窗口的论述中，提到国际贸易单一窗口、物流单一窗口和海事单一窗口。因这些单一窗口为国际供应链参与者完成监管要求提供服务，本章的建模工作包括它们与跨境监管有关的在内，与监管无关的则不在考虑之列。

（二）世界海关组织数据模型：简单的业务流程图

为了克服购买—船运—支付模型的不同观点所带来的局限，数据模型项目组开发了“业务流程简化模型”（下图）。“报告/申报/提交”术语采用的是修订后的京都公约术语：报告货物报关单，申报货物报关单，提交货物或报关单离开或到达海关的声明。口岸执法部门内部及相互之间的程序和数据流动是研究的重点。

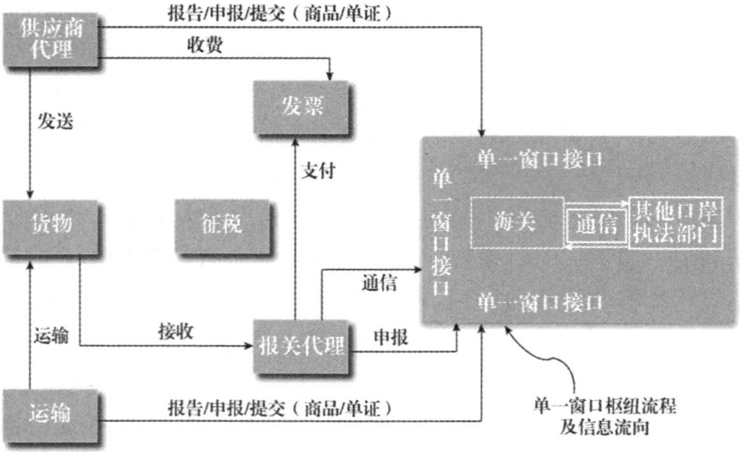

世界海关组织数据模型简化的业务流程图

（三）关于供应链的贸易、运输与监管视角

国际贸易程序极其复杂，涉及不同国家（地区）众多部门。将这些手续分为贸易、运输和监管是十分有用的。下图显示的是几乎同时发生的贸易、运输和管理三方面的视图。每个视图说明了一个相关联的业务程序。这种视图涉及同一框架下的时间、地点、人员、手续和交换 5 个方面，前面将其称为五维分析。下图还列出了单一窗口业务程序中所使用的不同类型信息技术系统，说明实施单一窗口业务程序的复杂程度。

贸易视图涉及潜在买家发现产品，确定业务合作伙伴，签署购买合同，以及完成购买订单的相关活动。确认订单、派送、交付等供应链活动与这一视图有关。贸易视角反映了买方、卖方及生产厂商所需要的服务。

同样的过程运输方从供应链物流角度来看待。运输视图包括运输工具上的货物的物理移动有关的程序，如舱位的预订、运输工具的填料、货物的装载和卸载，以及货物交付最终收货人。

视图关系整个供应链中向监管部门报告事宜。在该视图中，实体履行进出境监管部门相关手续。监管视图关注的是管理部门与业界之间的互换。该视图有助于从监管角度理解供应链中的事件。

一个非常有趣的现象是地面上发生的物理事件，如将货物装上运输工具、运输工具的装载或卸载、货物交付最终收货人等在三个视图中都有相同的意义，这使得从这三种不同的视图中将信息联系起来成为可能。这种联系是必要的，因为各方在履行口岸执法部门管理过程中提供的数据源自贸易和运输过程。

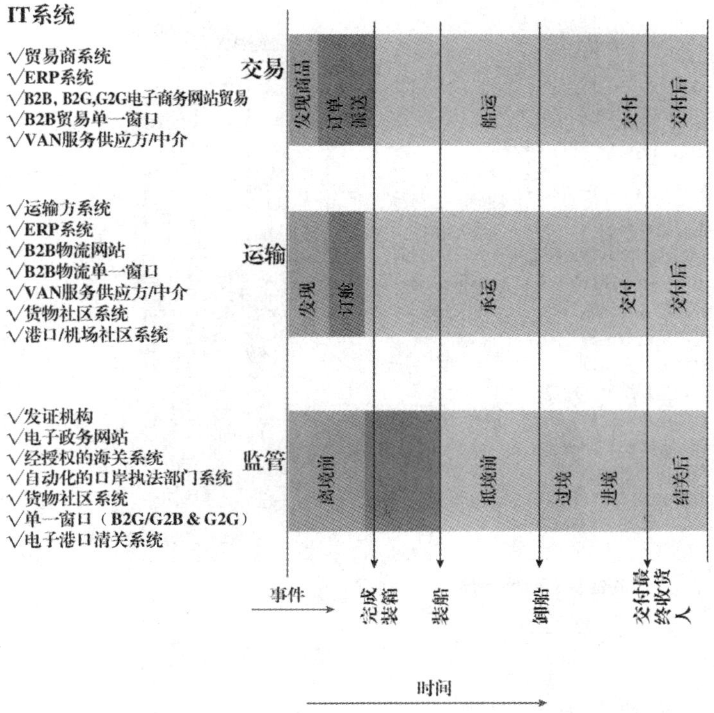

贸易、运输及监管流程概述

（四）供应链管理视图

下图是高级管理视图，它捕捉到了单一窗口主要参与方在履行监管要求中的主要活动。

管理视图包括出口前、出口、国际运输、国际中转、进口和清关后等阶段。进口前业务流程没有在图表中单独标出来，但是可视为进口程序之前的流程。

这些阶段与供应链中的商品流动的逻辑是一致的。商品通过国际运输方式离开出口地，经过（1 个或几个）过境地前往目的地。这些阶段按时间顺序显示出相关参与方之间监管信息的流动。追踪支撑这些信息流向的业务流程是本章的目标。

图表最下端是不同的监管领地。供应链上的事件发生在这些监管领地上。为便于对法律问题进行分析，时间、地点、手续的区别将予以保留。

下图左边是相关参与方的名称，这些参与方代表一类。如果需要世界海关组织数据模所有参与方及相互关系更详细的介绍，请参照世界海关组织数据模相关章节内容及所有业务流程图。

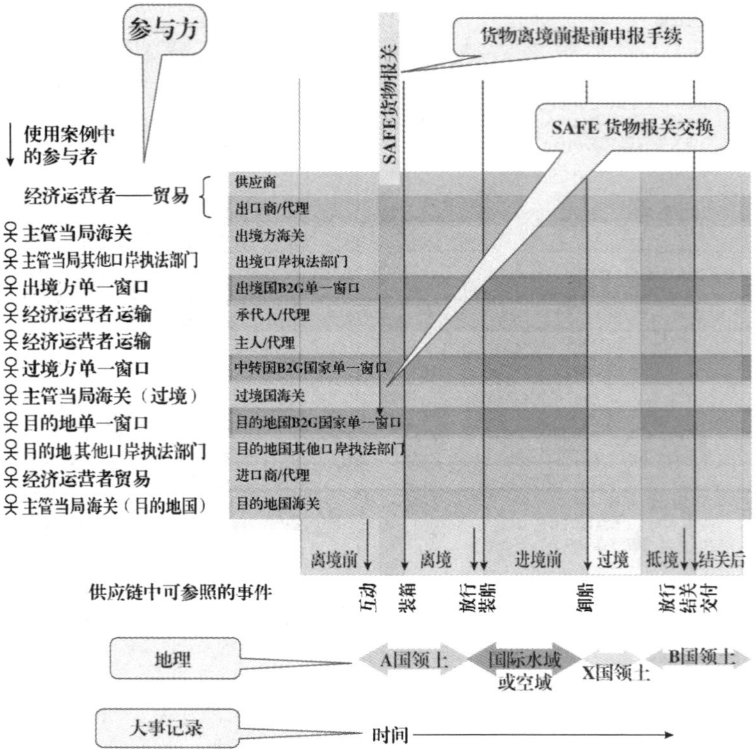

单一窗口业务流程参考模型：监管视图

下面的几个图对各类参与方之间的互换作了说明。虽然每个参与方并不是全程参与，但从出口前到清关后，这些参与方在不同阶段参与了管理过程。图表顶端是已确认的流程。

下面的几个图显示的是从头至尾的管理流程，按发生的时间顺序排列，虽然流程先后顺序总体可行，但也有例外的时候。图“单一窗口注册/授权流程（离境前）”显示的是最初业务流程口岸执法部门提供注册服务。法人注册可能还涉及行政许可。例如，假定在 X 国，一个贸易商如果没有增值税号就不能注册开展进出口业务。多数国家（地区）的海关代理可能需要提供最小的经济担保并证明已经通过了资质要求。海关地点和关区应满足监管要求。

注册手续涉及向单一窗口提交以下关键数据：供应链参与方、监管的产品、运输工具、监管地点、口岸执法部门等。除了关键的商业数据，注册流程还建立了关于单一窗口用户和单一窗口服务的技术信息。图“监管数据协调：数据的简化和协调使得建立一个收集不同执法部门数据从而统一申报成为可能”提供了关于这些流程的详细情况（R1-R9）。

注册流程建立了注册实体的标识符。如前所述，一套关于这些注册实体属性的标识符已经受到监管核查。在向海关报关时，贸易商在其进出口报关单中只需要提及标识符，不需要提及其属性，这样就减少了重复的数据流。图“单一窗口提前申报（出境）”“单一窗口提前申报（进境前和过境）”“进口和进口后流程”对这些标识符作为跨境管理流程信息连接作了说明。

关于其他口岸执法部门程序，如许可证件的申请与签发，货物进出境时向其他部门的报关，流程涉及货物申报、货物报关、运输报告及后续督查。图“单一窗口提前申报（出境）”“单一窗口提前申报（进境前和过境）”“进口和进口后流程”中数据交换是海关等口岸执法部门进行的包括交易核查和后续督查程序。

这些图中代表信息流的带箭头的垂直线代表报关单。报关单是以口岸执法接受的方式提交口岸执法部门要求的信息的说明或行为。口岸执法部门对这些报关单的反馈代表反向信息流。人们认为每个申报对应管理部门一个或多个反馈意见。

（五）数据的简化与协调

通常情况下，如果缺少数据协调，海关和其他口岸执法部门独自履行程序，导致多重报关。例如，如果进口需要海关货物报关，也会有其他口岸部门报关。对管理数据进行协调并标准化之后，有可能将这些申报整合为统一的跨境管理报关，如下图所示。

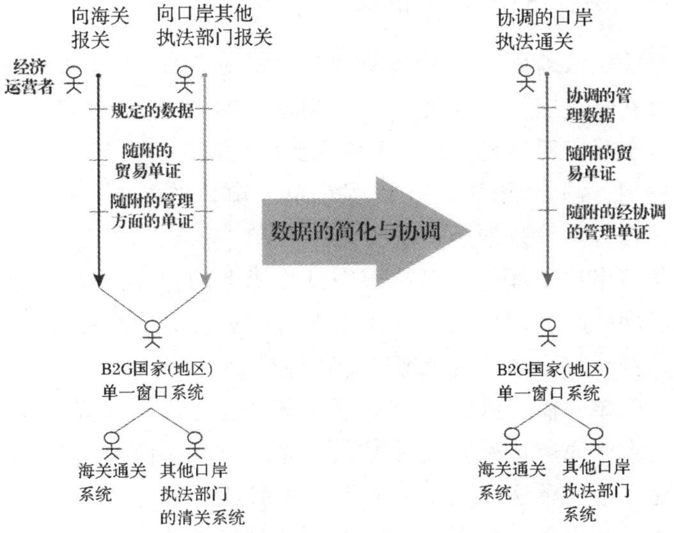

监管数据协调：数据的简化和协调使得建立一个收集不同执法部门数据从而统一申报成为可能

四、单一窗口环境下的业务流程

单一窗口要求“一次性”提交数据，因此有必要记录供应链中数据源。确定数据源有助于建立涉及第一次提交的业务流程，获取第一手信息并确保质量。这些业务流程扎根于法律法规、行政命令之中。因此，伴随着业务流程分组清单，本部分还指明了业务流程管理基础。

为方便起见，单一窗口中的业务流程分为以下几组：

单一窗口业务流程组

序号	业务流程组	原始材料/法律基础
1	注册/管理授权	安全标准框架（经认证经营者概念），国家（地区）法律法规/业务实践
2	许可证件的申请与颁发	几个国际文件/国家（地区）法规
3	信息预申报流程	安全标准框架
4	货物申报	国际海关组织、便利运输委员会、国际道路公约等
5	放行后合规性核查	世界海关组织放行后审计指南

本部分不涉及上表第5栏中放行后合规性核查业务流程。

（一）第一组：注册/管理授权

典型的海关法最前面一节通常是对国际贸易中有关实体的法律责任的定义，货物由谁在哪里以何种方式进口。其他口岸执法部门也有类似法律授权。这些法律法规也涵盖对运输工具和工作人员的管理。

作为第一组，注册/管理授权流程是单一窗口的基石，因为关于各参与方、地点、运输工具等数据是国家（地区）单一窗口运营者最早识别的。注册的实体在各口岸执法部门各自法律中有法律上的存在。这些注册流程还可以与预核查程序一起发挥作用，各执法部门有机会对用户在注册时提供的信息进行核对。预核查程序可由管理规定和行政命令决定。

在授权访问单一窗口服务之前，单一窗口运营者要求按注册流程说明完成某些管理要求，通过这种方式，国家（地区）单一窗口运营者为使用单一窗口的用户建立了一种法律关系。通常这些都是国家（地区）单一窗口运营者相关负责人员与代表注册实体的负责人员填写相关协议。也可能会有多边协议，如贸易商和运输方作为订阅方，海关/口岸执法部门（作为许可主管部门）作为依靠方，国家（地区）单一窗口运营者作为服务的提供方。这些与海关有接口的各方被统称为参与方。参与方大体分为两组：

国家（地区）单一窗口运营者：人们普遍认为单一窗口运营者应建成法人实体。在谈单一窗口业务流程时，必须认识到单一窗口的不同的存在。在出口国、中转国和目的地国都有国家（地区）单一窗口存在。国家（地区）单一窗口运营者之间的相互关系构成了单一窗口中“政府对政府”的关系。

经济运营者：经济运营者指的是单一窗口中来自商界和运输业的参与方。经济运营者常常获得来自代理的帮助，代理是代表经济运营者履职的。口岸管理有关法律法规对代理的职责有明确说明。任何一项经济运营者应履行的法律义务均可由其代理来完成。下图显示的是单一窗口中参与方之间的相互关系。关于参与方详细论述，请参照使用案例——经济运营者的注册（R4）。

第一组业务流程见下图，以及相关法律问题见下表。

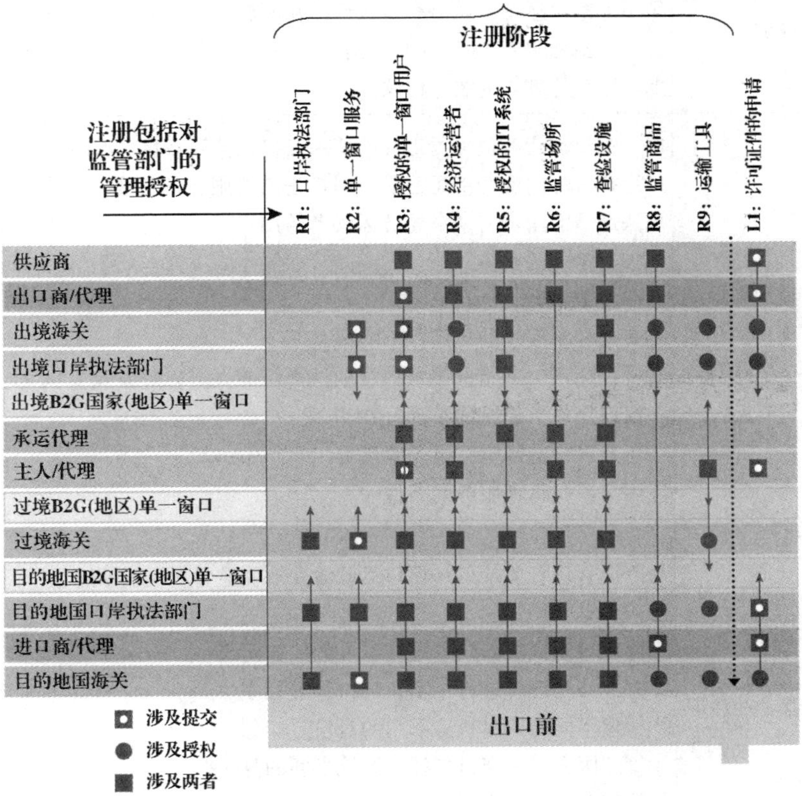

单一窗口注册/授权流程（离境前）

注册/管理授权流程

序号	业务流程	简介
R1	口岸执法部门的注册	单一窗口运营者获取必要信息，采取行动登记注册口岸执法部门（相关使用案例显示一个口岸执法部门是怎样加入单一窗口环境的）。 法律事务： ①规定由单一窗口运营者提供设施。 ②规定这种便利措施是完成管理义务的合法有效的方式。 ③规定运营者有权经营单一窗口服务，明确运营者的职责。
R2	单一窗口服务的注册	单一窗口运营者代表口岸执法单位提供服务的条款。 法律事务： ①单一窗口运营者及口岸执法部门在所提供的服务中的义务。 ②口岸执法部门与单一窗口运营者关于安全、隐私、数据管理周期、服务标准等的法律协议。
R3	经授权单一窗口用户的注册	单一窗口运营者负责提供关于单一窗口信息系统使用的条款。来自口岸执法部门或经济运营者的用户是前述服务的接受者。来自口岸执法部门的用户与来自经济运营者的用户有很大区别，是单一窗口中参与治理的实体。 法律事务： ①有关登录程序的规定。 ②授权用户（来自商界或口岸执法部门的人员）登录信息（如：单一窗口操作员提供的 Web/EDI 申请） ③用户身份的规定，电子签名等。 ④用户参与每项服务的条件。
R4	经营者的注册	与跨境管理有关的单一窗口运营者获取受监管场所的所有细节。 法律事务： ①协调口岸执法部门管理相对人的法律定义。 ②对经济运行者进行核实，身份管理程序。 ③管理不同的口岸执法部门的身份。 ④管理国家单一窗口与社区系统之间的身份。 ⑤管理不同国家之间的单一窗口身份问题（国际单一窗口和地区单一窗口情景下）。

续表

序号	业务流程	简介
R5	经授权的信息系统的注册	单一窗口运营者为与单一窗口连接的信息系统注册做出安排。 法律事务： ①法律授权信息技术应用和信息技术设备（属于经济运营者和口岸执法部门）访问单一窗口提供的相关信息（如互联网/电子数据交换终端应用）。 ②通过立法明确参与每项服务的条件。
R6	管理场所的注册	与跨境管理有关的单一窗口运营者获取受监管场所的所有细节。 法律事务： 批准法律上允许的商品（和运输工具）进出境，对存储、仓储、检查、检测或进行国际贸易过程中需要的其他处置的地点进行界定。不同的口岸执法部门的法律法规对监管场所有不同的定义。
R7	查验设施的注册	与跨境管理有关的单一窗口运营者获取查验设施的所有细节。 法律事务： 同 R6。
R8	管理产品的注册	与跨境管理有关的单一窗口运营者获取受监管产品的细节。 法律事务： ①产品注册流程应确定产品身份、特点、监管类型、监管限制、进出口的条件等。 ②各个口岸执法部门对产品的识别和分类方式可能不同。
R9	管理运输工具的注册	与跨境管理有关的单一窗口运营者获取受监管的运输工具所有相关细节。 法律事务： 关于允许运载进出口货物交通工具的许可的法律，通常是国际法律规定。

（二）第二组：许可证件的申请与颁发

所有商品和运输工具的跨境流动都要接受关税和非关税管理制度的管制。随着贸易自由化，世界上多数交易的商品不再受数量限制。但是，国际法和国内法仍有非关税性的限制。必须满足这些限制性条件，管理部门才允许进出境。这些条件通常以许可证件形式出现。除了商品种类不同，许可证件的用法是相同的。具体流程包括申请许可证件、预审核、进出境环节进行交易合法性审核、交易后合法性分析。

除了具体的管理规定不同，许可证件的申请和颁发程序基本一样。这些流程因商品不同而不同，但是基本形式是相同的。下图说明了业务流程。

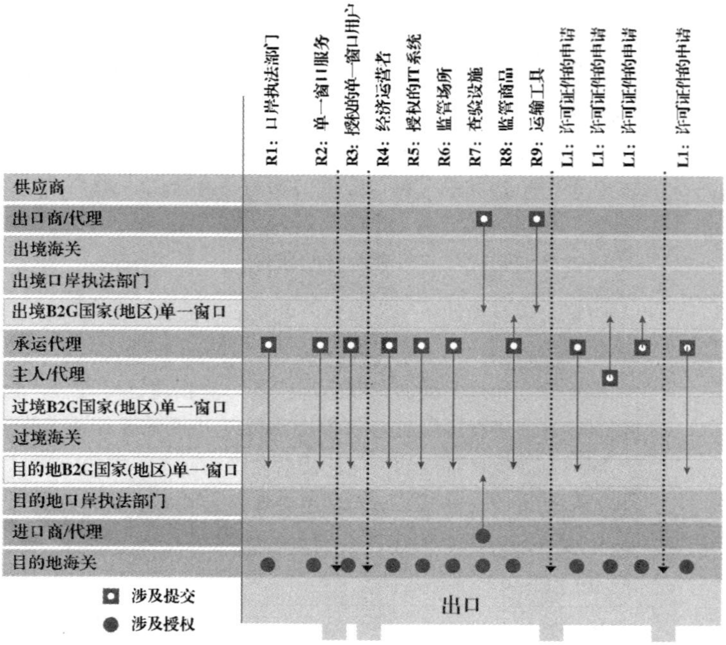

单一窗口提前申报（出境）

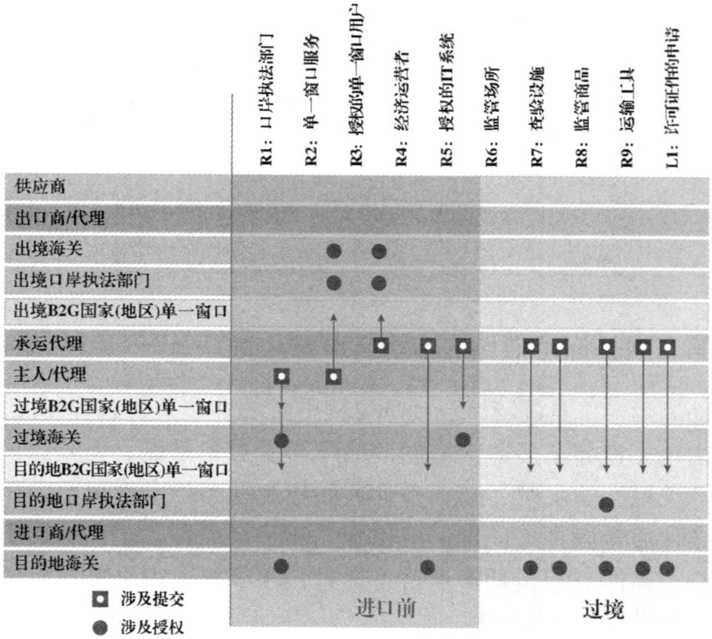

单一窗口提前申报（进境前和过境）

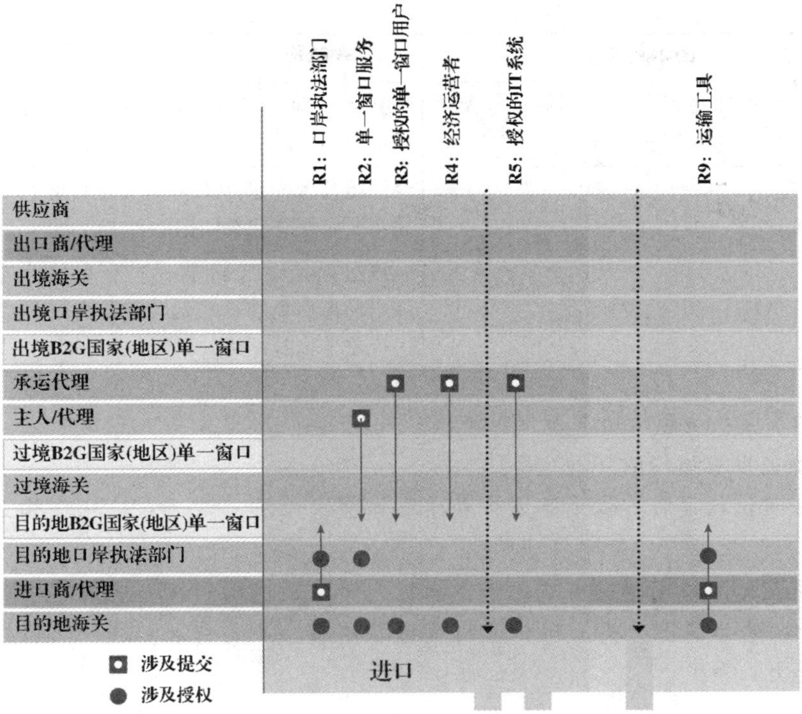

进口和进口后流程

（三）第三组：信息预申报流程

安全标准框架授权海关在交易前提前获得国际供应链相关信息。该框架要求在进境和出境环节分别以预离境和预抵境货物报关的形式向管理部门提前提交相关信息。运输工具承载的集装箱信息以船运装载位置计划资料、装载货柜状态讯息提供集装箱状态。下表是信息提前申报有关流程。

信息预申报流程

	项目	内容
A1	全球贸易安全与便利标准框架（SAFE）货物申报—货物出口预申报	经济运营者（出口商）提前提交全球贸易安全与便利标准框架货物报关单出口数据，以便进行安全风险评估。
A2&A3	全球贸易安全与便利标准框架货物进出境申报	经济运营者（承运人）在出入境环节分别提前提交 SAFE 货物报关单的货物数据，以便进行安全风险评估。

续表

	项目	内容
A4	全球贸易安全与便利标准框架货物入境预申报	经济运营者（进口商）提交 SAFE 货物离境前数据，以便进行安全风险评估。
CSM	集装箱状态信息	经济运营者（承运人）提交自订舱开始集装箱所有相关状态数据。
VSP	运输工具装载位置计划	经济运营者（船东/船代）在目的地向管理当局提交集装箱船运装载位置计划以便进行安全风险评估。

法律事务：适用于所有预申报流程。

1. 预申报法律授权。

2. 法律授权通常授权第三方代表承运人提交信息，这一点应从法律上明确界定。

3. 提交给出口国单一窗口的予申报信息传至过境国和目的地国单一窗口应有相应的法律安排（鉴于对传输的可行性要求和广大需求，这一问题应分开研究解决）。

（四）第四组：货物申报

下表中 T1～T8 的流程除了以上模型外，主要依据的是修订后的京都公约。修订后的京都公约提供了口岸执法部门对申报申请的处理流程模型。

假设在单一窗口环境下，经济运营者与海关之间管理数据的协调及数据交换和它与其他口岸管理部门之间的交换是一致的，也就是说，对海关的标准化申报也可以用于向其他口岸管理部门的申报，这是一次性提交要求数据和单证的协调原则的必然结论。

货物申报流程

	项目	内容
T1	出口货物报关	满足管理当局对出口货物申报的相关规定。
T2	运输工具出口报告	满足管理当局对用于商业用途的运输工具及其司机、货物、物品和乘客出境相关规定。
T3	出口清单（货物出口报告）	满足商用运输工具及货物离境的相关规定。
T4	运输工具进口报关	满足管理当局对商用运输工具及其司乘人员及所载货物入境的规定。

续表

	项目	内容
T5	进口清单（货物进口报告）	满足管理当局对货物及运输工具入境的规定。
T6	过境出发	将货物置于海关过境监管下的安排。
T7	过境抵达	结束海关过境监管的安排。
T8	进口货物报关	向海关申报以便将货物置于海关监管下；清关。

法律事务：适用于所有物品/货物运输工具申报、报告。

有关报关的赋权法例——不仅为海关而且包括其他口岸执法部门（法律应涵盖申报的义务——应税事项的定义、纳税义务、各种征税方式等）。

授权口岸执法部门接受电子数据的立法，包括法律法规对逻辑和安全的控制。为实现手续无纸化或数字化，通用电子政务立法的授权。

申报时间、地点的管理规定，应实现海关与其他口岸管理部门之间的协调。

访问、使用和处理所接收的数据的授权应在口岸执法部门专门立法中予以说明。授权口岸执法部门查看并基于单一窗口数据池中的数据做出决策应予以专门的说明。所有这些程序必须考虑以下问题：

1. 处理数据的部门进行跨部门数据交换的手续及法律责任和义务。
2. 处理从报关单中得到的数据时应解决好数据隐私及信息透明度问题。
3. 报关单的检查、核查的确认及管理部门决定的法律有效通知等行为。
4. 立法通常授权第三方代表进出口商或承运人提交信息。必须从法律上对第三方的责任和义务作出明确规定。将社区系统作为合法的第三方申报，并可以合法使用其数据或与其交换数据的规定。
5. 多边协议中明确有关各方之间授权第三方申报的法律条款是一个与此相关的法律问题。
6. 提交至出口国单一窗口的报关单数据传输至中转国和目的地国单一窗口的法律安排（应对此类传输的灵活性和可用性分别加以说明）。

第四章　单一窗口数据协调

一、 单一窗口数据协调简介

在许多国家（地区），由于在设计和研发自动化系统、确定信息和数据需求时，各管理部门之间缺少协调，也很少征求其他政府相关部门的意见及建议，因此商界①必须提交大量电子信息和表格，从而增加了成本，在许多情况下也导致数据不准确。

单一窗口环境提供了解决不同电子信息要求的方案，而且如果使用世界海关组织数据元等国际化标准的话，还可以提高数据的准确性。

本章的目的是：为单一窗口环境研发人员提供实现数据协同的工具，本章中，数据元名称、定义、UNTDED② 标签及格式③都是国际标准化的；为单一窗口用户提供源于世界上正在研发或已经开始建立单一窗口国家（地区）的最佳实践。

二、 单一窗口数据协调的益处

从费用和准确性来看，使用本国或本部门特有的、非标准化的数据对于政府和企业来讲都是低效的。政府部门建立本部门特有的系统，为满足冗余重复的报告要求，商界不得不建立和维护相应接口。这在非自动化的纸质系统中也很普遍，商界不得不提供大量多余的表格。

国际贸易大国情况尤为突出，因为他们必须与许多海关当局和其他政府部门打交道，满足这些需求的成本和复杂性是令人难以置信的。不仅国际贸易大国，中小企业也将从中受益。

如果在进出境或过境交易中使用国际标准化的数据和信息，同样的数据和信息就可以提交给海关等政府各有关部门。这是单一窗口环境的基石。使用世界海关组织数据元可以确保政府部门之间数据要求的兼容性，实现海关等政府之间的信息互换和共享，促进贸易便利化。

在政府着手建立一个标准化的跨部门的数据集时，一个顾虑是数据元数量太大了。为使数据需求的数量尽可能少，该数据集只纳入目前各查验部门有权收集的数据，即信息需求的“确有需求的清单”。

数据协调过程中发现的多余信息及随后的标准化过程，通常会带来数据需求的减少。

另一个好处是标准化的数据需求集可以带来稳定性。数据协调的结果是跨境过程中进出口和运输方面的最大数据集。政府不应当要求超出其范围的

---

① 贸易商包括进口商、出口商、承运、报关企业、货运代理等。——作者注

② 联合国贸易数据元目录 2005/ISO 7372：2005。——作者注

③ 联合国贸易数据元目录中的数据元在世界海关组织数据模型标准中得到了最大限度的利用。——作者注

其他数据。非常重要的一点是我们必须注意到，世界海关组织数据模型中的绝大多数数据需求是有条件的。各国政府可以利用世界海关组织最大的数据集派生出本国跨部门跨境管理数据模型。

三、 建立单一窗口数据协调的建议

正在建立或者打算建立单一窗口环境的国家（地区）应当发起数据协调和标准化的进程。已经建立单一窗口的国家如果没有进行数据协调也需要进行这样的协调。这些指南提供了以下方式帮助政府协调数据：

确定牵头部门和专门的人员负责数据协调；

根据现有信息系统和表格中的贸易部门的数据和信息需求制作成目录和清单；

制作协调的国家（地区）数据和信息清单；

通过比对数据的定义确定多余的数据；

根据世界海关组织数据模型标准对数据和信息需求目录进行协调。

四、 单一窗口协调数据指南

（一）简介

指南旨在帮助政府和商界对国际贸易中政府有关数据和信息的要求进行协调和标准化，在此基础上建立单一窗口。指南依据最佳实践经验及单一窗口环境的实施情况，可以与联合国贸易便利与电子业务中心第33号建议书一并使用。

指南提供了实现和谐所必需的政策和组织机构问题，还提供了政府促进和谐所需的工具，以及最终与世界海关组织数据模型的统一。

（二）目标

与世界海关组织数据元相比，数据的协调是为了减少不必要的信息和数据，避免商界向海关等口岸执法部门重复提交数据。最终结果是一套与世界海关组织数据元接轨的标准化的数据和信息。在跨境交易中，根据政府进出境管理要求，贸易商提交标准化的信息，提供了世界海关组织数据模型。这将促进贸易便利化，减少贸易成本，可以提供更多及时、准确的信息。

五、单一窗口数据协调的政策、组织、沟通和步骤

（一）单一窗口数据协调的政策

联合国贸易便利与电子业务中心第33号建议书列出了成功建设单一窗口的关键因素。所有这些关键因素对于建立单一窗口环境至关重要。强有力的牵头部门对于协调成功与否至关重要。牵头部门要负责制订计划，安排必要的资源。

（二）单一窗口数据协调的组织

最好成立一个协调数据项目组，成员应非常熟悉国际贸易手续，特别是相关的监管信息的要求。协调数据项目组成员中应包括数据建筑师①和业务流程建模师。指定一名联络员负责与各参加单位联络也是非常有帮助的，它是牵头部门与参加单位之间信息沟通的枢纽。参与部门也要指定一个主要的联系人来组织本部门的数据清单目录及协调事务。

（三）单一窗口数据协调的沟通

沟通对于协调政策、手续和步骤至关重要。成立了协调项目小组后，下一步就是与参加单位召开一系列会议和情况说明会，使其了解协调项目小组的职责和任务。启动会之后，各参与单位应了解实现数据协调的整个程序，这也是与数据建造师和业务流程建模师一对一会议的目的。他们还应了解本部门需要参加的专题研讨会有哪些，以及研讨会是如何组织的。当然，他们要充分了解本部门的职责和任务。

（四）单一窗口数据协调的步骤

协调数据是一个获取数据、了解定义、进行分析、协调各种数据要求的循环往复的过程。政府不可能一次就实现各部门之间的数据协调，应确定哪些是优先部门，哪些部门的数据要求应得到优先处理。决定是否优先应考虑贸易额、税收、供应链安全等因素。例如，任何一笔国际贸易交易都必须有海关、运输及统计信息，因此这些部门应作为第一优先层级。

选择部门的时候还要考虑其是否有参与单一窗口的愿望。

---

① 数据建筑师在此处的职责是确保通过WCO数据模型标准来创建并优化部门的战略目标。——作者注

很重要的一点是确定第一层级参与部门后，必须重复进行数据协调的步骤，因为又有一些部门参加进来，新的数据需求需要明确。

六、 单一窗口协调数据的具体步骤

（一） 获取数据

获取数据指将已经确定的部门数据需求制成一份清单目录，具体方法有很多，如审查部门表格及自动化系统中的数据要求、规章等。清单目录应包括数据元名称，数据元定义，格式或编码，要求提供信息的申报、放行、清关时间，以及收集、验证和审核信息的授权。信息可以汇总成 Excel 表格形式，也可以是其他软件工具工作表形式。

（二） 定义

明确信息要求的定义很重要。确定信息的名称后，数据元的定义，即该数据元传递何种信息更为重要。

（三） 分析

对信息的分析包括收集名称相似的数据元，充分理解其定义及所需要的信息。

（四） 协调

这是最后一步，这一阶段各方就一个数据元的名称、定义、共同的代码及与世界海关数据模型标准相统一的标准信息达成一致意见。

七、 单一窗口数据协调步骤的具体例证

（一） 获取数据

为了获得数据元和其他信息，单一窗口研发人员可以从检查表格入手。如果政府有贸易自动化系统，则可以运用系统逻辑数据模型。起步阶段可以采取工作表的形式，工作表应包括以下信息：数据元名称，数据元定义，数据元所属域名，表示法（字母、数字、字母数字混合、位置编号、分隔符），域（代码清单），运输方式（海运、空运、铁路、公路），程序（出境、进境、转运），用于运输工具、工作人员、货物或物品（应比货物更具体）还是设备，数据来源（出口商、承运人、进口商、报关行、驾驶员、代理、银行、

保险公司、装船前检验检疫等）。

另一重要元素是收集数据的授权。需要确认部门是否有收集和检查数据的权利、法律授权的依据（法律、法规、规章等），以及授权的有效期。

推荐的工作表栏目如下：

1. 数据元参考编号——数据元的参考编号。

2. 数据元名称——确定数据元的名称。数据元的命名应反映本部门通用的业务术语，而不是计算机相关的名称。

3. 数据元内容摘要——尽可能详细地描述数据元。

4. 表示法——数据类型可以是 N 类（数字）、A 类（字母）、AN 类（数字、字母混合）、位置编号及分隔符。

5. 数据域——如果数据元有不相关联的一系列值、提供值的范围或参考材料。例如，数据元“国家（地区）”可以限定在国际标准化组织（ISO）中国家（地区）代码表的范围内。

6. 运输方式——确定数据元适用的运输方式（公路、空运、海运、铁路、管道、电缆）。

7. 程序——明确适用于出口、过境还是进口。

8. 使用类别——明确适用于运输工具、工作人员、货物、物品还是设备。

9. 收集和审查数据的法律授权——明确本部门是否有法律授权可以收集还是检查数据元。如果有权收集，输入“收集”一词，否则填“检查”。

10. 法律授权依据——注明收集或检查数据的法律依据。法律授权可以源自特定的表格、某项法规、立法授权、备忘录或其他形式。如果有多种依据，请逐一注明，不需要说明具体内容。

11. 法律授权有效期——说明有权收集和检查数据的法律法令期限。如果没有截止日期，则填“不适用”。

12. 数据来源——说明信息由贸易商、政府还是其他来源提供。“Trade”表明数据是由商界提交的；“Government”表明数据是由政府部门制定的，如某项调查产生的数据；如果不确定，填“U”；“Derived”数据是从相关材料中得出的，如税率可以从协调关税表中提取出来，或者通过计算机系统从其他数据元中计算出来。

13. 商界来源——提供数据的商业单位。如果提供数据的是“Trade”，应具体说明交易中谁负责提供数据元。建议选项为“T”（进口商、出口商、报关行、货代等）、“C”（承运方）或者“TC”。如果不确定，输入字母“U”。

14. 要求提供数据的时间——确定交易过程中，管理部门要求提供数据的具体时间。建议选项有：“Pre-arrival”（抵运前）、“Arrival”（运抵时）、“Re-

lease”（放行）、“Clearance”（清关）、“Post Release”（放行后）或“Datawarehouse”（数据仓库）等。如果不确定，输入字母“U”。

15. 数据来源部门——如果提供数据的是政府部门，应说明提供该数据元的具体部门。

16. 备注/评论——可就数据元问题自由发表意见。

收到各部门反馈的工作表之后，数据协调小组将其汇总成为一张总表，下表是压缩后的样本。

部门调查结果汇总表

名称	内容	类型	来源	方式
卸货港	物品卸下船的地方	4 位专用代码	承运人	船运
卸货港	物品卸下飞机的机场	4 位专用代码	承运人	空运
国内卸货港	商品卸下运输工具的国内港口	4 位专用代码，口岸及相关地点代码	承运人、代理、进口商	空运、铁路、船运、卡车
国内卸货港	货物卸下飞机的国内机场	口岸及相关地点代码	承运人	空运
国外卸货港	商品卸下运输工具的国外港口	5 位专用代码	承运人、出口商	空运、铁路、船运、卡车
国外卸货港	商品卸下飞机的国外港口	5 位专用代码，口岸及相关地点代码	承运人	空运、船运

（二）定义与分析

对这些数据进行分析是数据协调小组的职责。对以上 6 个元素进行分析可以看出，“unlading”和“unloading”非常相似，在定义上是很小的变量。关于在“国内”还是“国外”，其本质是物品离开运输工具的地点。“unlading”和“unloading”是同义词。在“国内”或“国外”取决于交易的类型，出口显示的是国外的地点，进口显示的是国内地点。

通过分析还发现，有 3 种不同的编码方法，即 4 位编码、5 位编码、联合国地点代码。

（三）协调

第一步是进行协调，形成一个名称。根据分析结果，卸货港和卸下港是同义词，最终决定使用“卸货港”。因为无论是国内还是国外取决于功能（出口或进口交易），这些可以忽略。协调后的名称用“卸货港”，对照联合国贸易数据元素目录（UNTDED）这一国际标准，发现“卸货港”不是 UNTDED 中的术语。UNTDED 使用的术语是“place of discharge”。代码表示方法问题最终一致同意采用 UNLOCODE 国际标准。

下图详细说明了协调和标准化的过程。

研究/发现		案例
目前收集到的数据模型： 卸下港 卸货港 国内卸下港 国内卸货港 国外卸下港 国外卸货港	⇒	**世界海关组织数据模型：** 卸货地点 编码 UNTDED，3225
	⇒	**联合国贸易和运输地点代码：** 联合国欧洲经济理事会第 16 号建议书

单一窗口数据协调和标准化过程

上图中由于数据需求巨大，一个更有效的方法是聚集于特定的数据元举行专题会议。建立核心小组的一个方法是根据 UNTDED 数据元的分类。这一分类方法也可以用于电子表格程序对数据元进行分类。

第一组：参考文献（0001~1699）

第二组：日期、时间、一段时间（2000~2799）

第三组：人员、地址、地点、国家（3000~3799）

第四组：条款、条件、规定、指令（4000~4799）

第五组：数量、费用、百分比（5000~5799）

第六组：测量、标识符、数量（金钱除外）（6000~6799）

第七组：商品和物品：名称和标识符（7000~7799）

第八组：运输方式、集装箱（8000~8799）

第九组：其他数据元（海关等）（9000~9799）

继续前面“卸货地”的案例，对第三组数据［人员、地址、地点、国家（3000~3799）］感兴趣的有关部门举行了一次会议。各部门一致同意世界海关组织数据模型中的“卸货地”术语及 UN/LCODE 的编码表示法可以满足他们的需求。因此，这 6 个数据元用 1 个数据元取而代之，两种编码方式也简化为1种。

八、 标准数据集的规模

在政府及商界社区着手建立单一窗口环境时，普遍担心数据集的规模。虽然数据集可能很大，但目的是为商界提供最大的数据集。应向商界说明的一条重要信息是，没有哪个交易会用到全部数据。这个基于世界海关组织数据模型的数据集涵盖了所有交易（出境、过境和进境）、所有运输方式（空运、海运、公路和铁路）、所有参与跨境活动的相关部门。一次交易要求提供所有这些数据从逻辑上和物流上都是不可能的。

2013年7月
在引入港口清关单一窗口系统之后
报关表格：16个
抵运前表格：5个
数据元：600个

⇒

G7国家对货物清关数据需求进行检查

⇒

为了使用FAL协定，对相关政府部门的数据需求FAL协定标准进行检查
结果是：
2005年11月
报关表格：8个
运抵前表格：1个
数据元：200个

2007年3月，为响应里昂峰会授权，G7国家启动简化和规范数据要求的G7倡议。
到2000年7月峰会时，G7国家海关组完成了G7数据模型大部分工作，向峰会提交了工作进展。
2001年，G7国家向世界海关组织正式提交工作，目前已经建立了世界海关组织数据模型3.0版。

日本数据协调工作在一段时间内的进展情况

以上数据表明了日本数据协调工作在一段时间内的进展情况。海运方面的数据协调工作取得了显著进展。

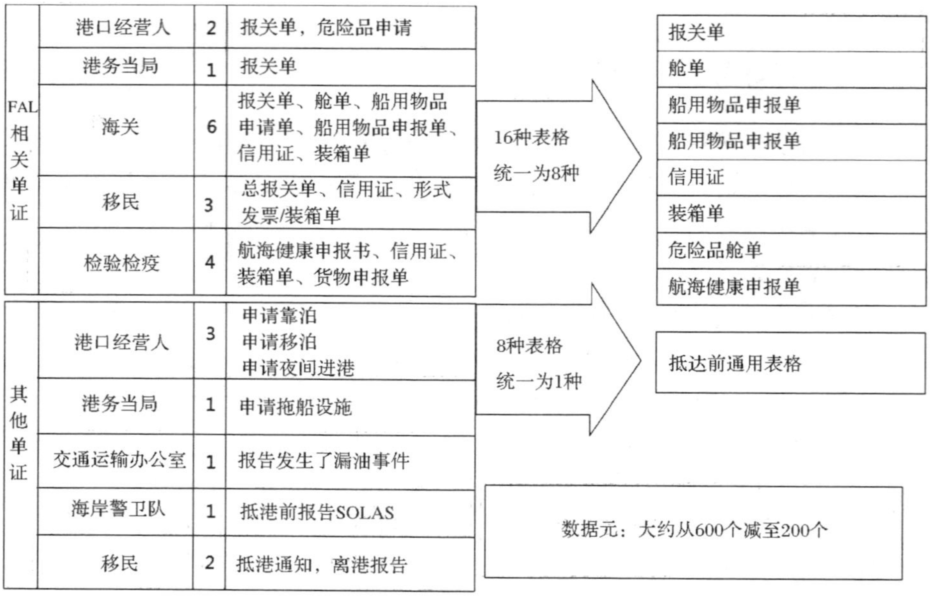

以上案例中关于国际海事组织便利运输简化数据的需求是非常重要的，由于数据协调，数据元减少了三分之一。

正如指南中的“卸货地”一样，消除冗余和重复的实际结果是净减少。6个数据元减少至1个，3种编码方式减少至1种。

九、 对传统系统的影响

单一窗口研发人员可能会遇到的一个问题是世界海关组织数据模型对传统系统的影响。例如，如果一国使用地点专用代码，传统的扫描、布控、审计等系统是建立在专有代码基础之上。在完全转变为新的数据元名称和代码之前，政府有关部门和商业可能必须具备两者之间的转换能力，将新的国际化的世界海关组织数据标准转换为用户熟悉的世界海关组织数据模型数据元名称，并转换成传统系统所使用的代码。

第五章　单一窗口环境下的单证无纸化

一、概述

提供单证是绝大多数口岸管理部门的要求，这也是手续延迟的主要原因之一。单一窗口环境必须采用数字化手段解决单证问题。

为促进便利清关，必须采用无纸化手段，实现电子化提交和核查。

要实现这一过程，就必须遵循以下步骤：

1. 确定一国的商界、运输、公共部门所有单证方面的要求。
2. 建立跨部门工作组，商定牵头部门。
3. 简化各部门之间的业务流程。
4. 解决法律法规问题。
5. 实行无纸化，包括私营部门关于单证的需求。

为给信息提供路径（系统或人员），可以由公共部门（如农业、国防、文化等部门），也可由私营部门（如银行、货代、报关行、私营公司、商业安全存储公司等）提供存储服务。

必须牢记以下基本原则：

1. 电子单证是海关报关要参考的资料。
2. 这些参考将明确电子单证的永久地址。
3. 数据签名是保持数据真实性和完整性的手段。
4. 签名和存档文件将长期存在，其有效期比许可证件本身或颁证机构的生命周期还长。
5. 海关在需要时可以下载电子单证信息。

本文目的是提供有关单证无纸化的综合性指南。

二、随附单证

（一）随附单证的定义

随附单证是除了报关单之外还要提交的单证。货物、运输工具和运输设备的清关需要参阅这些单证。随附单证通常分为两大类：

1. 商业和运输交换的重要商业单证，如商业发票、装箱单、订单、发货通知、提货单、提单、运单等。
2. 管理单证，如许可证件等，世界海关组织数据模型称之为“LPCO”。

（二）单证与数据

关于随附单证问题，商界经常提的一个问题是，“单一窗口环境”的目标是简化“纸上作业”，随附单证与此有何关联？难道不需要将所有单证全转换为数据吗？多数人认为微小信息不是单证，他们将信息分为结构化信息和非结构化信息，认为只有结构化的信息才与单证有关，结构化数据对于交易是有用的，非结构化的数据用于叙述。

在自动化环境下，业务流程与数据和单证都有关系。世界海关组织数据模型提供了两种结构化数据，既可以作为有意义的数据元，也可以作为单证的实例。单证是对业务流程有意义的结构化数据的例子。很容易理解单证中的商业数据必须可以在不同单证之间移动。例如，商业发票和提单中有些信息要“纳入”像海关报关单这样的单证中。

世界海关组织数据模型明确把“报关”和“回应”作为口岸执法的主要环节。向单一窗口电子申报包含了管理部门对货物进出境和过境作出决定的所需信息。然而，这些信息通常是以其他一些随附单证为基础的，报关单中有他们的参考信息，使管理部门可以核查报关信息的真实性，参照这些外部随附单证来确认报关的有效性。如果在管理过程中管理部门和商界能够不参照其他单证最好，但是实际情况并非如此，因为政府坚持要进入随附单证。

在单一窗口中，检查随附单证的日常路径是进入存留单证的系统。实际上这种进入电子单证的路径就是进入自动化系统中的结构化数据。专家因此建议，强调业务数据和单证的区别用处不大。

（三）本章的目的

本章旨在提供国际贸易中的随附单证指南。指南将充分说明随附单证在不同业务流程中的作用及它们是如何产生和管理的。

本章将进行全过程介绍，同时说明对随附单证的全生命周期的管理。

三、供应链及随附单证

国际贸易供应链是一个关于商业关系和业务流程的复杂网络。专家们出于不同的目的已经制作出关于供应链的分析模型。

下图介绍的是买—船—卖（Buy Ship Pay）供应链，在供应链中进行随附单证交换。随附单证与货物和运输工具一起从原产地到目的地，从卖方到买方，从出口国到进口国。

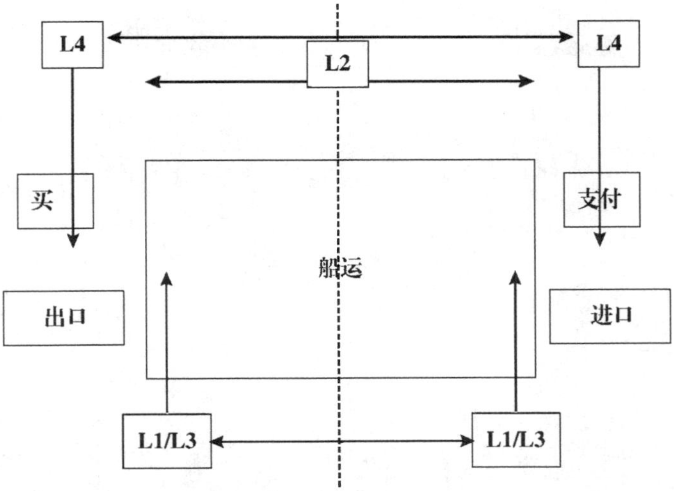

买—船—卖供应链

在从出口到进口的过程中，可以看到4个层级：

第一层（L1）是边境上的海关。如今报关大多是由进出口商或其代理人以电子方式向海关报关。

第二层（L2）是运输。从工厂或产品制造的地方到买家指定的交付地，可以是多式联运。运输层包括在边境接受检查，在那里通过港口或机场口岸管理部门操作的自动化系统，监管部门出于货物查验、物流或交通等原因对其进行检查。在一些国家（地区），自动化系统常常是港口和机场的货物社区系统。货物社区系统是当地各方参与的联合体，可以实施包括海关清关在内的对货物从抵运到离境的工作流程。

第三层（L3）是实施单证无纸化，简化和便利化口岸管理部门手续的单一窗口。包括许可证件在内的所有管理要求（原产地、许可证件、质量、卫生等）都收集，“一站式商店”的概念可以减少物理管控的次数。关于第三层的设想包括海关当局之间的有限的数据交换。

第四层（L4）是商业层。卖方、买方、银行、保险等各方之间交换单证，这些单证是海关在货物清关过程中或者更常见的是清关之后可能用到的。

随附单证支持国际贸易的跨境交换。国际贸易过程中的数据交换可以分为不同的类型。下图讲的是B2B、B2G、G2G交换。

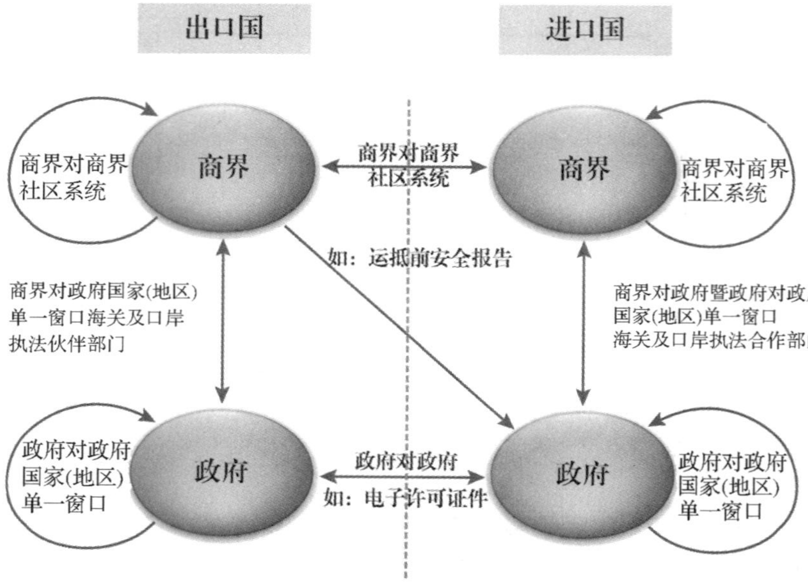

跨境数据交换

在跨境交换过程中，跨境管辖权是一个重要问题。在国内进行的数据交换受国内法管辖，国际数据交换受国际商法和国际协定管辖。在数据跨境流动时，有关数据交换的合法性和有效性等法律问题必须得以解决。

四、 实现单证无纸化的步骤

为实现单证无纸化的目标，就必须遵循以下步骤：

1. 确定全国范围内关于口岸管理所有随附单证的需求，按贸易、运输和公共管理部门进行分类。
2. 成立跨部门工作组，商定牵头部门。
3. 简化部门间业务流程。
4. 解决法律法规问题。
5. 进行无纸化，包括私营部门关于单证的需求。

五、 采集随附单证的基础数据

各国应准备本国国际贸易所要求的随附单证的所有清单。海关当局应当采集关于随附单证的以下数据：

1. 随附单证名称。
2. 发证机构。

3. 发证机构工作地点。

4. 随附单证应遵循的主要法律法规。

5. 法律法规是否要求随附单证是纸质或电子格式，是否有电子表格数据标准，发证机构是否会采用标准电子表格标准。

6. 商业流程中颁发随附单证的时间。

7. 商业流程中需要验证随附单证的时间。

8. 随附单证是否有减少的余地。

9. 使用随附单证的频率是多少。

六、 随附单证无纸化的流程

对于监管部门来说实时获得随附单证的网址是无纸化项目需要重点考虑的问题，鼠标轻轻一点即可监管和跨部门核查。为此，建议采取以下措施：

（一）报关单中应引用随附单证

运输和商业参与方向海关提交的货物报关单和运抵单可以引用随附单证。世界海关组织数据模型包括一组关于随附单证的数据，并命名为“额外单证”。在世界海关组织数据模型中，申报环节、运输环节、订舱环节等不同层次和环节均可提交随附单证信息。在附件 2 中，表中的数据元显示的是随附单证的相关信息，可以用于任何跨境申报单中。

（二）随附单证的安全电子存储

随附单证应安全地存储于一个可靠的系统中。系统应满足有关各方关于可达性、安全性和可靠性的要求。为了实现安全存储，随附单证的颁发部门或提交者可以与用户或使用者签署相关法律协议。安全进入的有效期必须与原始报关单对于管理部门的有效期同步。例如，进口商、出口商、报关企业或其代理人所提供的存储服务必须确保存储服务提供数据获取服务在货物报关合法期限内对于所有监管部门及其系统是随时可得的。

存储服务可以由公共部门（农业、国防、文化等部门）或者私营部门（如银行、货代、报关企业、个体公司、商业安全存储公司等）提供。私营存储服务应优先面向可信任的贸易商。

在考虑海港或机场货物社区系统时，管理部门可获得与运输相关的单证或数据。

国家（地区）单一窗口还可以建立和维护一个全球存储服务来采纳货物需要的所有单证。

应明确口岸执法部门信息系统与存储供应商系统接口的定义（如安全协议）。

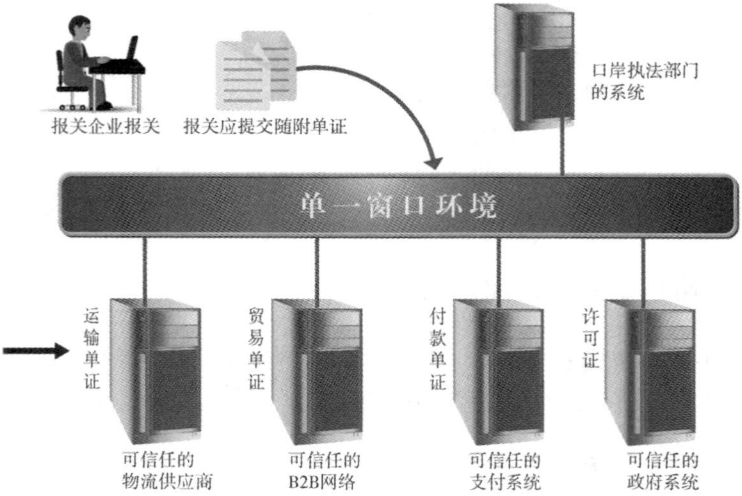

随附单证的安全存储

（三）随附单证的内容

本指南不包括随附单证的电子格式，国际上已有几种表达随附单证的电子格式。随附单证可以用标准格式存储，电子格式体例的授权将提供订阅者进入单证数据的方式。必要时，管理部门可以全文下载随附单证的内容。尚未建立电子单证的情况下，作为一种应急措施，有些可能需要随附单证的扫描件。这种情况下，由于随附单证的内容不是无纸化的，因此计算机系统无法进行处理。

当今，许多纸质单证的真实性和完整性都是基于印章，相关部门在签证出境页盖章。

在着手单证无纸化时，印章应该用具有同等效力的替代物所取代。出口方任何一个部门颁发的纸质单证（或者向某部门提交的）对于进口方某个部门来讲都是可以确认的。例如，优惠和非优惠原产地证书、合格证书、纺织品进口许可证等。

（四）访问随附单证

可以通过安全的映射到新的数据元单证地址的链接访问存储在安全存储器中的随附单证。

(五) 随附单证的电子签名

建议无纸化的随附单证应当用数字签名证书进行签名。如果没有数字签名，为保护证书完善性，管理部门应在单证有效期内保存其时间和日期戳指纹。一个不正确的指纹表明单证自加了指纹之后已经被改动或出错。

电子签名应符合 XMLDSIG 或者 XADES 要求，并涵盖在电子单证里（封签、时间和日期戳，且均已签字，签字人证书也包括在其中但不需要签字）。

七、 管理类随附单证

为了完成货物清关，海关等管理部门需要访问经过系统化控制的随附单证，这些随附单证大多数都是海关合作部门颁发的单证，如濒临绝种野生动植物国际贸易公约（CITES）、卫生、精神类药物主管部门。

如果在办理货物放行手续时其他部门的信息系统与海关的系统互连而且可以交换数据，对双方都是有益的。这需要海关与 CITES 等国际化机构之间的有信任的循环流动。

例如，出口一方的 CITES 主管部门 CITES 证书，这一信息传给进口一方的 CITES 主管部门。出口国海关需要访问出口报关单中提到的无纸化 CITES 证书，进口国海关同样需要，海关还可以修订实际进出口额来更新 CITES 数据库。

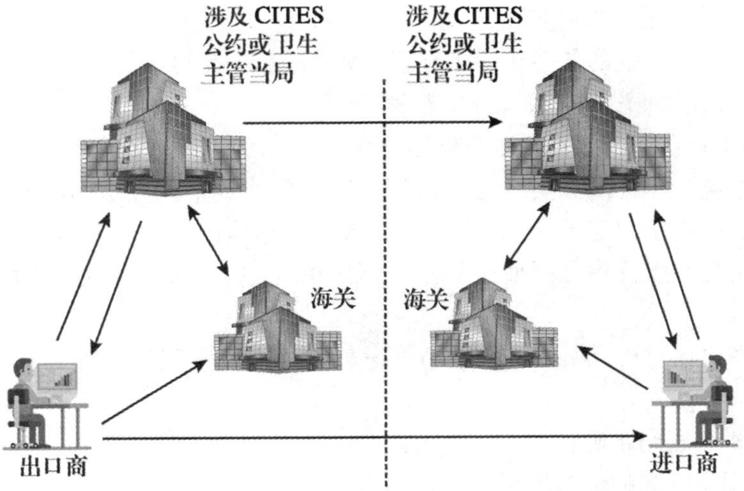

海关可以访问政府其他部门的数据

瑞士和英国有关部门正在开展一项旨在实现 CITES 证书无纸化的试点。海关可以与他们接触，了解此类倡议，进行分析，从中找到新的处理解决方案。

单证内容问题在前面已经进行了讨论。关于 CITES 有一个标准，由联合国环境保护署名维护。联合国贸易便利与电子业务中心（UN/CEFACT）建立的电子证书标准也应予以考虑。

八、 其他证书

海关一般不要求常用的随附单证，如商业发票、运输单证。相反，海关管理规定通常要求进出口商或者其他有付税责任的法人必须随时提交单证，并保存若干年（根据法律法规规定），以满足海关官员根据审计或事后监管需要对单证进行仔细审查。

起步阶段不可避免会出现商业流程需要纸质单证，因为现行法律和手续方面的规定要求提供印章和签名。无纸化政策必须对使用扫描件做出过渡性安排，敦促证书颁发部门推进无纸化。

九、 全程无纸化中的信任链

无纸化项目如果仅在一个国家或地区层面开展，其效果有限。为了更加成功，必须从全球范围解决信任问题。

以 CITES、卫生、原产地证书等为例，直到进出口双方主管部门建立相互联系，进口国主管部门与出口国主管部门正式达成一致，以确保进出口双方之间电子签名证书的真实性。

如果电子单证的数字化签名有效，则电子证书是可信的，即：

1. 电子单证没有被改动（完整性）；
2. 电子单证的发证机关是安全真实的。

检查电子单证的真实性是容易的，但是确认签字人身份的真实性必须有信任协议。由于相互承认 CA 签名来日方长，建议电子单证与电子单证之间、签发机构与签发机构之间使用有效证书清单（VCL）解决问题，即“谁可以签署什么”。

计算机核对可以引发人们重新思考耗时（不经常使用该种方式）的纸质单证：

1. 签名密码正确；
2. 用于签名的证书属于 VCL；
3. 认证机构的认证证书没有被撤销的路径（CRL）。

VCL——存储所有的核准的电子单证——可以由出口方或进口方实施，用来验证签名的真实性。

十、 实施单证无纸化的基本原则

应牢记以下基本原则：

1. 海关报关单中应提及电子单证；

2. 还应提及电子单证永久存储地址；

3. 数字签名是数据真实性和完整性的一种手段；

4. 原产地和目的地的有关各方同意接受发证部门（CA）发给电子单证发证机关的证书；

5. 签名和归档信息是长期的，有效期比证书或发证机关长；

6. 海关在需要时可以下载电子单证。

附件 1　法国海关试点项目

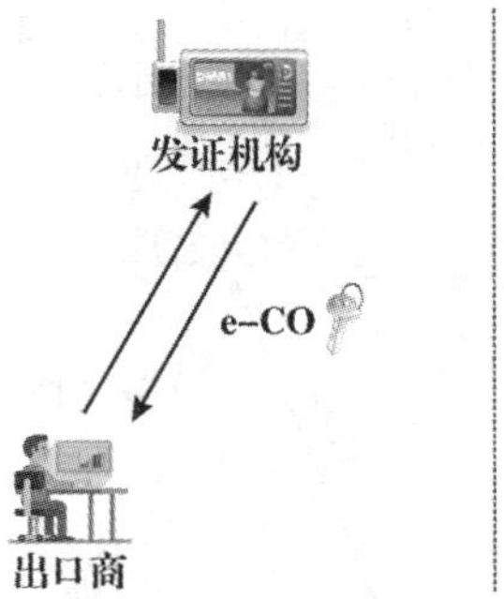

出口商向发证机构申领电子文件（打包的 **PDF** 格式文档附加签名的 **XML** 文档）

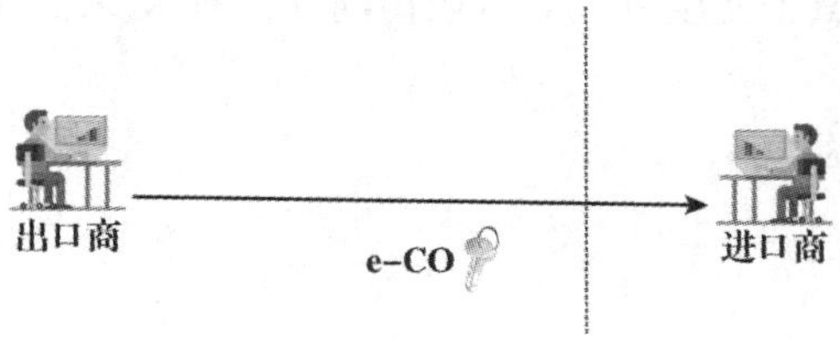

出口商将电子文件发送给进口商（如通过邮件方式）

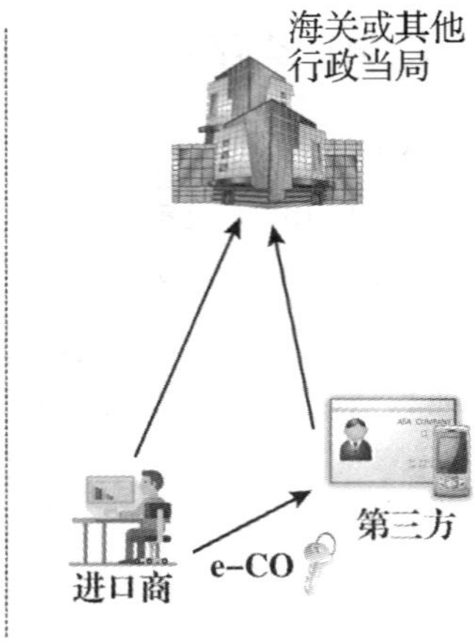

进口商或其他报关代理人保存该签名的 **PDF** 文档或 **XML** 文档，并进行报关

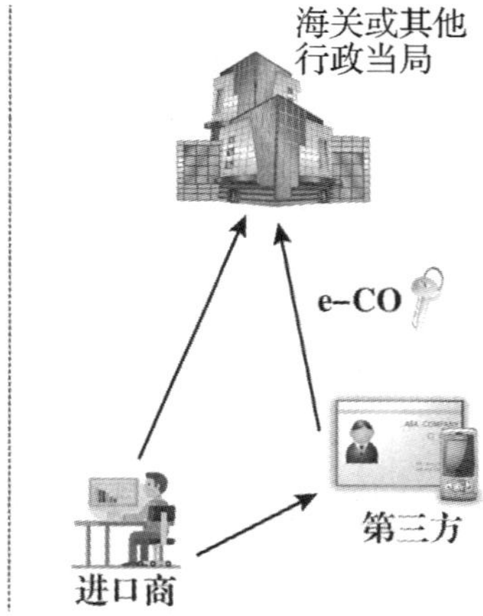

海关（或其他主管部门）可以访问和控制 **XML/PDF** 文档

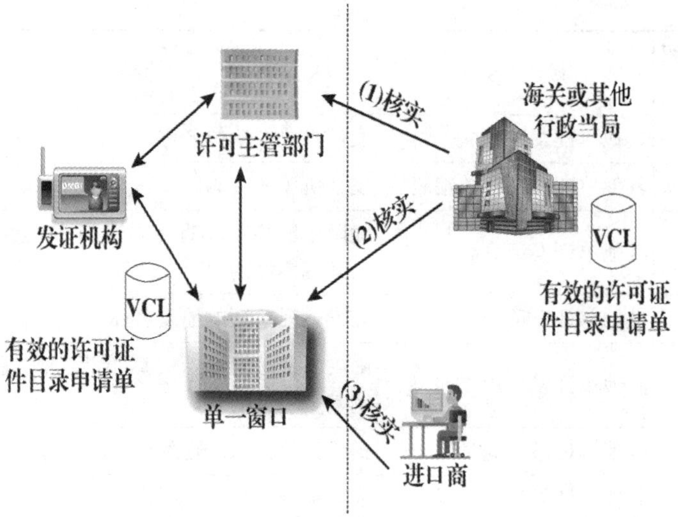

新型信任计划

注：

1. 进口方主管部门根据有效单证清单（VCL）和电子签名（认可出口证书签发部门是法定的）核查 PDF/XML 文件的真实性和完整性；

2. 或者主管部门要求出口单一窗口确认文件的真实性和完整性；

3. 进口商应出口国单一窗口网站要求核查 PDF 文件。

附件 2　世界海关组织数据模型及随附单证的大数据

关于随附单证的信息

世界海关组织身份标识码	代码/名称	定义
185	其他单证名称	随附单证的自由文本格式名称
263	其他单证数量	随附单证的数量
275	许可证件到期日期	许可证、签证等随附单证有效日期的截止日期
276	许可证件有效日期	许可证、签证等发生效力的日期
313	其他单证数量	对随附单证的数量要求
360	免除许可证件代码	免除许可证等随附单证或表明不需要提交随附单证的代码

续表

世界海关组织身份标识码	代码/名称	定义
389	其他单证发证机关	发证机关的单位名称（及地址）
D001	其他单证发证机关编码	发证机关的代码
D002	其他单证发证日期	随附单证签发日期（以恰当方式签署或能够证明其真实性的）
D003	其他单证发证地点	签发随附单证的地点名称
D004	其他单证发证地点代码	随附单证签发地点（以恰当方式签署或能够证明其真实性的）
D005	其他单证参考编号	提供其他信息的随附单证的编号
D006	其他单证类型，代码	表明随附单证类型的代码
D028 DXXX DXXY	其他单证名称 其他单证 单证地点	随附单证的自由文本格式名称 随附单证的二进制图像 随附单证的 URL 地址
	与其他单证有关的部门： 认证部门 保险公司 提交方 许可证件发证机构	

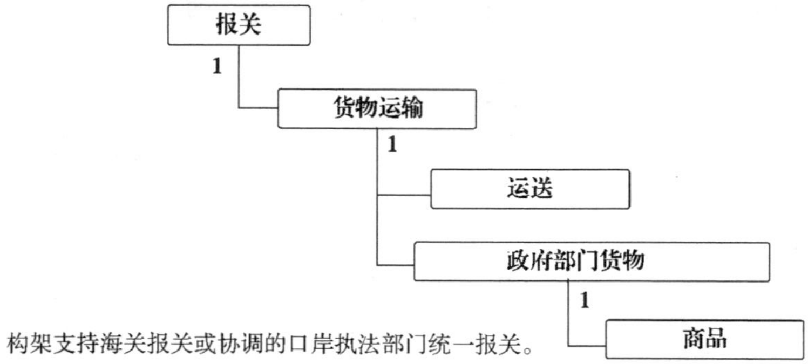

世界海关组织通用货物报关单数据模型中的各层级随附单证

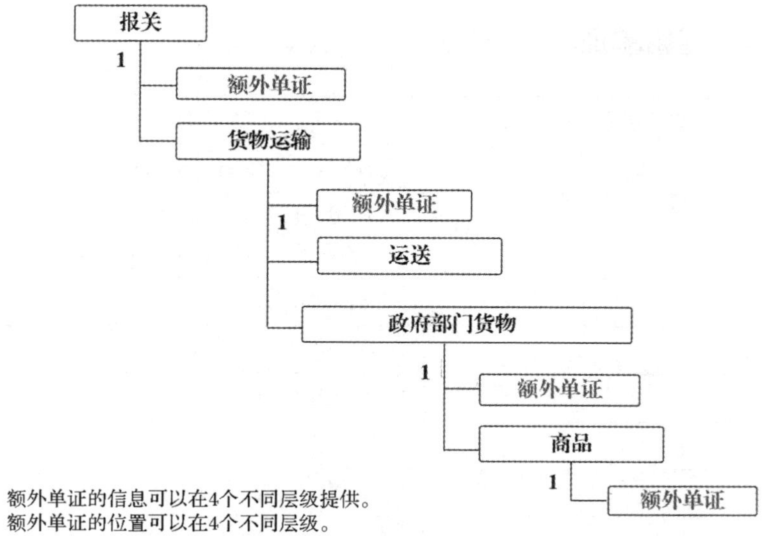

协调的口岸执法部门统一报关中的随附单据

附件 3　监管数据协调

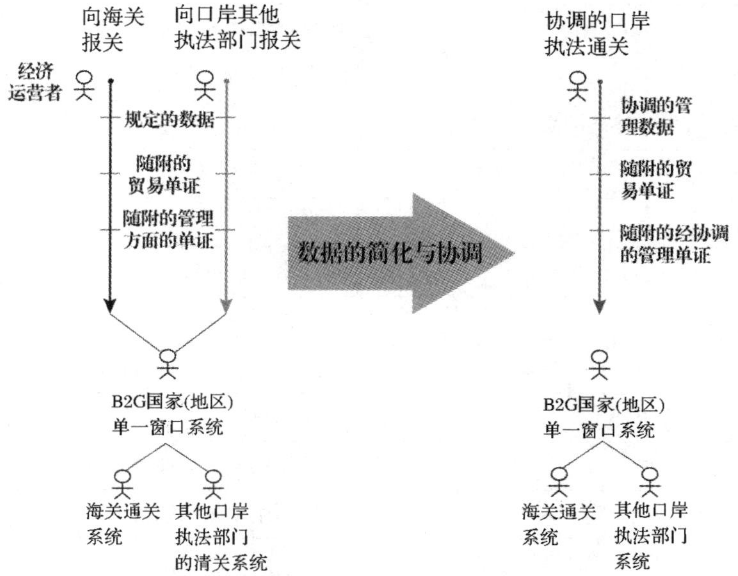

监管数据协调：数据的简化与协调创造了
协调的通关，可以为不同的管理部门收集数据

附件 4　随附单证（法国）

单证名称	单证名称
商业发票	公路运单（Road consignment note）
欧 1 原产地证	《国际公路货物运输合同公约》公路运输中签发的运输单据（CMR note）
空运总提单	T2 出口单证
T2LF 出口单证	注册号
估价发票	AGREX 出口许可证
装箱清单	房屋迁移证书
T1 出口单证	T2L 出口单证（海关）
提单	国际公路运输单证（TIR Carnet）
表格 A 原产地证	植物检疫进口许可证
基于发票或其他商业单证的优惠原产地证	欧 1 原产地证明（瑞士）
空运单	植物检疫证书
海关方法 1 估价特定商品报关单证	CE 符合性声明（安全认证）
ATR 证	信息单证（information document）
纳税证明	T5 管理单证
授权使用经济影响终端的海关手续	T 出口单证（过境）
纺织品原产地证	香槟许可证
生产档案	主提单
质量合格证书	军品出口许可证
通用原产地证	出口许可证（Export note）
运费收费单	CAP AGRIM 进口许可证
通用动物进口许可证	免税转单
个人物品进口清单	基于发票或其他商业单证的优惠原产地证
试航证	濒危野生动植物物种国际公约证书
基于发票或其他商业单证的非优惠原产地报关单	两用物品出口许可证

第六章　单一窗口环境建筑学

本章介绍单一窗口环境的结构化内容，向战略规划人员、技术专家和项目管理人员介绍单一窗口的架构。有实施大规模信息通信技术项目背景的人在拟定建设单一窗口环境战略规划时也会从中获益。

草案稿主要是想作为世界海关组织“如何建立单一窗口环境汇编”的组成部分，文件进一步发展了“世界海关组织能力建设汇编2010版”中建筑学概念，并将其运用到单一窗口环境中。它参考了信息管理领域的建筑学实践，并将其与单一窗口建设中的挑战联系起来。信息管理分委会定稿后将其提交世界海关组织永久技术委员会采用。

一、建筑学与单一窗口环境

第一卷第一章曾解释为什么可以把单一窗口视为“服务的集成”，在单一窗口中，口岸执法部门和贸易商有机组合，通过技术手段提供跨境管理服务。单一窗口运营单位应将自己定位为服务提供者，通过技术和组织资源提供服务，为利益攸关者管理价值流。第一卷第六章接着介绍了设计单一窗口服务时应重点考虑的事项。但事实上，真正推动单一窗口整体规划、设计和建设的是建筑学。有些专家将建筑学称为“总体规划”，视其为单一窗口建设中的关键组成部分。在项目发展初期就应建立建筑学，这一点也很好理解。

（一）引入建筑学的原因

像员工工资包这样简单的系统不需要太多的功夫，可由个人运用相对简单的结构和工具即可完成。工资包的操作和维护可由会计承担，它只需很少的电子表格和数据库表即可为员工提供适当的工资服务，这样的系统相对简单，其开发和维护仅需要几个人使用单位的工具即可。

但如果开发更大的系统就需要一个团队。一旦我们开始建立更大的系统，我们将会发现有这样的需要：

1. 用于团队内沟通的工具模型；
2. 建立系统的全流程；
3. 实现可行流程的技术资源；
4. 制定工作分解结构图；
5. 提高生产率的强大工具。

单一窗口环境是由各种规模庞大、复杂的系统组成的。单一窗口环境也是一个软件密集的系统。项目经理从简单服务着手建立单一窗口比较容易，但随着系统规模和范围的扩展，任务越来越复杂，项目在费用、质量和时间上的成本越来越大。为了确保进度，流程显得更加重要。各方的参与及专家之间的协同是一项非常重要的工作。

建筑学通常用于房地产。一个建筑师要做数个建筑模型，包括建筑外观、结构图、管网、电缆和数据线、楼梯和电梯、安保系统，以及建筑管理系统等。每一种都代表了建筑学，但没有一个能够单独代表建筑学。

大型系统包含好几个重要组成部分，各组成部分之间的关联方式决定了系统的结构。各个组成部分之间的相互作用非常复杂。建筑学要界定这些相互作用。建筑学无法用一个单独的结构来表达，因为不可能做出单一的结构并称之为建筑学。从根本上讲，建筑学确定系统的主要组件，为认识整个企业提供一种共同的认识。例如，建筑结构图是建筑师最重要的作品，其他的建筑描述主要是不同组件之间的相互作用。

给建筑学下定义不是一件容易的事情。确定完整定义的难度使得有些专家认为“建筑学是建筑师生产出的产品”。事实上，建筑师生产的是建筑学的描述，即勉强被称作建筑学的文件集。电气与电子工程师协会 IEEE 1471—2000（ISO/IEC 42010：2007）提供了一种用来描述建筑学历程的系统方法，帮助我们理解有关问题。下面我们利用这种方法（斜体字标注）来研究单一窗口问题。

单一窗口环境下，各个利益攸关者可能在操作庞大的系统。各利益攸关者对单一窗口的关切和担心构成了建筑学的起源，这些忧虑可用于确定建筑学描述。第一卷第六章说明了如何利用案件来建立严谨枯燥的服务描述，这些描述是利益攸关者关于功能性或非功能性需求的担忧。功能性需求是业务。影响建筑的是非功能性需求，如可靠性、持续性、安全性、可用性、可访问性、质量、适航性等。这些词直接译成建筑学结构。

系统并非存在于真空之中，它们生活在环境里。单一窗口环境包括海关、农业、检疫、动植物检和卫检、食品安全等系统。这些部门多年以来在实现本部门使命和任务过程中可能已经投入资金用于信息技术、业务流程和人力资源方面。每个部门都有自己的视角，例如，投资回报是一种视角。

各口岸执法部门的投资都是综合考虑回报和收回成本的周期。其他利益攸关者的角度可能是系统一体化的容易程度。另外，视角提供了建立模型的方法。为服务于信息流动的视角，人们可以制作信息域模型。

总结前述关于建筑学的描述，建筑学是用建筑学描述记录的，通过模型表现的不同视图。关于同一机构的不同视图，如果不是在一个框架下是没有用的。“企业建筑”实践和建筑框架将这些离散的视图集成到了一起。下面列举 3 个例子：

1. 专家已经了研发了制定这些视图的不同方法。例如，IBM 公司“统一软件开发过程”（也称为 RUP4+1）将软件开发程序确定为逻辑、程序、研发和物理实现 4 个阶段，用此来描述不同的场景。

2. 美国国防部“建筑模型”（DODAF）使用 3 种视图，分别是：

（1）操作视图：确定必须实现的活动及由谁来实现；

（2）系统视图：确定完成操作的系统，关注信息交换问题；

（3）技术标准视图：确定可用的技术标准、标记和公约。这三种视图是相互关联、相关依赖的。

3. 一种更加精细的建筑学框架出现在 Zachman 框架对企业的描述中，包括范围视图、业主视图、设计师作为建设者的视图、建筑工人视图、单独的（或详细的）视图、操作性视图。每一种视图均有模型，是个完整的框架。

不同的人对企业建筑有不同的定义。本文使用下述定义：企业建筑是业务流程和信息基础设施的组织逻辑，可以反映公司运营模式一体化和标准化程度。（引自麻省理工大学信息系统研究中心）

这些研究最终在广为人知的 TOGAF 框架中达到高潮（TOGAF 代表开放的建筑框架小组）。根据这一框架，企业建筑分为 3 种建筑域，即业务建筑、信息系统建筑、技术建筑。单一窗口实施框架的作者（Hofman、Keretho、Phuaphanthong、Pikart、Tan、Stijin 于 2010 年发表）在规划和实施单一窗口时对 TOGAF 作了适当修改。通过 TOGAF 企业建筑学的应用，单一窗口实施框架制定了战略架构和总体规划。

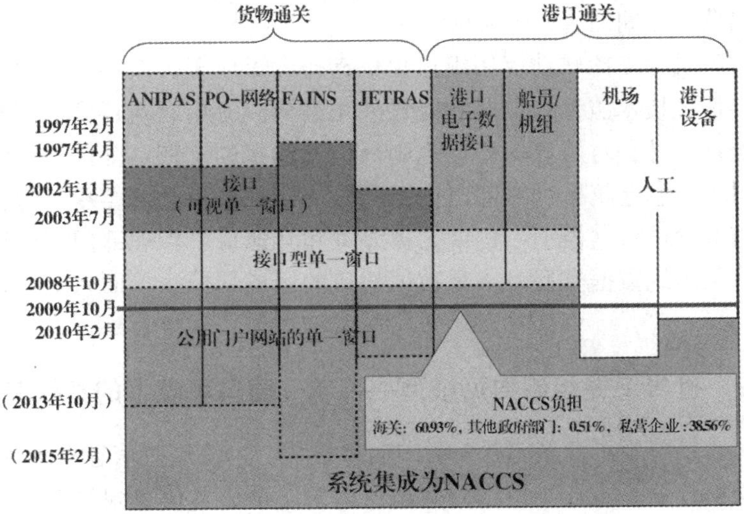

迈向系统集成

上图显示的是日本如何通过建筑学的视角，以港口清关和货物清关为基础进行系统集成的。建筑视图的渐进过程通过时间轴显示出来，每年各项服务逐渐汇总成为单一窗口服务。如果没有建筑视图，很难将不同的政府部门的系统转变成为单一窗口。

在企业建筑的实际应用方面，（戴维·希玛）（由 David Siah 在 2008 年提出）解释了修改企业建筑学并将其运用到单一窗口的各个阶段。有人认为企业建筑学程序推动业务战略与项目管理之间的协调，确定各个项目的范围，并保持项目目标与战略性业务推动力量之间的可追踪性。这使得企业建筑学对于政府解决方案尤为重要。从各参与的口岸执法部门业务驱动力着手获得不同建筑元素的逻辑已经作了说明。

用专业术语制作高水平的业务建筑并不少见。例如，加拿大政府发表了介绍加拿大单一窗口业务愿景，名为“单一窗口框架”的文件（加拿大边境服务局，2008 年），全面介绍了倡议的概念及益处。其他专家制作了实施单一窗口总体规划的模板。人们还发现单一窗口的实施必须与为电子政务项目提供服务的相关机构开展合作（由 Apostolov 在 2008 年提出）。

建筑描述必须有系统性，阐述要严谨。同时，描述应可以起到作为交流工具的作用。实现可读性强与技术严谨的平衡可以通过知名的框架来实现。多数企业建筑框架包含各层级建筑描述的方法。

他们建议以制作业务建筑作为起点。业务建筑聚焦于业务能力、相关资源结构及如何利用能力和资源实现业务价值。业务建筑要求对工作流程及部门间协作进行深入研究，以便为最终用户提供服务。它还明确了服务提供者和服务消费者之间的合作的典型特征。

应用建筑为支持软件应用组件提供支持，形成解决方案。它包括信息技术系统、信息技术服务，以及功能性使用案例。应用建筑得到数据对象、电子信息处理工件、对信息的管控规则等信息建筑的支持。全部应用都需要技术的支持。信息建筑提供了部门内部和跨部门信息流动的全貌，包括企业数据字典和概念性数据模型。例如，被海关和其他口岸管理部门视作数据蓝图的世界海关组织数据模型可以是数据建筑的组成部分。下面将对此作简要说明。

（二）世界海关组织数据模型——单一窗口环境下的数据蓝图

单一窗口聚集了众多相互关联的信息系统。为使这些信息系统协调运转，高效地交换数据，有必要制作公共信息建筑。该公共信息建筑对于消除数据之间的冲突，确保单一窗口的步调一致至关重要。

经常会发现单一窗口参与者的信息技术系统技术平台、业务流程和数据定义各不相同，这使得系统之间的相互可操作性很难实现。参与部门之间的信息模型发生冲突的情况时有发生。例如，据说澳大利亚标准数据集（SDS）中，在不同的政府部门关于出口商的定义共有10多个。

除了定义不同，定义的表示方法也是各式各样，例如，某一系统中对"出口商"的编码表示法采用的是最多13字符，而在另一个系统中则是最多15个字符。当某一系统中所使用的信息从结构上与另一系统完全不同时，就会发生结构性矛盾。专家（Glushko和McGrath在2008年提出）已经证明了互操作性方面不同的冲突和矛盾。当双方关于某一组件使用不同的价值时，会产生内容冲突，使用不同的代码集来描述一个编码数据元或者不同组件集使用同一组价值，例如，用于测量单位和数量单位的代码是可互换的。使用不同类型的语法时会产生编码冲突。即使使用同一种语法，如果结构不同（例如，关于地址的结构），共享信息也是不可能的。

只有当所有参与者使用一种通用的信息模型时才可能解决这些冲突。为指导单一窗口各参与方使用标准数据建筑，世界海关组织数据元为口岸执法部门定义了信息的通用内容。通过利用世界海关组织数据元，口岸执法部门可以为单一窗口环境制作和使用通用的内容、语义、语法及结构。第二卷第四章提供了单一窗口数据协调的技巧，这是一种收集、定义、分析和协调信息的系统方法。

（三）技术建筑

技术建筑是关于技术组件的安排——接口组件，安全组件，信息、流程和数据库管理组件等是工作流程建筑的一部分。所有这些组件需要硬件、软件平台（操作系统）及网络（基础设施建筑）的支持。

作为各地不同建筑中前台办公室和后台办公室的集合，有人从事以服务为中心的任务，其他人负责后台的任务。就组织核心业务流程（如货物报告和报关、风险分析、事后监管、提前申报、账户账号管理及政策支持等）而言，作为产生信息和消费信息的部门集合，作为产生价值和保存价值的中心，是支持风险管理的职责和目标的集合。

好比房地产中的建筑学，如果没有准备建筑图纸，即结构、管道、电缆、暖气、空调及其他系统或分系统的图纸，几乎不可能高效地建设和维护一座大型建筑（比如摩天大楼）。同样，在参与部门多的环境下，如果不了解他们的建筑和结构，也不可能有效地建立单一窗口环境。多数管理人员通过组织架构图了解组织结构，这比较容易确定职能部门（如监管、执法、审计、统计、政策等部门）。这是一种关于组织建筑的最简单的视图，还可以制作多种组织建筑图，每幅图为系统的建立和维护提供特定的视角，企业建筑是检查这些视图的学科。

一旦系统发生故障，建筑管理员保存相关图纸以便维修，这些图纸对于翻修或刷新更加重要。同样，为了支持企业战略管理程序，必须制作并保存相关的组织构架图。对企业建筑进行投资的一个重要原因是确保信息技术基础设施能够满足海关战略活动的需要。企业建筑提供了信息技术系统分布的战略环境，它是确保海关行政管理人员理解信息技术价值及其在实现海关战略目标中不可或缺地位的办法之一。

不进行企业建筑视图就对单一窗口进行投资是有很大风险的。例如，随着单一窗口解决方案的发展，IT 系统应与部门信息安全构架一致。新的信息技术要适合现有的系统和程序。

这些能力与资源共同为各个政府部门及私营部门确定了开展工作的有效方法。单一窗口从跨部门指挥和控制发展到所有参与的政府部门协作交换。发展这一程度时，单一窗口项目对现状有破坏性影响。

为了理解如何才能实现单一窗口运作模式，必须就各参与的口岸执法部门及其内部组成部门的结构和功能，以及各组成部门之间的关系制作详细的描述。描述至少包括以下要素：

1. 组织结构、职责和目标，与完成口岸执法管理要求联系起来考虑；

2. 参与提供服务的业务流程、业务信息流动及信息系统；

3. 从业务层级对组织的功能、资源和能力进行合乎逻辑的组合，这将包括对信息系统在提供服务过程中的作用进行描述。

专家制定这样一个描述的任务就是企业建筑。企业建筑是一门专业提供建筑学解决方案的学科，它以业务战略为基础制定信息系统战略，并为部门提供提高效率的背景材料。“世界海关组织能力建设汇编 2010 版”第 8 节对企业建筑学作了详细的介绍。企业建筑学的本质是“发现企业业务需求与技术应用之间的直接联系，实现两者的平衡”。这种平衡增加了现有资源利用最大化的可能性。企业建筑师优化企业对信息技术的使用，确保投资回报率（ROI）及总拥有成本（TCO）。

建筑学发展还有一个能力建设的目的。总体而言，贸易便利化需要政治意愿。像单一窗口这样的理念和倡议在持续期间需要强烈的政治支持。建筑学理念有助于满足共同需要、凝聚共识。内部改革的动力可以在建筑学文件中找到自己的声音。建筑学视图有助于确定关于共同的未来和行动纲领的具体事宜。

二、服务导向建筑学

第一卷第一章提到，单一窗口环境可以理解为支持进出境管理和贸易便利化核心功能的服务的集合体，这些服务的完成得益于信息技术。指定的单一窗口运营者（或协调方）代表口岸执法部门通过一个公共平台提供（或支持）这些服务。广义上讲，这些服务实现了货物、运输工具和工作人员的通关管理。

“服务”范例为我们提供了许多有用的技术和管理工具，帮助我们解决在建立单一窗口过程中可能遇到的问题。对单一窗口服务进行分类分析，将复杂的服务（以业务为中心的服务描述）分解成更具体的业务服务。支持业务服务的是信息技术应用服务和基础设施服务。举例来讲，进出口货物报关处理服务依赖于货物查验服务。货物查验服务离不开查验人员日程安排服务。服务讲的是实现某项业务需要，而业务流程提供的是实现同一服务的步骤。我们可以对同一项服务重新安排业务流程。所有这些服务都有信息技术和基础设施组件加以保障。

传统上，政府部门及物流供应商均独自提供相关服务，很少考虑相互间的联系。电子单一窗口的核心概念是“联手服务”理念，最关注的是最终为客户提供什么样的服务。对服务进行分类可以确定联手的流程，确定与单一窗口相关的项目规模框架。专家建议说对服务进行分类和分级分析是一种有用的方法（Chonen，2007 年）。为了描述现有服务及其相互之间的关联关系，合理的分类方法非常重要，它为分析员和技术建筑师提供了一种通用的语言，使得平台可以作出有效的决策。这种描述应在单一窗口环境业务和技术建筑制定过程中加以开发。

设计单一窗口解决方案最重要的工作是描述贸易商（或代理、运输商）在今后的交易中的要经历的“未来状态”。关于这个“未来状态”的陈述是将所有利益攸关者在致力于建筑设计活动中联系在一起的纽带。

每个政府部门对自身所提供的服务有自己的独立看法。然而，单一窗口概念要求从政府和管理部门总体角度进行设想。无论设想的是什么方式，以服务为中心的建筑学为建立可持续的、规模可控的单一窗口环境指明了清晰的前进道路。

服务导向建筑学（SOA）一开始就非常强调业务服务，它不强调技术基础（服务器、存储器等）及相关的技术服务。以服务为中心的建筑学是一种建筑学方法，是技术中性的。这种建筑学方法扎根于业务服务，因此是建设单一窗口的合理选择。以服务为中心的建筑学促进信息系统变化的实施。传统的信息系统是由密切相关的硬件、软件和网络组合而成，很难适应变化。坚持服务导向的建筑中，应用软件很容易组装和建设。这些“积木”不是软件，而是实现业务需要的业务服务。通用的服务可以重装从而产生新的服务。结构化信息标准促进组织（OASIS）制定了以服务为中心的建筑学标准参考模型（OASIS 技术委员会关于以服务为中心的建筑学，2006 年）。

“可重复利用的服务组件”这一概念对于单一窗口环境尤其有用。除了规章制度不同之外，多数口岸执法部门需要通用的业务服务。这些通用的业务服务涉及对货物、工作人员、运输工具进行检查，单证的检查，记录检查结果，抽样，税费的计算，风险分析框架等。这些服务组件首先在业务操作意义上是可重复利用的，其次在相关支持软件的意义上也可重复利用。虽然政府部门查验的对象可能不同，但是查验流程是相同的，虽然税费的计算参数可能不同，但都与税费征管程序相关。税费征管服务可以是为货物清关过程中所有税费计算服务。

信息技术组件是松散耦合的、支持这些可反复利用组件的“积木”，松散耦合使得这些“积木”可反复利用，松散耦合使得变化的影响最小化。以服务为中心的建筑学依赖于在服务消费方（是一种软件组件）向一服务供应方（另一种软件组件）要求某一项服务时使用通用的术语。服务申请和服务反馈之间的互换通过信息实现，服务的质量取决于相互作用的服务组件之间的服务合同的约定。

这些特征要求服务必须是一种自给自足的独立单元，其性能不依赖于其他服务，这是自给自足业务功能的必然逻辑。服务组件这种自治本质允许软件开发人员在不影响其他组件的情况下对其进行删除、修改或回归原处处理。服务是可以协调的，这表明为了满足业务需要，可以对服务进行重新布置或排序，这一点对于单一窗口业务流程的操作至关重要。下图显示的是以服务为中心的建筑组件的协同能力：

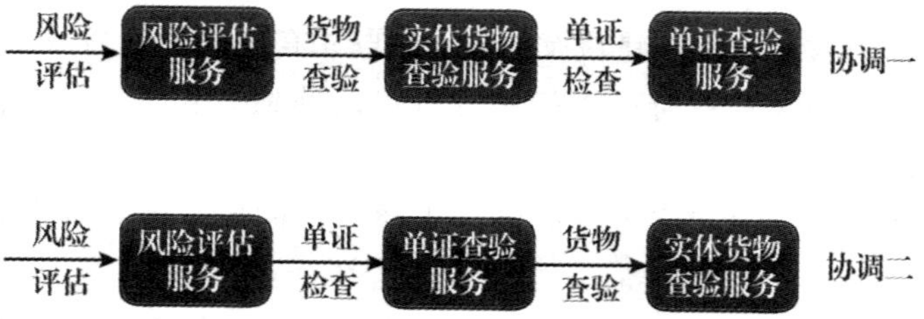

以服务为中心的建筑组件的协调能力

一项服务通过信息传递与另一项服务沟通协调。对于将要进行协同工作的服务而言，信息应当具有可相互操作性，而且可以跨平台运行。这些信息应当可以描述和发现服务，同时应是安全、可靠且基于产业标准的。

单一窗口环境涉及电子单证（或信息元）通过标准通信接口在贸易商与口岸执法部门系统之间或口岸执法系统之间的交换。不同服务组件之间的通信需要制定标准通信接口。网络服务应以国际标准为基础。

将单一窗口视为受信息技术驱动的业务服务的集合是非常有用的，这些业务服务构成了不重叠的类型和层级。这有助于从信息技术组件的角度理解服务的构成。以服务为中心的建筑学倾向于松散耦合（模块易于拆分和再拆分），而非紧密耦合（软件组件紧密集成，该情况下的方案是紧密但不灵活的）。

由于软件组件可以服务于特定服务，组件的松散耦合有助于确认和减少服务成本，也有助于提高技术和应用投资的回报率。传统上信息技术的投资是基于硬盘和网络系统之间的紧密耦合的。"启用以服务为中心的建筑学"在几年前开始兴起，通过重新包装软件接口并使其具有可重复利用性，现有的组件转变为"以服务为中心"的组件。虽然这么做并不便宜，但是对于各部门来讲迫切在眉睫，因为当前市场环境要求部门精干且灵活。

综上，推荐使用以服务为中心的建筑学建立单一窗口环境主要有以下原因：

1. 服务导向建筑学以服务理念为基础。单一窗口作为服务的集合，使得"以服务为中心的建筑"很自然地成为一个有吸引力的基础概念。

2. 管理层理解服务操作的特性——服务的可得性、服务质量、服务的成本等。以服务为中心的建筑学对此都作了清晰的界定，并给它们带来了生命力。

3. 单一窗口环境涉及众多部门不同系统的投资一体化问题。以服务为中心的建筑学为了促进一体化，要求必须从 IT 建筑学的角度进行单一窗口建设。它介绍了以服务为中心的建筑学，以服务为中心的建筑学是如何促进跨部门一体化的，为什么服务导向建筑学在当前情况下是一个正确选择。

4. 服务导向建筑学可以设计成第一卷第六章那种事件驱动型，我们已经建议业务流程应当是事件驱动的。供应链中的任何事件将导致数据流的增长。根据交易的不同状态，各参与方可以访问不同的数据，实现单一窗口环境下不同的功能。

5. 以服务为中心的建筑学与软件支持周期同步，这使得可以对独立的软件组件进行集成组装，从而充分发挥现有应用和基础设施的作用。

6. 在坚持服务导向的情况下，服务不属于特定系统或网络。因此，无论系统身处何处，提供服务的软件应用服务均可以在单一窗口环境下进行。这并不是说参与部门可以访问所有服务。各层级均有适当的认证和授权以确保各项服务之间能保证动态链接。

7. 单一窗口本质上是一种综合性服务。服务导向建筑学提供了基于不同口岸执法部门需求建立复杂应用的能力。

8. 服务导向建筑学为服务和信息模型建立了一种通用的分类方法。

9. 服务导向建筑学反对建立独家专用、只适用于海关的应用产品。相比专用应用而言，它有助于实现更好的商业价值。

世界海关组织单一窗口建设调查介绍了单一窗口环境下通用的业务流程和服务情况。我们在研究中一个正在形成的主题是："成功建立单一窗口环境依赖于确定和建立跨部门基础服务，并将其转变为应用型服务的能力。"这些服务：

1. 单一窗口用户社区广泛使用并很重视；
2. 高度标准化，无法轻易定制；
3. 很容易获得且故障率低；
4. 使用公开接口即可轻松访问；
5. 对人员技能要求不高。

已经明确是基本服务的有身份管理、认证管理、电子信息传输、交易路径、单证流向、单证协调服务，产品销售管理信息服务，产品身份、货物、集装箱及运输工具可视性服务等。为了支持这些应用型服务，以服务为中心的建筑学提供了建筑学范例。

支持服务导向的建筑学的技术组件很好理解，相关论述也很多。本文不讨论实现服务导向建筑学需要的技术。但服务导向建筑学的参照建筑标准的确存在。公开小组（公开小组，2009 年）完成的关于标准的草案将以服务为中心的建筑学确定为 9 个层级。业界不同技术供应商从不同角度提供了实现这 9 个层级功能的不同解决方案。

三、 总结

本章在组织机构中引入建筑学的概念，并将企业建筑师视为单一窗口环境主要设计规划的制定者。还介绍了在制定单一窗口解决方案过程中应准备的不同的建筑视图。为了支持企业战略管理流程，必须制定并维护相关组织机构的蓝图。

制定企业建筑图的一个重要原因是通过为 IT 系统部署提供战略环境，确保信息技术设施可以对组织的战略活动做出有效的反应。这是确保管理层充分认识信息技术价值及其在实现本部门战略目标中不可或缺作用的重要途径。

在没有企业建筑图的情况下就对信息技术进行投资是冒险之举。

企业建筑图包括业务建筑学，主要关于组织机构的职能及如何实现这些职能。信息建筑学提供了部门内部及部门之间信息的流向，还包括概念性数据模型。服务于本部门业务目标和任务的应用软件目录清单是应用建筑学的内容之一，它还要说明应用软件是如何相互适应的，如何满足本部门总体目标的。在应用程序之间起协调作用的软件平台被称作“中间件”，为应用程序的实施提供了软件环境。技术建筑学处理这些问题并推动安全及软件建筑学。

因此，本章专门研究以服务为中心的建筑学，视其为以信息和通讯技术建设大型方案的范例。根据业务服务界定信息和通讯技术项目有助于产生对项目利益攸关方透明的结果。将单一窗口视为服务的集合，这些服务可以通过使用信息和通讯技术进行部署，以服务为中心的建筑学被视为应用软件设计和部署的基石。正如其名称所表示的那样，以服务为中心的建筑学是建筑学。

以服务为中心的建筑学是一种关于信息技术应用的哲学。它取代了过去30年占主导地位的庞大的整体化的僵硬的建筑学，是一种新的关于包括软件开发在内的信息技术解决方案思路，以企业业务为其核心，可作为融合其他信息技术应用的焦点。

被认为是海关及口岸执法部门数据蓝图的世界海关组织数据元可以是数据建筑学的组成部分。本章说明世界海关组织数据元支持国际贸易业务流程中产生数据的方式。这有助于我们制定简单的单一窗口功能模型。解决不同部门之间数据结构和内容方面的冲突可以确保信息得到有效沟通。对信息和文本进行分析是有效分析单一窗口环境需求的前提。数据建筑学是一个重要方面，因为发现建筑结构可以简化对其他需求的确认和识别。

最后，本章的中心思想是建筑学可以汇聚各方力量朝着共同的需求凝聚共识。国内改革国际贸易的动机可以在建筑学文件中发出声音，建筑蓝图可以帮助项目参与者找到关于约定的未来及行动过程的具体事项，将单一窗口视为信息技术驱动的业务服务的集合有助于从信息技术角度理解服务的组成。不同供应商为以服务为中心的建筑学制定的技术平台可能不尽相同，但有一个共同的哲学理念，那就是都认为松散连接胜过紧密连接，因为这影响信息技术平台和运营的费用，因此也就影响到服务的成本，这是投资回报率的决定性因素。

第七章　撰写单一窗口业务案例

本章介绍制定单一窗口解决方案业务案例的过程，重点说明政府如何准备相关资料和文献，来证明为在国际贸易监管中实施单一窗口项目提供战略和财务方面的支持是合理的。海关等口岸管理部门负责战略管理、项目管理、信息技术工程和跨部门合作的管理人员将受益于本章内容。财务管理人员和项目评估审查小组也可以使用本章有关业务项目开发各阶段预期成果的模板和其他指南。

本文件草案发给世界海关组织信息管理分委会（IMSC）评审人员评审并征求专家意见，建议经世界海关组织信息管理分委会审定后列入世界海关组织《如何建立单一窗口》文件汇编。

第一部分介绍制定业务案例的概念，并将其与单一窗口项目构思联系起来。它解释了业务案例与项目简介或项目计划的不同之处。业务案例主要回答项目为何要实施，以及不实施的后果问题。业务案例应理解并记录实施项目的益处，并充分说明同样的益处是否可以通过其他途径获得。最后，业务案例将分析并回答项目由谁投资，理由是什么。

第二部分介绍了战略业务案例及其在争取单一窗口建设政治承诺方面的作用。战略业务案例的目标是为倡议争取政治授权。授权提供了治理模式、执行架构及范围等高层决策，明确支持项目整体运营理念，此外还包括时间安排及资金保障。

第三部分提供了一些具体信息，包括建设单一窗口服务中选定项目具体业务案例标准模板与框架，以及记录项目预期收益、成本效益分析和项目选择等方面的信息。

第四部分讨论了项目的实施、监督和反馈问题。所有项目必须对照最终业务案例要求进行评估，评估的任务包括记录项目预期益处的实现程度。

本章不是为项目管理和项目采购提供基础信息，只有制定业务案例中的关键问题方可列入本章。在文件起草过程中，世界海关组织秘书处主要参考了以下文件：

1. 世界海关组织标准业务案例模板；
2. 业务案例指南（英国政府社区和地方政府能力建设指南）；
3. 海关内部成本效益分析模型/方法（世界海关组织能力建设汇编）。

下图是有关制定单一窗口建设业务案例的推荐流程示意图：

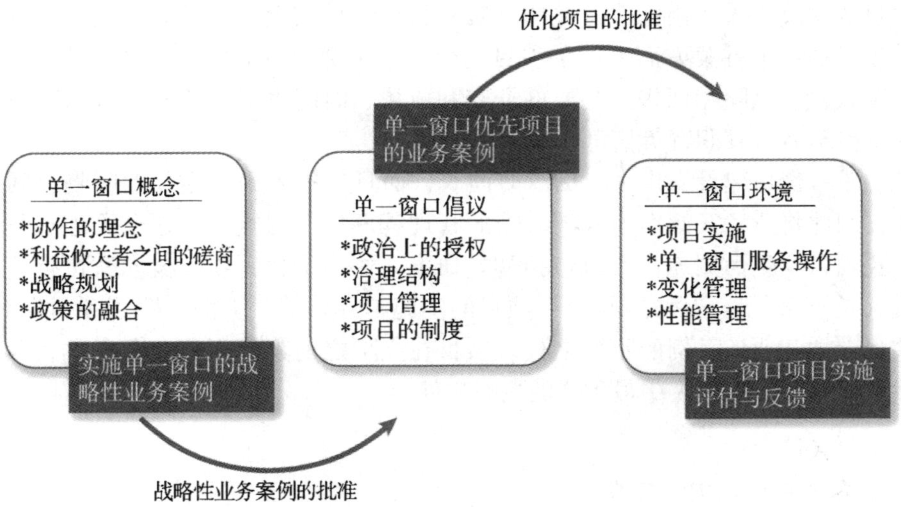

制定单一窗口建设业务案例的推荐流程示意图

一、 单一窗口需求

单一窗口建设是一项长期的组织工程，不仅涉及人力和财力的保障，而且需要领导层和管理层的承诺，为了获得各方支持，必须清晰地设计并阐明业务需求，并使其普遍为利益攸关者所接受。

业务案例从投资回报率和衍生的业务益处角度看待投资问题。即便是一个硬件采购和软件升级的简单建议都可以作为一份亟须改进系统性能的技术业务案例提出，同样的建议还可以作为一份阐述投资将能降低处理时间，减少维护成本，从而提升系统操作性能、改进服务的文件提出。

问题的提出方式决定了它最终得以解决的方式。对于任何一项关于资产和资源的投资建议，当其恰当的战略角度被理解时，其被接受的可能性就更大。

然而，单从业务益处角度规划所有投资并不总是一件容易的事。其中一些益处可以量化，如改善性能和节省资金，其他益处则是定性和无形的，如客户满意度等。对于单一窗口建设这样规模庞大的工程，准确捕获其业务益处并清晰地阐明其合理性是一项极具挑战性的任务。

（一） 业务案例

业务案例是使用合理论点介绍项目以使其通过立项的书面文件，通常是一种反映部门财政问责的结构化的正式文件。虽然业务案例的内容应当包括项目的财政投入理由，但这并非其唯一目的。事实上，业务案例通过系统组合项目的各个有关方面来展示项目的全貌，包括项目的定义、服务范围、成本和收益、风险和回报、必要的开支和成果、时间表等，此外还包括项目的主要参与者及其职责等信息。

单一窗口建设支出大、酝酿时间长，而且从投入到产生效益间隔时间很长，因此将业务案例作为一项必需的管理程序就尤为重要。这个管理过程应贯穿项目全生命周期，大致包括初始研发、协商细化、项目概念获得行政审批（接下来是确定优先项目）、项目的实施与评估等。下图说明了项目简介、项目计划和业务案例的不同之处。项目在立项之前都要制定业务案例，业务案例是单一窗口倡议中最重要的战略文件。

项目简介：

1. 项目是关于什么的？
2. 谁来做这个项目？
3. 花费是多少？
4. 收益是什么？
5. 现状是什么？
6. 何时结束？

项目计划：

1. 项目如何实施？
2. 项目活动及任务是什么？
3. 各项任务之间的关系是什么？
4. 各项任务周期是多少？
5. 资源在各项目中的分配方案是什么？
6. 不能按时取得成果或者预算不足的风险是什么？

业务案例：

1. 为什么要开展这个项目？
2. 不开展这个项目会怎样？
3. 它会产生什么价值？实施的益处是什么？
4. 实现同样的价值和成果是否有不同的实现路径？
5. 谁为项目买单？为什么？

（二）单一窗口业务案例：协作是关键

如前所述，制定业务案例的过程是一个管理的过程，行政管理部门在其中起主导作用，但同时许多独立职能部门也参与到这个极其重要的过程中。

除了战略和政策制定部门，通常负责信息技术的部门也是这一过程的重要参与者。业务案例需要精通工具和技术的专业人士来支持决策流程，如投资回报计算、现金流预测及成本效益分析等。不仅需要来自海关的专业技能，其他合作部门也应参与其中，这种联合行动可以帮助业务案例得到更广泛的支持和认可。

任何机构都有自己的项目管理方式和项目成果问责制度。近期世界海关组织调查（详见第二卷第一章）表明，70%的单一窗口项目由政府投资建设。如果政府必须为单一窗口建设提供主要支持，那么正常情况下投资程序应符合政府公共开支问责制的有关规定，但是如何将书面的规定落到实处主要取决于各参与部门的行为准则和价值取向。这些行为准则和价值取向也将决定单一窗口倡议和项目的业务案例的质量。

信息技术项目经常被政府视为“放手一搏”的事项而获批。电子政务一般会获得政府高层的支持，因为它往往被当做解决治理问题的灵丹妙药。单一窗口概念有直观吸引力，不必做太多说服工作便会使决策层同意其总体原则。单一窗口也是一个有着宏伟愿景的简单概念，承诺将引领口岸执法部门在国际贸易过程中通过加强商界与政府的互动实现转型。当然，这一愿景真正实现可能需要克服相当大的挑战，项目不仅涉及大量的技术方面的投入，而且在实现政策和服务成果方面需要下突破性的功夫。业务案例通过记录各项活动、业务的变化，以及投资计划为实现这些愿景提供了可能性。最重要的是，利益攸关者从倡议中获得益处的同时也面临风险，业务案例在设计过程中应考虑到这一点。

二、 战略业务案例

战略业务案例的目标是获得关于项目治理模式、管理架构、范围等的高层政治授权，授权还将明确支持项目的整体运营理念，并提供各阶段的资金保障。

战略业务案例必须解释单一窗口概念是如何与海关现代化战略规划相适应的。例如，单一窗口是如何支持基于情报的风险防控、事后审计监管、客户培训、经认证的经营者、口岸管理战略及服务自动化等海关核心倡议的，同样，单一窗口建设还应考虑参与的其他口岸执法部门势在必行的现代化战略。

同样，对参与的其他口岸执法部门来说，战略业务案例必须说明单一窗口是如何与政府各部门提高贸易便利化及促进运输物流规划相结合的，以及如何与电子政务、公共服务改革方案相适应。

在第一卷第三章和第四章中，此类战略协调问题是准备业务案例的第一步，其任务就是查找单一窗口项目应涵盖的问题，并将其置身于更广阔的政治和战略环境下来考虑。

战略业务案例的受众从最初的高级行政管理人员到最后的政府首脑。此类层级的决策不仅要求提供案例信息，还应包含未来项目建设的不同路径。战略业务案例应该就实施单一窗口进行经济学原理解析，研究国际贸易增长带来的经济增长，通过降低交易成本提升贸易竞争力，政府关于降低交易总成本的承诺（包括运输成本、物流服务成本、融资成本和监管成本）等问题。

（一）经济学原理与战略价值

战略业务案例的受众层次很高，他们兴趣广泛，喜欢有不同实施路径的建议，有必要采用经济学原理阐述单一窗口建设。以下各项内容有助于制定单一窗口业务案例：

1. 国际贸易文献中大量理论和实践表明，国际贸易增长带来经济的繁荣，阻碍或限制贸易的因素应受到政府首脑的特别关注。

2. 贸易便利化措施可以持续促进国际贸易发展。长期来看，这些措施带来的好处大大超过实施这些措施的实际成本（由杜瓦尔在 2006 年提出）。

3. 通过降低交易成本可以提高贸易竞争力（联合国，2006 年）。交易成本占交易总值的 2%~15%。已有研究试图记录和量化实际贸易中发生的交易成本（Walkenhorst 和 Yasui 在 2004 年提出）。

4. 世界各国政府纷纷承诺降低贸易总成本，包括运输成本、物流服务成本、融资成本和监管成本。例如，东盟已要求各经济体通过实施单一窗口来降低交易成本。（由东盟秘书处在 2009 年提出）。

5. 世界海关组织单一窗口资料库提供单一窗口在全球范围内实施情况的相关信息。单一窗口在全球范围实施的趋势间接证明单一窗口是有用的。

6. 战略业务案例应当说明单一窗口措施是如何降低这些成本的。直观来看，减少成本是由下列因素造成的：

（1）单一窗口使向政府部门提交信息变得更容易；

（2）一次性提交取代反复提交；

（3）降低准备单证的成本；

（4）通过联合放行、联查验减少与不同政府部门打交道的次数；

（5）通过加速通关降低库存费用。

（6）可证实的关于人力资源的影响。由于单一窗口减少了常规单证核查的压力，既提高了工作效率，又使查验人员可以专注于更为实质性的监管。

战略业务案例还应清晰地阐述单一窗口措施是如何降低贸易成本的。单一窗口显然使贸易商和政府之间的接触更便捷。例如，单一窗口中，通过日常文件对碰可以减少合规性检查方面的压力，在提高效率的同时使查验人员可以专注于更为实质性的监管。除了实践信息，战略业务案例还应包括基于下列研究总结出来的经验：

1. 关于贸易便利化措施对贸易增长的积极影响的基础研究；

2. 企业级（或微观经济）层面可以证实高效的贸易信息和文件处置能提高国内工业竞争力的证据；

3. 世界各地记录单一窗口实施带来的影响的案例。

项目的战略价值可以通过设定不同的情景来反映，包括不同的处理方法带来的不同风险，包括不采取行动的风险。连同其他处理方式的风险一道，还应对维持现状的潜在风险做一合适的呈现。

（二）战略业务案例的结果

战略业务案例的很大一部分内容应明确阐述其所追求的目标，这就是获得单一窗口的政治授权。第一卷第五章简要提供了政治授权的内容。总体而言，授权必须包含以下几个方面。

1. 对象和目的的陈述。

2. 对术语的定义。

3. 单一窗口概念所涵盖的活动/服务。

4. 明确牵头部门和参与部门/口岸执法部门。

5. 牵头部门的法律责任。

6. 牵头部门的资金分配及运作原则。

7. 牵头部门的组织架构及协商机制。

8. 明确各方的权责，包括牵头部门在内：

（1）项目审批；

（2）修订法律的建议权；

（3）设定服务标准；

（4）调整业务流程；

（5）采纳互操作性标准；

（6）项目实施情况评估；

（7）纠纷处理。

9. 实施日期。

10. 实施单一窗口倡议的时间表。

三、 选定项目的具体业务案例

战略业务案例应该已经确定了政府的战略意图。战略业务案例获批后，政治授权应当已经确定了倡议的重要性。通常政治授权将启动几项活动，以此进入“建立阶段”。通过总结这几项活动的经验，政府应当能够对以下列表清单作出判断和选择：

1. 是否大致确定了单一窗口的目标、规模和所覆盖的服务？[是/否]
2. 是否明确了高级战略和提供服务的总体战略？[是/否]
3. 是否指定了牵头部门并已正式通知？[是/否]
4. 是否建立了组织架构并明确了领导地位、有关权责等 [是/否]
5. 是否建议了关系到预算拨款的资金分配制度？[是/否]
6. 是否建立了协商机制并指定了相关成员？[是/否]
7. 是否已明确决策权限并得到参与各方的普遍认同？[是/否]

当倡议发展到这个阶段，应当已就上述细节取得一致共识。具体来说，就是关于项目建设的组织架构、融资策略、运营模式（包括公私合作伙伴关系的安排）、服务战略、优先领域、协商机制均已确定。这为相关部门积极参与，就包括讨论具体业务案例在内的优先项目进行协商创造了条件。

选定项目的具体业务案例主要内容包括项目目标、项目组成、采购计划、项目的组织、投资计划与成本及效益分析。为具体说明实施项目的益处，还应包含现行通关时间和成本的基本信息。本部分提到的世界海关组织文献提供的有关信息，包括遴选评估技术，有助于上述任务的实施。

由于自动化项目经常遇到来自高级行政管理人员的怀疑，制定具体业务案例就更加重要。电子政务项目长期以来不甚成功，经常言过其实，因此对单一窗口项目进行实际能力研究也是本阶段的工作之一。具体业务案例的制定涉及以下基本步骤。

（一）选择适当的模板和框架

各国政府都有自己的具体业务案例编写模板和格式，主要用于财务问责和投资管理。建议采用相关政府推荐的国别模板。

（二）从利益攸关者角度衡量业务价值

业务案例应当包括前文提到的研究概要，但这些在其他环境下实施的研究成果还必须补充更加实际的信息，特别是利益攸关者认可的益处对于业务案例非常重要。关于益处的陈述可按下述方式准备：

1. 成立业界—政府部门联合工作组，对货物通关环节的瓶颈问题及供应链上的关键触点进行研究分析，此类联合工作组能够就单一窗口解决方案提出建议，为商界和监管部门带来最大限度的益处。

2. 通过行业调查来确保预期益处得到行业认可。此类调查也可以通过纵向实地调研补充说明现行货物通关管理情况，以及单一窗口措施将带来的变化。下面提供了一个就益处开展调研的典型案例。

对于下面提到的每项调查内容，要求受访者说明所感受到的益处程度是显著、中度、微不足道还是根本不存在：

1. 向不同机构联合申报（如海关、农业、食品药品主管当局）：

（1）有助于减少手续和文案工作负担；

（2）单一申报意味着数据的一次录入；

（3）单一表格意味着统筹协调政府机构的接口规范，这减少了贸易商重新调整软件应用程序以申请录入的费用。如果政府没有协调系统接口规范，将产生大量的定制费用；

（4）重新设计的应用程序实现了提交数据的最小化；

（5）重新设计的提前数据传输使物流操作人员能够制定以下物流计划：进口货物到港操作及出口货物提前装载。

2. 政府部门通用的标准化贸易数据集使跨不同业务领域的贸易政策的贸易统计更准确、更详细。

3. 政府部门通用的标准化贸易数据集提供了更好的供应链流程和性能统计，从而优化了物流企业的业绩。

4. 政府部门提供的标准化信息可以帮助供应链终端的收货人更好地规划货物通关手续，大大节约时间和成本（例如，场站运营商、仓库运营商和公路运输人员不必处理多个政府部门信息）。

5. 实现不同的许可证发证机构受理标准化的电子许可证申请，并通过单一窗口审批和反馈。

6. 在递交入境申请时只需提及通用报关单上的批准号码。

7. 通过使用国际认可的电子许可完善市场准入制度。

8. 系统支持缴纳所有口岸服务费用。为促进组合收费和合理收费，货物通关费用与所有关税、增值税和码头费等税费合并，并可线上查询。

9. 资质或许可证申请和通关处理状态统一反馈。

10. 实现了证书和许可等证明文件的数字化。

11. 帮助贸易商管理各种注册信息，包括各个政府部门的授权。

12. 协调政府机构共同查验，帮助贸易商减少成本，提高守法水平。

13. 协调不同机构之间的查验安排计划，方便贸易商代理人实际到场。

14. 通过共享基础设施，共同运营信息技术系统，以及重新确定口岸管理模式，降低政府和贸易商两方面的成本。

15. 通过收集不同部门的数据，扩大数据范围，提高数据质量，来提高风险管理水平。

16. 为海关和 MAF 官员提供信息和指导，保障其为客户提供优质、一致的决策建议。

（三）效益分析

商业价值和益处是战略业务案例的应有内容，但这一层面的业务案例是针对高层受众的宏观经济形势分析。选定项目的具体业务案例必须立足于更实际的层面来进行益处分析。

通常情况下，政府信息技术项目的效益分析往往不尽严谨和客观，只提供一个简单的列表。不常做的是详细列明益处及其实现方式。其中应当包括矩阵模型，描述每种收益的假设条件、相关性、风险及制约因素（也称为 ADRC 架构）。应当开发清晰的益处动态实施模型，为了实现项目的约定收益，必须明确项目框架内各方的责任。

英国政府已经建立了分析和管理益处的一套方法。准备和预估项目益处的一个关键工作是制定一个益处简介，益处简介应包括益处列表、具体性能、ADRC 矩阵模型、实施时间表及指标和主要措施等。制定业务案例和实现预期益处是相辅相成的，未实现预期益处可能会导致对业务案例的审查，尽管后者是建立在确保前者预期得以实现的基础之上。

（四）成本效益分析和项目评估

成本效益分析是制定业务案例的一个重要方面。世界海关组织已经开发了叫做“海关当局中的成本效益分析模型/方法”的成本效益分析的专用工具，它提供了一个系统的成本效益分析方法，相关模板为判定“海关收益”提供了一种具体途径。

第一卷第六章将单一窗口环境的效益定义为通过降低交易成本和时间保持货物价值。规划或项目的管理团队对基本效益的评估程序达成共识是非常重要的。

举例说明衡量基本收益的指标

1. 放行时间研究的基准结果（根据世界海关组织的放行时间研究方法）。每一阶段的消耗时间都是衡量基准性能要求的指标。

2. UN/ ESCAP 时间成本距离测算方法的基础结果。

3. 完成一单交易需要的平均单证数量。

4. 进口、出口和过境交易数据录入的平均人工耗时。

5. 单一窗口各参与方独立系统接口数量。

6. 进口、出口和过境清关需要重复录入的数据量。

7. 每笔交易平均的报关和代理费用（不包括运输、仓储和操作等服务费用）。

成本效益分析可以使用各种方法来进行。对这些不同方法进行评估，确定最合适的方案并提交行政机关审批。在行政审批阶段，以下几个方面非常重要：提交的业务案例应采用恰当的模板（通常由政府授权）；所有证明文件；对所需资源作明确的说明。

（五）完成具体业务案例

选定项目的具体业务案例应包括所有证明文件，应当以合适的方式提供决策机构想要的说明。建议单独注明以下内容：

1. 概述决策过程中各机构的职责。

2. 表明项目或决策对每个利益攸关者可能的影响应当让各方知晓。

3. 概述审批结果可能带来的后续行动或决策，特别是以下几个方面的影响：

（1）财政资源（预算拨款、财政权力划分、有形资产）；

（2）人力资源，特别是监管机构的重新构建和调配。

对以上两个领域特定资源的影响应当得到决策机构的理解和赞同。这意味着业务案例的审批决策部门应具备可以作出这些决定的必要的授权。

最后，各项与所有参与者和利益攸关者有关的决策和细节应及时得到传达。

四、执行、监测与反馈

业务案例工作不会因财务上获批就结束了，业务案例文件在接下来资源配置、采购、进度、推广等项目实施阶段仍是有用的，更为重要的是，业务案例对于整个项目实施过程中至关重要的成本、风险和收益监控来说是非常重要的。

（一）夯实项目实施计划

项目小组按照整体项目实施计划开展活动，这个阶段的一项重要任务是采购战略。政府采购政策将显著影响单一窗口项目的开展。这些政策可以在制定业务案例之初即予以明确。例如，通过授权可以为单一窗口项目采购赋予特殊的采购决定权。

采购战略因国家（地区）不同可能会有所不同，同时还与商定的管理架构和财务运营模式有关。私营部门参与管理时，采购过程中的职责定位更清晰。一些运营模式要求使用者付费，这种运营模式有“内嵌式”的资金收益。

合同管理、采购管理、供应商绩效管理对于业务案例十分重要。需要一个独立部门来处理合同问题，因为它在所有项目中最复杂、最具挑战性。合同条款中存在的潜在风险对业务案例中所描述的效益的实现构成严重威胁，供应商根据合同规定的服务项目不惜耗费并纳入成本。单一窗口项目酝酿时间长，跨部门合作要求高，需求复杂且不断变化，这一阶段的一项关键决策是采购策略，这关系到软件开发策略。

以下提供了有关软件采购项目的基本信息。

软件采购战略

固定价格模式。按照固定价格在商定的时间节点交付商定产品，该模式适用于：

1. 中小型项目；
2. 项目规模和范围明确；
3. 需求规范清晰、具体；
4. 项目范围调整的概率很小；
5. 执行能力和业绩有明确预期。

时间和耗材模式或短期时间和耗材模式。在这个模型中，支付主要基于消耗的项目资源，这种模式适用于：

1. 大型项目；
2. 酝酿时间长的项目。

在项目实施阶段，当详细的项目计划正式运用到实际操作中时，项目的绩效可以作为具体业务案例成功与否的参照。首先，详细的项目计划需要所有参与者尤其是供应商签署同意，这样最终版本的业务案例就形成了。由于项目计划包括完整的任务分解、详细的权责分工、阶段性成果、项目风险和资源，可以轻松地按不同的时间节点比较实际成果与原先预测的差异。项目团队还可以利用专业的、自动化的项目管理工具来抓取和管理整个项目的信息，并形成一个脉络清晰的文档。

（二）项目风险监控

对项目风险重视不够是实现业务案例最终所阐述的效益的最大威胁。通常情况下，高层决策者审批采用的战略业务案例涉及领导机构的职责、机构之间的任务分工、监管机构的结构调整、高层关于业务流程的决策，这些决策对业务效益的实现有深远的影响。一般情况下，（牵头部门的）较高的管理层应关注意在监测和减少项目风险所采取的行动。这种行动应与项目计划表保持一致。同样，所设计的解决方案保证的流程、项目采购、项目监测和报告也应得到应有的重视。

（三）成本与效益核算

一旦到了项目应交付的不同时间节点，按照商定的办法进行效益核算的时间就到了。核算的办法可以是与原始测算成本或基准成果进行比较。

成本与效益核算应考虑对产出的成果进行定量和定性的衡量。审核报告应广泛征求意见，同时该项工作也有助于研判文案所述的风险对项目有何实际影响。在项目实施期间，预算投入的时间和资金成本可能有所调整，也许仅部分达到了预期效益，记录的风险可能真的影响到项目目标和预期商业效益的实现。核算过程为记录这些变化并和原始测算做比较提供了机会。

与核算相关的还有产出效益声明，包括项目是如何实施并影响服务效果的。声明应采用影响单一窗口提供服务的效益指标，包括提升贸易商和政府双方效率。特别有意义的是组织机构方面取得的进展，如跨部门协同与合作等。

最终的业务案例是一份关于整个项目开展情况的完整文件，包括可供以后业务案例参考的教训。

（四）总结

在单一窗口环境的建设过程中，业务案例管理是行政管理最重要的职责。这一职责从决定采纳单一窗口解决方案那一刻就开始了，并贯穿于战略业务案例开发、选定项目的业务案例开发、项目实施过程的监督及业务效益的实现等整个过程。

业务案例的开发是一个涉及专业技能、组织角色和既定程序的管理过程。为顺利制定业务案例，应当有一个适当的组织、有效的沟通渠道及明确的程序。

海关和跨境监管机构的高级管理人员应跟进业务案例，直至实现了最终预期的效益，经验得以总结记录并传达给利益攸关者。

单一窗口实施情况调查报告

摘要▶▶

海关当局应积极采用信息和通讯技术使工作更高效，其目标是用电子数据取代纸质单证，实现政府部门和商界的计算机系统的互联互通。在国际贸易环境和信息技术创新飞速发展的背景下，单一窗口的概念应运而生，并被一些成员政府用于优化和简化对货物跨境流动的监管。单一窗口系统旨在通过单一电子信息提交来满足全部口岸执法要求，简化贸易商和其他经济运营者的通关手续，并因此成为促进贸易便利化的一个主要手段。

本调查报告是《世界海关组织单一窗口纲要：如何建立单一窗口环境》的一部分，作者为 Jae Young Choi，主要总结了世界海关组织的调查成果，调查旨在通过对世界海关组织成员进行抽样调查勾画出单一窗口在世界范围内的实施情况全貌。研究报告的主要目的一是介绍海关货物通关系统，这是单一窗口环境的基础；二是从实际操作的角度概述单一窗口实施情况；三是介绍数据协调的技术工具，如“世界海关组织数据元”及其安全框架（这是口岸执法部门之间进行数据交换的前提）；四是介绍推进单一窗口系统面临的挑战。

关键词▶▶

单一窗口　贸易便利化　货物通关系统数据协调　世界海关组织数据元　信息互换

致谢▶▶

本调查报告分析了单一窗口建设情况的调查结果，它是世界海关组织守法便利司 Susanne Aigner 和 Satya Prasad Sahu 两位合编的《世界海关组织单一窗口纲要》的一部分。本文作者为世界海关组织秘书长办公室研究和战略室的 Jae Young Choi。作者特别感谢世界海关组织各成员和亚太经合组织提供的帮助，感谢 Susanne Aigner、Satya Prasad Sahu、Robert Ireland、Tadashi Yasui、MariyaPolner 及 Thomas Canters 所提出的建议，同时感谢世界海关组织技术专员、世界海关组织专业助手及海关专员提供的帮助。

免责声明▶▶

世界海关组织研究报告系列介绍正在进行的调查成果，目的是鼓励就海关事务交流思想。报告中的观点仅代表作者本人，不一定反映世界海关组织或世界海关组织成员的观点或政策。

注意▶▶

所有世界海关组织研究报告都可以在世界海关组织公共网站上查阅，网址为 www. wcoomd. org。可以通过邮箱 communication@ wcoomd. org 联系作者。

缩略语▶▶

AEO：经认证的经营者
APEC：亚洲太平洋经济合作组织
EBXML：使用可扩展置标语言的电子商务
EDI：电子数据交换
ICT：信息和通讯技术
IEC：国际电工委员会
IMSC：信息管理分委会
ISO：国际标准化组织
MQ：IBM 公司消息中间件
OFTP：欧洲电信传输数据交换组织文件传输协议
PIN：个人身份编号
PKI：公共密钥基础设施
SCCP：海关手续分委会
SSL：安全套接字层
UBL：通用商业图书馆
UCR：商品唯一标志
UN：联合国
UNECE：联合国欧洲经济委员会
UNTDED：联合国贸易数据元目录
UN/CEFACT：联合国贸易便利与电子业务中心
WCO：世界海关组织
XML：可扩展标记语言

一、 概述

（一） 引言

单一窗口的概念源自致力于实现一次性递交电子信息来满足口岸执法所有要求，从而简化贸易商和其他经济运营者的通关手续方面的努力。由于信息和通讯技术的进步，以及协调的口岸执法合作所激发出来的政治意愿，这一概念在有些成员（地区）已成为现实。

世界海关组织①及联合国②等国际组织已经在推广单一窗口的益处。许多海关当局已经在与其他口岸执法部门及私营部门合作，努力建立单一窗口系统。建设并推进单一窗口是一项具有挑战性的工程，需要战略规划、信息技术的有效应用、财力和人力资源保障及必不可少的政治支持。本次调查由世界海关组织组织开展，旨在勾画单一窗口在世界范围内的实施情况，以此帮助海关当局更好地理解建设和完善单一窗口系统方面的机遇和挑战。

（二） 结构和分析

本研究的调查问卷格式和问题最初由亚太经合组织设计③。为减轻分析工作的压力，同时避免让亚太经合组织各经济体重复回答问题④，世界海关组织使用了相同的调查问题。调查报告共有 27 个问题，分成以下四大类：

1. 现行海关通关制度概况；
2. 单一窗口的计划和建设；
3. 国际互操作性；

---

① 《世界海关组织数据模型：单一窗口数据协调 2.0 版》（世界海关组织，2007 年 2 月）和《单一窗口：对海关的影响》（世界海关组织，2008 年 11 月），两份文件均可在网站 http：//www. wcoomd. org/sw guiderline. htm 上获得。——作者注

② 联合国贸易便利及电子商务中心第 33 号建议书《关于建立单一窗口的建议和指南》（联合国贸易便利和电子商务中心，2005 年 7 月）和联合国贸易便利及电子商务中心第 35 号建议书《关于建立国际贸易单一窗口法律框架》（联合国贸易便利及电子商务中心，2010 年 10 月），两份文件均可在网站 http：//www. unece. org/cefact/recommendation/rec index. htm 上获得。——作者注

③ 《海关手续分委会：单一窗口报告——努力在亚太经合组织各经济体建立单一窗口并努力实现和国际互联互通》（亚太经合组织，2010 年 9 月）。——作者注

④ 亚太经合组织共有 21 个成员经济体，其中 20 个为世界海关组织成员。——作者注

4. 单一窗口治理。

在亚太经合组织的支持下，世界海关组织获得了亚太经合组织各经济体的调查问卷的答卷并将其吸收到本研究中。在分析过程中，为确保回答内容是一致且清晰的，世界海关组织秘书处与世界海关组织成员进行了联系和沟通。

（三）参与调查的成员

2010 年，世界海关组织秘书处向全部 177 个世界海关组织成员发放了调查问卷。共有 58 个成员参与了调查（20 个来自亚太经合组织，38 个来自非亚太经合组织成员）。本研究代表了世界海关组织六大区。

参与调查的成员名单

世界海关组织大区	国家（地区）	数量
东非和南非地区	安哥拉、埃塞俄比亚、毛里求斯、莫桑比克、卢旺达、南非、乌干达	7
欧洲地区	阿尔巴尼亚、阿塞拜疆、比利时、保加利亚、丹麦、芬兰、法国、德国、拉脱维亚、立陶宛、马其顿、马耳他、荷兰、波兰、俄罗斯联邦*、斯洛伐克、塞尔维亚、瑞典、瑞士、英国	21
亚太地区	澳大利亚、文莱、达鲁萨兰*、中国*、中国香港*、印度、印度尼西亚*、日本*、朝鲜*、马来西亚*、蒙古*、缅甸、新西兰*、巴布亚新几内亚*、菲律宾*、新加坡*、泰国*、越南*	17
非洲北部、近中东地区	约旦、摩洛哥、突尼斯	3
美洲地区	阿根廷、加拿大*、智利*、多米尼克共和国、墨西哥*、巴拉圭、秘鲁*、美国*	8
西非及中非地区	贝宁、布基纳法索	2

注：“ * ” 指该成员为亚太经合组织成员经济体。

二、 调查分析

（一） 现行海关通关制度概况

现代化的海关管理离不开信息和通讯技术。计算机系统提高了信息处理速度，使风险管理方法能应用于对货物和旅客的筛选，提高了私营部门的守法程度，并且能为企业提供更好的服务。为最大限度地发挥计算机的优势，政府部门之间及口岸执法部门之间必须积极地交换信息。计算机化和部门之间的合作为单一窗口的实施创造了有利条件。

本部分介绍海关通关制度及海关在处理口岸执法要求过程中与其他口岸执法部门的关系。

关键调查结论：

1. 一个重要发现是海关当局普遍运行自动化货物通关系统。

所有参与调查的海关当局都已实行一套计算机化的货物通关系统。

2. 绝大多数海关货物都实行电子报关。

3. 只有少数政府部门与海关通关系统实现了电子联网。

平均有 15 个部门直接参与口岸执法，而平均只有 3 个部门与海关通关系统实现了电子联网。

4. 影响其他政府部门与海关通关系统电子联网的主要原因是：

（1） 缺乏信息和通讯技术；

（2） 预算和人力资源限制；

（3） 法律框架不完善；

（4） 跨部门合作方面的困难。

1. 采用自动货物通关系统

所有答复调查问卷的 58 个海关当局均表示本国已经实行了自动货物通关系统。

2. 以电子方式向海关申报

绝大多数成员海关货物报关单采用电子方式向海关申报。在回答问卷的海关当局中：

（1）90%①的成员进口报关单采用电子方式申报；

（2）90%的成员出口报关单采用电子方式申报；

---

① 百分比的数字系以答复该问题的成员海关总数（58 个）作为分母的除数。——作者注

（3）93%的成员过境报关单采用电子方式申报。

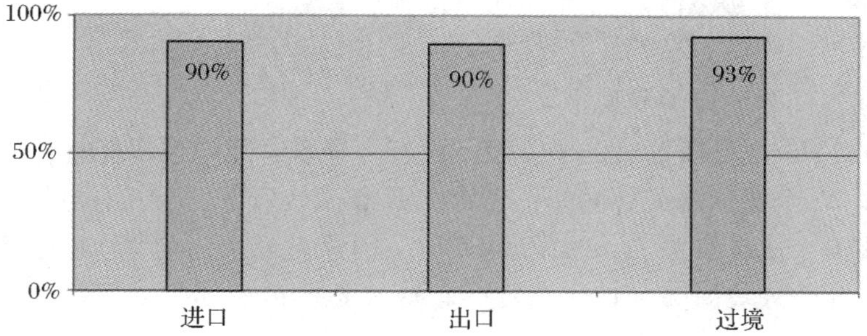

以电子方式向海关申报货物的比重

3. 涉及跨境交易监管的政府部门

关于直接参与对货物、运输工具、机组人员及运输设备跨境流动进行监管（或者要求提供信息）的政府部门数量，平均数为15个。

在回答问卷的海关当局中：

（1）32个海关当局（58%）表示相关政府部门不到16个；

（2）16个海关当局（29%）表示参与部门在16~30个之间；

（3）7个海关当局（13%）表示参与部门超过30个。

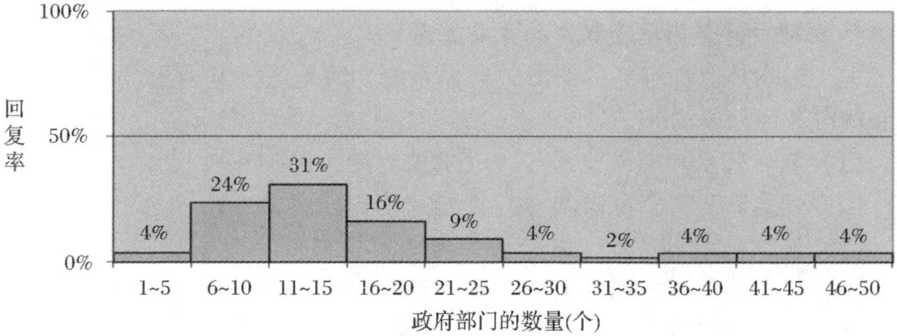

涉及跨境交易监管的政府部门的数量

这些政府部门从事的活动包括①贸易与工业、运输与通讯、专利注册、出口管制、进口许可、移民、环境保护、植物检疫、卫生检疫、食品安全、税收管理、统计。

① 这个问题不是本调查问卷的一部分，某些成品海关仅提供了其政府部门的名称。——作者注

4. 与海关通关系统实施电子联网的政府部门

关于“有多少个政府部门与海关通关系统实行电子联网”这个问题，平均数为 3 个。

在回答问卷的海关当局中：

（1）11 个成员海关（20%）表示没有一个政府部门与其有电子联网；

（2）27 个成员海关（49%）表示有 1~5 个政府部门与其有电子联网；

（3）9 个成员海关（16%）表示有 6~10 个政府部门与其有电子联网；

（4）8 个成员海关（15%）表示有 11 个以上政府部门与其有电子联网。

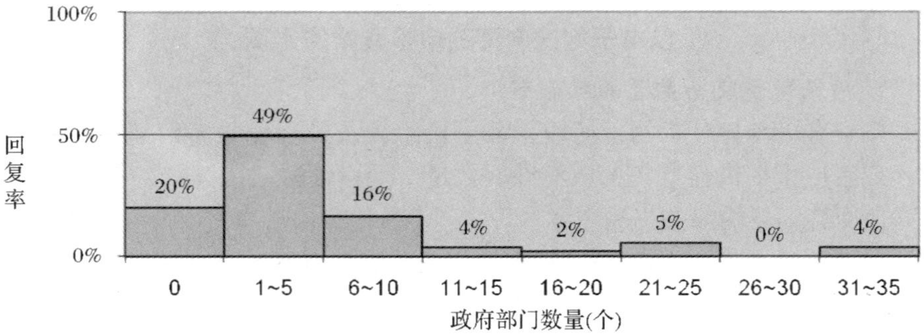

与海关通关系统实施电子联网的政府部门数量

5. 阻碍口岸部门电子联网的主要原因

关于影响其他政府部门与海关通关系统实现电子互联互通的原因，回答问卷的海关当局表示①：

（1）缺乏信息和通讯技术（29 个海关当局，占 34%）；

（2）预算和人力资源限制（21 个海关当局，占 25%）；

（3）法律框架不完善（18 个海关当局，占 21%）；

（4）跨部门合作方面的困难（10 个海关当局，占 12%）；

（5）其他原因（7 个海关当局，占 8%）。

① 该问题是开放式的，没有多项选择。世界海关秘书处将定性的答复分为 5 类，“其他原因”包括需求（或压力）不足，缺乏战略和政治决策。——作者注

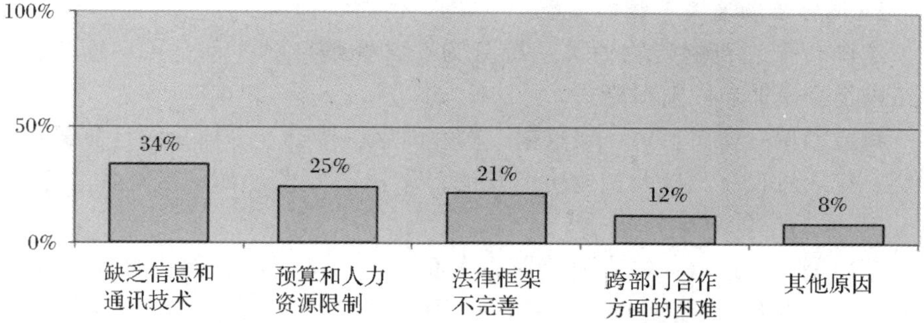

阻碍口岸部门电子联网的主要原因

（二）单一窗口的建设

对绝大多数海关当局而言，建设单一窗口是一项十分艰巨的项目，涉及众多利益攸关者，规划和开发需要数年时间，而且需要在对现有的与未来的系统之间的差距进行分析的基础上进行全面规划和分步实施。成本也是一个关键因素。尽管人们普遍认为由于海关在口岸执法中承担广泛职责，因而在单一窗口建设中发挥重要作用，但是单一窗口系统提供各种服务和功能的这一本性可能引发所有权问题。

本节对单一窗口的建设和运行作概述，重点介绍单一窗口的模式、主要功能、服务提供者、运行与维护，以及单一窗口建设面临的挑战。

关键调查结论：

5. 绝大多数海关当局使用的是非单一窗口货物通关系统。

在已建立的单一窗口系统中，成员海关最常采用的是混合模式。

6. 多数单一窗口系统都是在2000年后开始运行的，并且数量呈持续增加之势。

单一窗口系统都是分期开发的，仍处在发展过程中，功能在不断拓展。

海关当局普遍处在开发和完善单一窗口系统的过程中。

7. 无论是单独，还是与其他政府部门或私营企业联手，海关似乎都是单一窗口服务的主要提供者。

8. 政府财政似乎是单一窗口运维资金的主要来源渠道，其他的来源包括向用户收费和公私合营。

9. 人们已观察到，海关当局已将一些业务流程、功能和服务纳入到现行的货物通关系统、单一窗口系统或者一站式服务之中。

1. 现行货物通关系统的类型

本调查把现行的货物通关系统分为 5 种类型。前 3 种是单一窗口模式，后 2 种类型是非单一窗口模式。

集成型单一窗口：每一项数据一次性向单一接点（一体化的计算机系统）提交，完成进口、出口及过境所涉及的口岸执法要求（即一次性提交多项手续）。

接口型单一窗口：每一项数据一次性向单一接点（如网关服务器、互联网、“增值网络”服务提供者）提交，完成进口、出口及过境所涉及的口岸执法要求（即一次性提交多项手续）。在该模式下，各监管机构保留本部门自动化系统，但通过专门开发的电子接口与其他系统连接。

混合型单一窗口：是集成型单一窗口与接口型单一窗口的组合模式。

一站式服务：单一的网站或终端链接至海关和贸易相关政府部门的计算机系统，为利益攸关者提供一站式服务。利益攸关者必须分别履行各自程序/申报。

独立的海关通关系统。

在被调查的海关当局中，大多数在其现行的货物通关系统中实行非单一窗口模式。在回复问卷的海关当局中：

（1）19 个海关当局（34%）表示实行单一窗口系统；

（2）37 个海关当局（66%）表示未实行单一窗口系统。

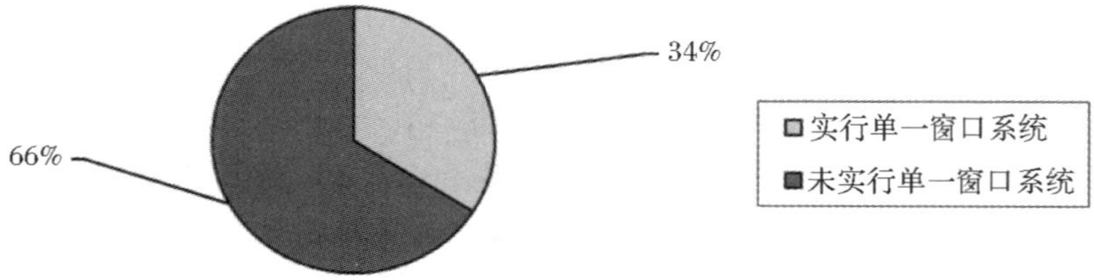

是否实行货物通关系统

在单一窗口系统中，最先进的集成型单一窗口并未被各国海关普遍选用，反而是混合型单一窗口最广为使用。

至于非单一窗口的类型，最广为使用的是独立的海关系统。

在回复问卷的海关当局中：

（1）2 个海关当局（4%）表示实行集成式单一窗口；

（2）5 个海关当局（9%）表示实行接口型单一窗口；

（3）12 个海关当局（21%）表示实行混合型单一窗口；

（4）7 个海关当局（13%）表示实行一站式服务；

（5）25 个海关当局（45%）表示实行独立的系统；

（6）5 个海关当局（9%）表示实行其他系统①。

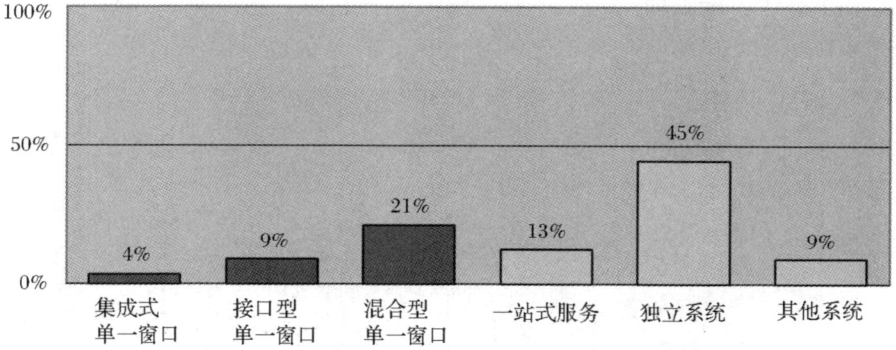

现行货物通关系统的类型

2. 单一窗口系统的建设

调查结果充分显示，那些尚未建立单一窗口系统的海关当局一般都处在建设单一窗口的进程中。

在表示实行的是非单一窗口系统（如一站式服务、独立的海关系统或其他系统）的海关当局中，全部表示正在建设单一窗口。

3. 单一窗口的启动

自 20 世纪 90 年代以来，启动单一窗口建设的海关当局的数量一直在稳步增长，这一趋势似乎部分是缘于近十年左右信息技术进步的推动。

关于“何时采用单一窗口系统并开始运行”这一问题，现行的大多数单一窗口系统运行始于 2000 年之后，有些海关当局在 20 世纪 90 年代就已开始启动单一窗口。

在回答问卷的海关当局中：

（1）1 个海关当局（6%）表示他们的单一窗口制度是在 1989~1994 年间投入运行的；

（2）2 个海关当局（13%）表示他们的单一窗口制度是在 1995~1999 年间投入运行的；

---

① 选择这种答案的成员海关提供了以下详情：（1）与统计局、外贸监管局和农业监管局互联互通的海关独立系统；（2）多功能的海关独立系统，具有单一系统式单一窗口的部分功能，与部分其他部门和欧盟共享同域链接；（3）实行进口的所有海关数据电子申报的系统，加上部分少数其他政府部门所需数据；（4）进口的所有海关数据电子申报，加上部分少数其他政府部门所需数据；（5）与双模式单一窗口非常相似，但系统接受与其他重要利益中人共享的申报。——作者注

（3）4 个海关当局（25%）表示他们的单一窗口制度是在 2000～2005 年间投入运行的；

（4）9 个海关当局（56%）表示他们的单一窗口制度是在 2006～2010 年间投入运行的。

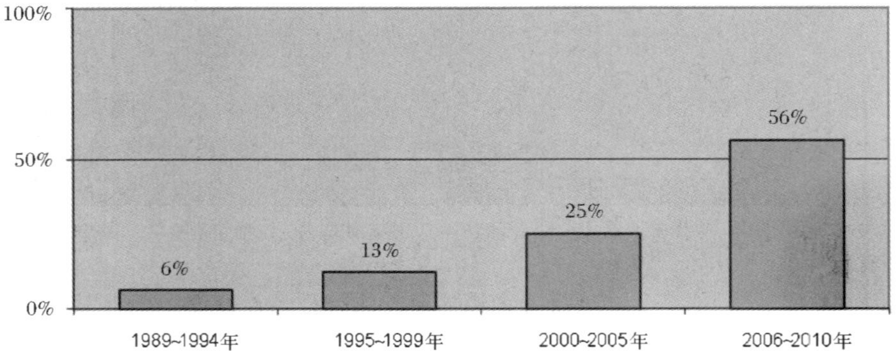

单一窗口的启动时间

一些海关当局声称，他们的单一窗口系统建设采取分步实施的方式，因此由于单一窗口的功能范围还在拓展，所以仍处于建设过程中。①

4. 单一窗口服务提供者

无论是单独还是与其他准政府机构合作，海关显然是单一窗口服务的主要提供者。

回答该问题的大多数海关当局（22 个，占 59%）表示他们是单一窗口的服务提供者，其次是其他政府部门（6 个，占 16%）、私营机构（4 个，占 14%）、半政府部门（3 个，占 8%）和其他（1 个，占 3%）。②

有 6 个海关当局表示与其他政府部门或私营机构共同提供单一窗口平台服务，合作的部门或私营机构包括：港务局、外贸及旅游部、商业咨询及支持局；环境保护部、食品及农村事务部、业务创新与技能局。

① 该说明不属于问卷调查范围，部分海关提供了更为详细的解释。——作者注

② 6 个成员海关有多项选择。——作者注

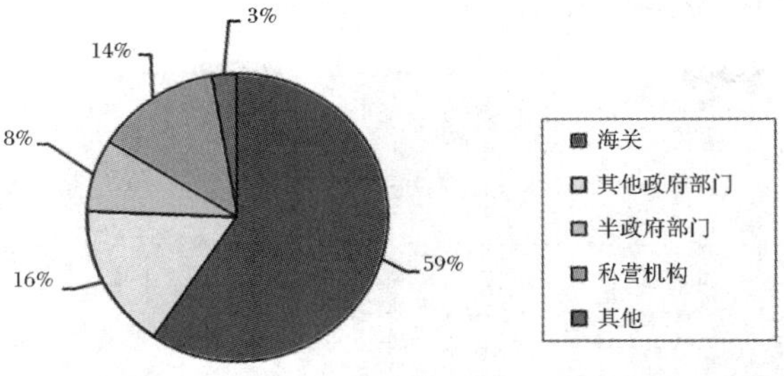

单一窗口服务提供者

5. 单一窗口运维资金来源

政府财政似乎是单一窗口运维资金的主要来源，同时也有以向用户收费和公私合营等方式来获取运维资金。

回答此问题的大多数海关当局表示，政府（19个，占66%）的单一窗口运维资金由政府承担，其次是收费（50个，占17%）、公私合营（3个，占10%）和其他（2个，占7%）①。

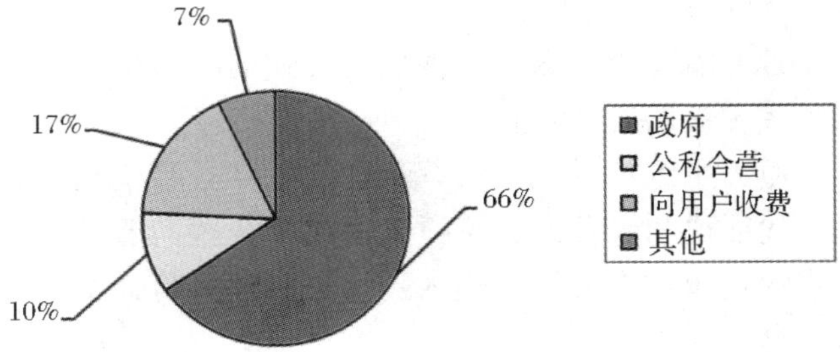

单一窗口运维资金来源

6. 阻碍单一窗口发展的问题和困难

关于阻碍单一窗口发展的问题和困难，回答这个问题的海关当局表示②：

（1）缺乏信息和通讯技术（17个，29%）；

（2）预算和人力资源有限（12个，20%）；

（3）部门之间协调困难（12个，20%）；

（4）法律框架不完善（8个，14%）；

（5）没有牵头部门（4个，7%）；

① 有2个成员有多项选择。——作者注

② 这是一个没有多项选择的开放式问题。世界海关组织秘书处把这些定性的答复分为6类，其他类包括官僚主义问题、没有调研、管理层变更、对现行程序的现代化持勉强态度及管理文化的问题。——作者注

（6）其他原因（6个，10%）。

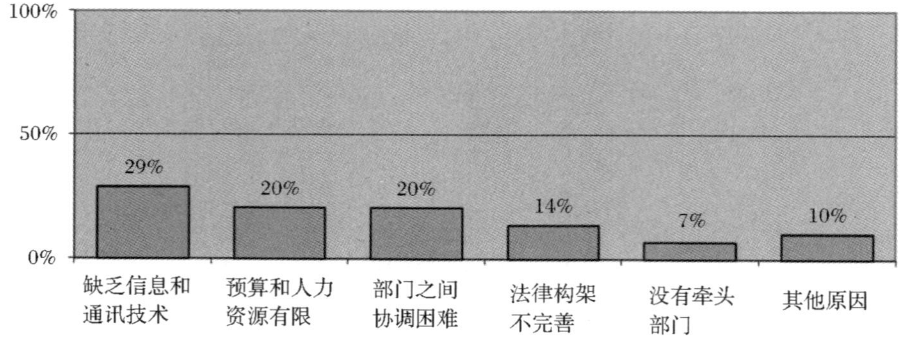

阻碍单一窗口发展的问题和困难

7. 货物通关系统的覆盖范围

调查发现，海关当局已经将各种业务流程、功能和服务纳入货物通关系统、单一窗口或一站式服务中。

在回答该问题的海关当局中：

（1）超过60%的海关当局表示，他们的货物通关系统（单一窗口或一站式服务）包含许多传统的海关职能：

进出口货物通关手续；过境许可/审批；商品/产品税则、禁限规定的在线查询；关税、代征税和收费的计算；关税和代征税的缴纳和退税；仓库货物监管；提交货物舱单；查验结果输入；货物自动风险评估；统计报告；跟踪货物的状态信息。

（2）30%以上、60%以下的成员海关表示，他们的货物通关系统（单一窗口或一站式服务）包含旨在便利跨境交易的程序，包括其他政府部门的程序，它们是：

普通企业法人登记服务；船舶进出港通知报告和处理；进出口许可和食品卫生的申请和批准、危险品报告、预裁定书的申请和发布；以及放行时间调查功能。

单一窗口、一站式服务、海关通关系统中包含的业务流程、功能和服务

业务流程/功能/服务	回答的数量（比重）
普通企业法人统一登记服务	22个（43%）①
公共场所和设施目录	15个（29%）
单一用户登记服务（只涉及一体化模式）	14个（27%）
共享数字签名认证服务	15个（29%）
共享用户身份认证	13个（25%）
进口货物通关程序	50个（98%）
出口货物通关程序	47个（92%）
过境转关许可	34个（67%）
商品/产品税则、禁限规定在线查询	42个（82%）
关税、代征税及收费计算（作为跨部门的共享服务）	37个（73%）
关税及代征税缴纳	45个（88%）
关税和代征税退税及其他类似手续	35个（69%）
仓库货物监管	33个（65%）
货物舱单提交	36个（71%）
交通工具（如飞机、船舶）进港/离港通知或向海关报告	23个（45%）
机组/旅客名单提及处理	13个（25%）
查验，包括机器查验和人工查验	13个（25%）
查验结果录入	34个（67%）
卫生检疫申请及批准	15个（29%）
食品卫生检疫申请及批准	16个（31%）
进出口许可申请及批准	21个（41%）
移民手续	1个（2%）
空港当局的手续，如航空器抵离港许可	6个（12%）
港务局手续，如船舶抵离港许可	12个（24%）

① 百分比指调查报告的答复数量占所有参占调查的成员海关总数（58个成员海关）的比重，但货物和物品的处理状态信息跟踪的项目除外（19/31=61%）。——作者注

续表

业务流程/功能/服务	回答的数量（比重）
危险品报告	17 个（33%）
原产地证书申请及签发	13 个（25%）
以上未列名的其他许可证的申请及签发	12 个（24%）
预裁定的申请及签发（如归类、估价）	16 个（31%）
货物自动分析和风险评估（选择查验）	35 个（69%）
统计报告功能	44 个（86%）
放行时间调查功能	22 个（43%）
货物及物品状态更新功能	19 个（61%）
其他①	3 个（6%）

（三）国际互操作性

无论是自动化系统还是纸质系统，如果不采用标准化的数据将会导致成本增加和各种冗余。在进口、出口及过境的数据和报文方面采用国际标准是单一窗口的要义之一。世界海关组织数据元保证了口岸部门之间的要求的兼容性和协同性，并因此为活跃的信息交换铺平了道路。

本部分研究海关是如何且在多大程度上追求与其他利益攸关者可互操作性的理念，重点探讨数据协同标准、接口及报文标准，世界海关组织国际货物唯一标志，以及与其他利益攸关者交换与贸易有关的数据等问题。

关键调查结论：

10. 调查显示，大多数成员海关使用国际公认的标准协调单一窗口数据。

尽管世界海关组织数据元被单一窗口的数据协调广泛采用，但相当一部分成员海关仍采用《联合国贸易数据元目录》和《联合国行政、商业和运输电子数据交换目录》的传统方法。

11. 各成员海关已经将或正准备将可扩展标记语言、网页服务技术和电子数据交换等作为单一窗口设计中的接口和报文标准。

前两种标准似乎随着越来越多的数据交换在互联网环境中进行，而日益普及。

12. 目前只有少数成员海关将其纳入单一窗口系统中，世界海关组织国际

① 包括风险管理系统、暂时进口及担保及其他在线调查项目。——作者注

货物唯一标志的普及仍需努力。

13. 尽管一些成员海关已经开始通过单一窗口与其他贸易伙伴交换贸易数据/信息，但绝大多数成员海关尚未起步。

当海关与贸易伙伴交换数据时，各种数据/信息在海关与贸易伙伴之间共享。

14. 调查显示，可扩展标记语言是通过单一窗口系统交换数据/信息的最常用方法。可扩展标记语言的广泛应用部分归因于互联网的迅猛发展。

1. 单一窗口数据与国际标准的协调

大多数成员海关的单一窗口数据都与国际公认的标准相协调。

在回答调查报告的问题的成员海关中：

（1）41 个成员海关（77%）表示它们的单一窗口数据与国际公认标准相协调；

（2）12 个成员海关（23%）表示它们的单一窗口数据未与国际公认的标准相协调。

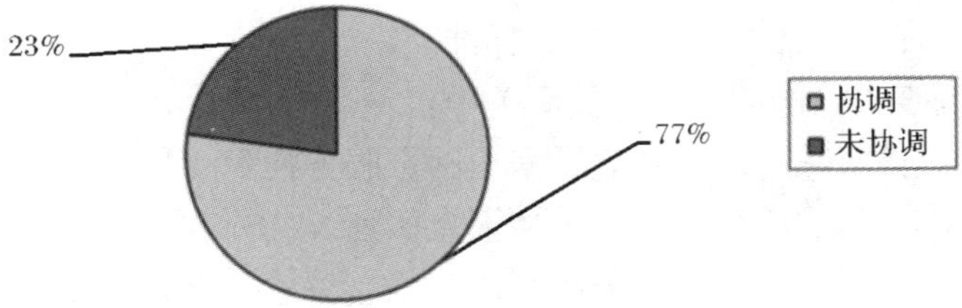

单一窗口数据是否与国际标准协调

2. 协调单一窗口数据的国际标准

尽管世界海关组织数据元已被许多成员海关用来协调单一窗口数据，但《联合国贸易数据元目录》和《联合国行政、商业和运输电子数据交换目录》等传统方法也被许多成员海关广泛使用。

在答复本调查报告问题的成员海关中：

（1）36 个成员海关①（40%）表示它们使用《世界海关组织数据元》（WCO DM）；

（2）24 个成员海关（26%）表示它们使用《联合国贸易数据元目录》（UNTDED）；

（3）20 个成员海关（22%）表示它们使用 UN/EDIFACT 数据模型；

① 该数字是世界海关组织数据模型 1.1 版（1 个成员海关）、2.0 版（17 个成员海关）和 3.0 版（18 个成员海关）的总和。——作者注

（4）6个成员海关（7%）表示它们使用《联合国行政、商业和运输电子数据交换目录》核心数据元库（UN/CEFACT）；

（5）5个成员海关（5%）显示它们使用其他数据标准①。

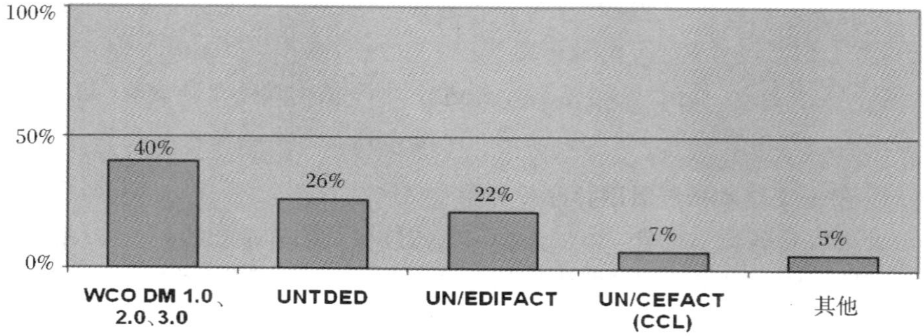

协调单一窗口数据的标准

3. 单一窗口设计中的接口和报文标准

显然，许多成员海关均已将可扩展标记语言、网页服务技术或电子数据交换作为其单一窗口设计的接口和报文标准。

在答复本调查报告的问题的成员海关中：

（1）27个成员海关（27%）表示采用网页服务技术（Web services）；

（2）7个成员海关（7%）表示采用消息队列（MQ）技术；

（3）24个成员海关（24%）表示采用包括《联合国行政、商业和运输电子数据交换目录》的电子数据交换（EDI）；

（4）40个成员海关（40%）显示采用可扩展标记语言（XML）；

（5）3个成员海关（3%）表示采用其他标准②。

① 许多成员海关选择多项答复，其他数据标准包括通用商业目录、电子商务可扩展标记语言和其他本国及欧盟标准。——作者注

② 许多成员海关选择多项答复，其他标准包括OFTP/X.25和EBXML。——作者注

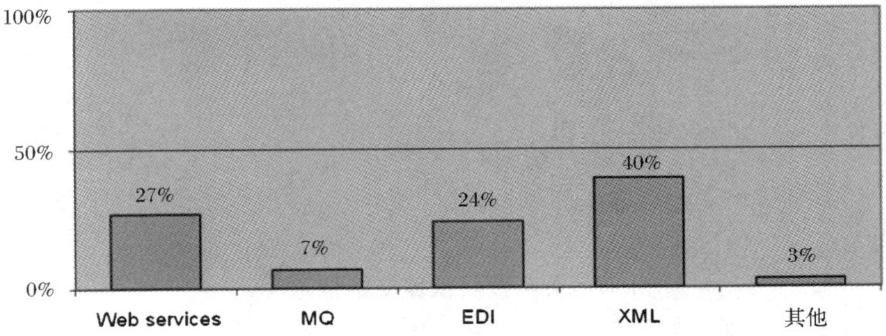

单一窗口设计中的接口和报文标准

4. 世界海关组织国际货物唯一标志

调查结果充分表明，必须加大世界海关组织国际货物唯一标志的推进力度，因为目前只有少数成员在其单一窗口中采用国际货物唯一标志。

在答复本调查报告问题的成员海关中：

（1）5 个成员海关（10%）表示在其单一窗口中采用了世界海关组织国际货物唯一标志；

（2）44 个成员海关（90%）表示在其单一窗口中没有采用世界海关组织国际货物唯一标志。

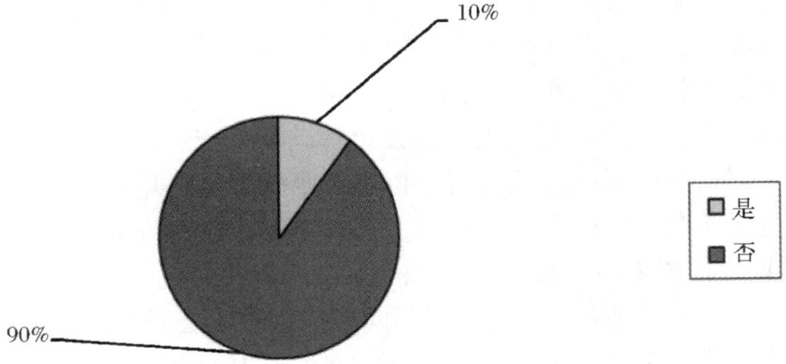

是否采用世界海关组织国际货物唯一标志

5. 与贸易伙伴交换信息

部分成员海关已经开始通过单一窗口与其他贸易伙伴互换贸易数据或信息，但大多数成员海关尚未开始这项工作。

在答复本调查报告问题的成员海关中：

（1）22 个成员海关（39%）表示已开始互换贸易数据/信息；

（2）34 个成员海关（61%）表示尚未开始互换贸易数据/信息。

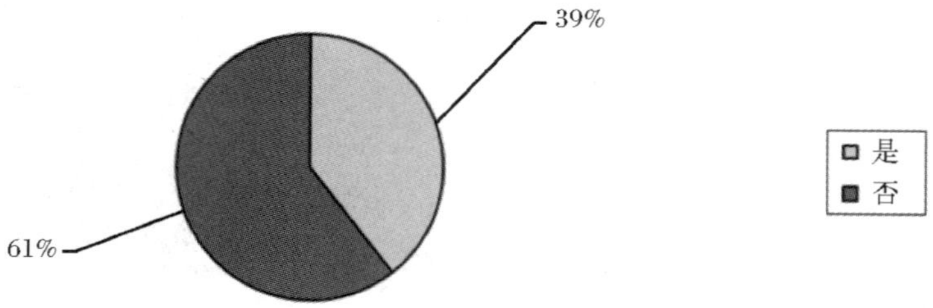

是否与贸易伙伴交换信息

一些成员海关提供了通过单一窗口与海关互换贸易数据的贸易伙伴的名称。这些贸易伙伴的主要方向包括：贸易及工业，外交事务和国际贸易，出口、运输（铁路、港口），农业，自然资源，环境保护，食品检验，统计，商业银行。

值得注意的是，只有少数成员海关已经开始或准备与其他海关当局交换数据贸易信息。

互换信息时，海关与贸易伙伴之间交换各种数据和信息，包括：进口许可，出口许可，货物通关，货物提前信息，海、空、陆货物舱单，铁路运单，对外贸易统计，出口详细信息，外贸许可，报关单，经认证的经营者（AEO）相关信息，固体废料及有毒化学品证书，农药证书，原产地证书，农业许可、动植物检疫、卫生检疫证明，缴税信息，关税及代征税征管数据。

关于在单一窗口数据交换中采用何种相互认证或桥认证中心的公钥基础设施机制问题，作出答复的部分成员海关提供了以下详细情况：口令系统，机构之间的直联，用户认证等级三，公钥基础设施交叉验证机构，两个确定的数据服务器之间压缩的消息队列，在专线服务上通过用户名和密码进行身份验证，电子签名，套接字层（SSL）安全链接，以及 Korea-VeriSign。

6. 数据、信息交换方式

据观察，在海关和其他政府部门不同的信息系统之间互换数据、信息时，可扩展标记语言是最常见的交换方式，部分应归功于互联网的迅猛发展。

在已经开始通过单一窗口互换信息的成员海关中：

（1）6 个成员海关（17%）表示采用电子数据交换（包括《联合国行政、商业和运输电子数据交换目录》）；

（2）17 个成员海关（47%）表示采用可扩展标记语言；

（3）9 个成员海关（25%）表示采用两者之间协调的数据元；

(4) 4个成员海关(11%)表示采用其他方式①。

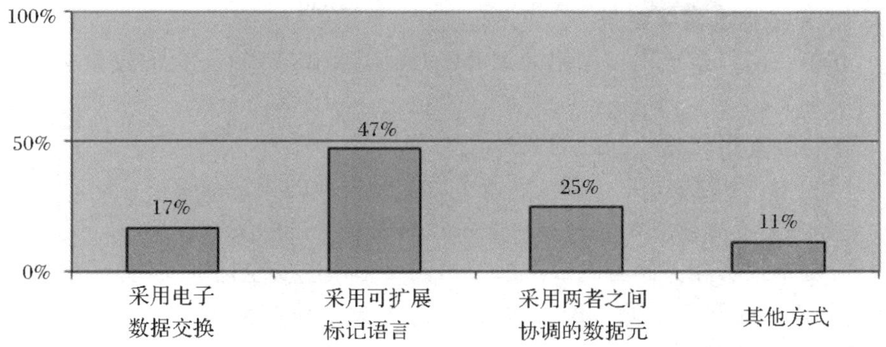

数据、信息通过单一窗口交换的方式

(四) 单一窗口的安全治理

尽管安全治理是一个相对新的概念,但近年来发展非常快。它指的是一套旨在保护信息系统免遭内部和外部攻击的方法。随着新技术的应用,信息系统的安全框架无论对系统运营商还是对其用户都是一种挑战。此外,安全治理在单一窗口的建设中尤为重要,因为它连接的是口岸执法机构、企业和其他有关各方不同的自动化系统。

本部分研究海关当局如何应对保护单一窗口系统免遭非法或未经授权的侵入,以及身份核查和授权程序等方面的挑战。

关键调查结论:

15. 在单一窗口系统建设中采用诸如 ISO 28000 或 BS 7799 等安全标准仍需努力,因为只有少数成员海关采用了该标准。

16. PIN码(或口令系统)和公钥基础设施(PKI)看来是访问单一窗口系统最常用的认证工具,也有使用非 PKI 数字认证、认证令牌、生物特征识别、智能卡方式。

17. 部分成员海关为伙伴部门访问单一窗口系统采用了共同的身份管理系统。

18. 一些成员海关实施了“单点登录”,帮助伙伴部门访问单一窗口系统不同应用程序时进行认证和登录。

19. 尽管海关与其他贸易伙伴实现了信息互换,但海关通常不允许其他部

① 一些成员海关有多项选择,其他方式包括通过 MQ 的统一的报文格式。——作者注

门访问他们在单一窗口系统中的原始数据。

1. 安全标准实施框架

在单一窗口系统中，采用诸如 ISO 28000 或 BS 7799 一类的安全标准需花大力气。

在答复本报告相关问题的成员海关中：

（1）11 个成员海关（29%）表示有安全标准的实施框架；

（2）27 个成员海关（71%）表示没有安全标准的实施框架。

答复本报告相关问题的成员海关目前所采用的安全标准实施框架包括：

AFIP 标准安全框架；BS 7799，信息安全手册和网关；ISO 27001；ISO/IEC 17799：2000。

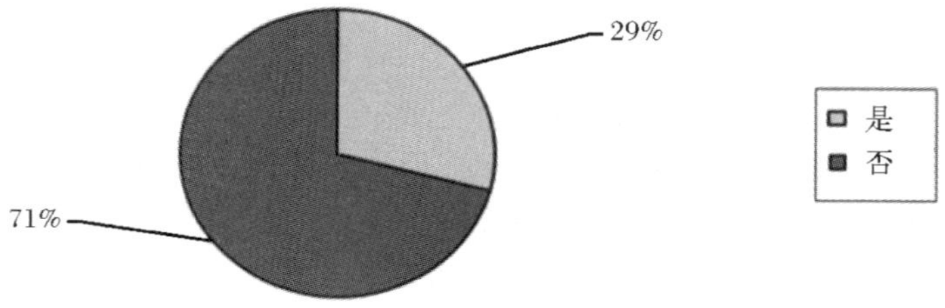

是否应用安全标准实施框架

2. 访问单一窗口的认证工具

PIN 码（或口令系统）和公钥基础设施（PKI）是进入单一窗口最常见的认证工具类型。

在答复本报告相关问题的成员海关中，用户访问单一窗口系统使用下列类型的认证工具：

（1）PIN 码或口令系统（29 个成员海关，45%）；

（2）公钥基础设施（PKI）（23 个成员海关，35%）；

（3）非 PKI 数字证书（3 个成员海关，5%）；

（4）认证令牌（2 个成员海关，3%）；

（5）生物特征识别技术（1 个成员海关，2%）；

（6）智能卡（6 个成员海关，9%）；

（7）其他（2 个成员海关，2%）。

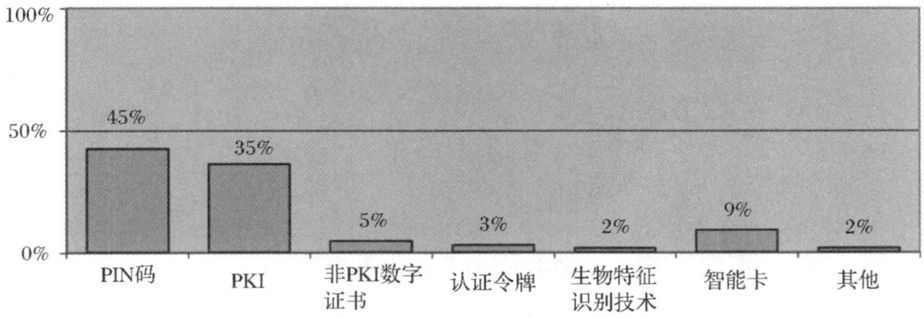

访问单一窗口的认证工具

3. 共同身份管理系统

部分成员海关似乎在相关政府部门访问单一窗口时已经采用了共同身份管理系统。

在答复本报告相关问题的成员海关中：

（1）17 个成员海关（45%）表示使用共同身份管理系统；

（2）21 个成员海关（55%）表示不使用共同身份管理系统。

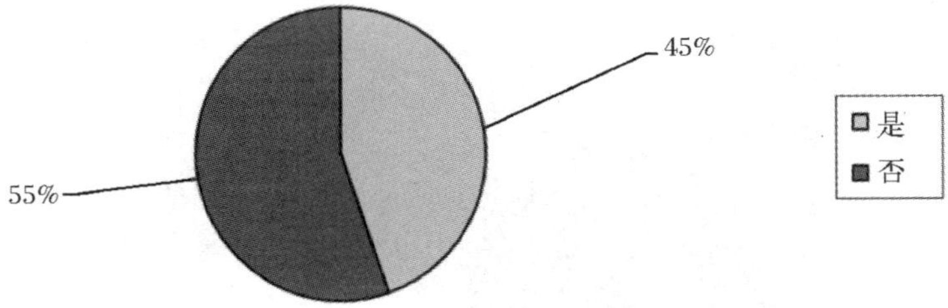

是否采用共同身份管理系统

4. 实施单点登录

研究发现，半数左右成员海关采用了单点登录来帮助合作部门在访问单一窗口系统不同应用程序时进行认证。

在答复本调查报告的成员海关中：

（1）19 个成员海关（49%）表示实施单点登录技术；

（2）20 个成员海关（51%）表示没有实施单点登录技术。

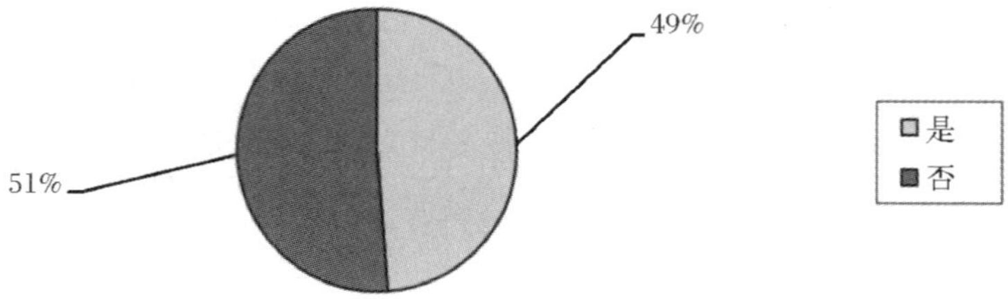

是否实施单点登录

5. 其他部门访问单一窗口数据

一个非常明显的迹象是各国海关通常不允许其他部门访问它们在单一窗口系统中的原始数据。

在答复本调查报告的成员海关中：

（1）2 个成员海关（5%）表示允许其他部门进入；

（2）37 个成员海关（95%）表示不允许其他部门进入。

必须指出，该统计结果并不意味着海关与其他相关部门和单位几乎不互换信息。正如我们在前文提到，海关和贸易伙伴之间正在通过单一窗口互换各种信息和数据。

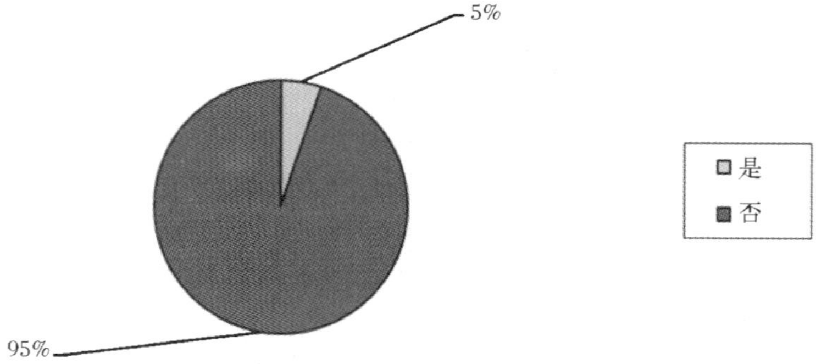

是否允许其他部门访问单一窗口数据

三、 结论

国际贸易的发展要求海关持续利用信息和通讯技术，以进一步优化贸易流程。特别是，当前需要开发一种信息和通讯技术工具，如单一窗口系统，以促进贸易便利。为努力推动单一窗口建设，世界海关组织首次在世界范围内就世界海关组织成员在处理跨境交易中如何进行单一窗口系统的规划和建设进行了全面研究。在世界海关组织六大区的积极参与及亚太经合组织的合作下，本研究报告提供了许多值得注意的观点。

一个核心的调查结论是，在世界范围内，各国海关普遍采用自动化的货物通关系统，实现了经济运营者的电子报关。然而，绝大多数成员海关还没有使用单一窗口系统。多数单一窗口系统都是2000年以后出现的，并且由于许多成员正在开发之中，数量还在持续增加。信息和通讯技术在最近十年左右史无前例的进步显然是这一趋势背后的重要原因。本调查报告还证实了海关当局往往是提供单一窗口服务的倡导者，或单独或与其他政府部门合作，主要使用政府财政作为运维资金。

利益攸关者之间的信息互换取决于完备的安全治理和数据互操作性。本调查报告证实了许多成员海关根据“世界海关组织数据元”“联合国贸易数据元目录”和“联合国行政、商业和运输电子数据交换目录”等国际标准对单一窗口数据进行协调。本调查报告建议各国海关对单一窗口安全治理问题应给予更多关注。

参考文献

1. 亚太经合组织．海关手续分委会单一窗口报告，2010年

2. 亚太经合组织．亚太经合组织经济体单一窗口建设及国际协同，2010年

3. 联合国贸易便利及电子商务中心．联合国贸易便利及电子商务中心第33号建议书——关于建设单一窗口的建议和指南，网址：http：//www. unece. org/cefact/recommendations/rec_ index. htm

4. 联合国贸易便利及电子商务中心．联合国贸易便利及电子商务中心第35号建议书——建立国际贸易单一窗口的法律框架，2010年10月，网址：http：//www. unece. org/cefact/recommendations/rec_ index. htm

5. 世界海关组织．世界海关组织数据模型——单一窗口数据协调（第2版），2007年2月，网址：http：//www. wcoomd. org/sw_ guidelines. htm

6. 世界海关组织．单一窗口：对海关的影响，2008年12月，网址：http：//www. wcoomd. org/sw_ guidelines. htm

WCO 数据模型——跨境贸易驶入快车道

世界各国政府已经意识到，在一个国际贸易流程低效和繁复的环境下，经济快速增长是无法实现的。在过去的 20 年里，国际贸易和跨境监管程序的现代化一直被高度关注。各国在海关自动化和电子数据交换（EDI）基础设施等领域的项目中投入了大量的资源。

总而言之，这些项目都取得了实实在在的成果，在向决策者提供贸易数据、改善货物和船舶的循环周期，以及承担更大的责任等方面取得了不同程度的成功。然而，大量的工作仍有待完成。在这一领域不同国家（地区）所达到的水平差异很大，并且不断有新项目开始起步。此外，边境管理领域不断有新发展，也对新举措提出了要求。

目前，一些政府正在开展电子单一窗口服务建设，基于联合政府服务原则，单一窗口环境通过简化和统一贸易成员间及涉及跨境监管程序的不同政府部门间的“接触点”，具有对业务提供新的转型优势的潜能。此外，供应链安全与贸易便利化的新需求已经出现，促使世界海关组织《贸易便利与安全标准框架》的建立。鉴于这些发展，新举措正在进行中，包括新的自动化系统开发或对已有系统的重大升级。

从这些发展中可以看到，不断衍生的新兴业务架构将面临大量的各种各样的挑战。项目负责人需要对项目范围、业务流程设计、国际标准、遗留系统处置等问题的各种可能性有所考虑，然而，不论环境如何改变，基本数据结构代表核心业务是永恒不变的真理，在这种情况下，世界海关组织数据模型 3.0 版在提供解决方案的关键要素方面是非常有帮助的。

本文简要介绍了世界海关组织（WCO）数据模型 3.0 版的基本内容，说明了模型的范围、与其他国际公约如《京都公约》（修订）的关系，以及与被广泛采用的国际标准的对标。本文面向海关当局及其他跨境监管部门的项目领导和信息技术架构师，世界海关组织希望通过本文创建对世界海关组织数据模型价值的正确认识，即作为对包括海关在内的跨境监管部门现代化项目不可或缺的工具。

一、背景

多年来，海关核心自动化系统和电子数据交换（EDI）设施已经基于政府的需要被开发和运营，这些需求从政府立法和地方运作的需要出发，遵循国际数据标准的必要性也已被广泛认可，《联合国贸易数据元素目录》（UN/TDEC）及《联合国行政、商业和贸易电子数据交换》（UN/EDIFACT）在许多政府被广泛使用。

尽管这些国际标准被使用，但在海关领域，还没有国际数据字典存在。用于海关领域的 UN/EDIFACT 标准电子信息，例如，进出口货物申报的海关申报报文（CUSDEC）、货物舱单报文（CUSCAR）等，确实代表在此领域有组织的应用，海关当局推动了这些电子信息的发展，并且经过多年的发展，形成了非常复杂的结构，但是没有基础概念数据模型来统领这些信息的持续维护。

贸易和运输团体持续寻求基于政府边境管制的国际贸易事务数据要求的简化，程序的全球性协调和简化被认为可以通过简化政府部门的底层数据需求来实现。

1996 年，世界七大经济体的政府首脑们认为混乱、冗长和非标准的数据系统已对贸易形成非关税壁垒，因而，成立海关专家组，七国集团（G7）海关专家组受命开展规范并减少满足海关要求所必需数据量的工作。

G7 认为，通过标准化及减少数据量将改善跨越国境的货物流动，降低满足政府要求相关的成本和复杂性。作为这个项目的一部分，针对每个基本的海关程序的“G7 国家统一数据集”被开发出来，其重点在于通过淘汰、简化和标准化数据，实现数据需求的最小化。

WCO 数据模型项目是由 G7 发起的，朝着海关标准化目标持续努力的项目，G7 的工作在 2001 年被世界海关组织所接替，并被称为世界海关组织海关数据模型 1.0 版本。

随着一些世界海关组织成员政府的投入，通过透明的数据维护请求（Data Maintenance Request，DMR）程序，数据模型的内容被分阶段扩大和深化。业务流程的范围扩大，以及采用更复杂的建模技术（如 UML2）。电子信息指南在 UN/EDIFACT 和 XML 规范中产生，基于来自世界海关组织数据模型的共同基本语法——中性结构。

WCO 数据模型 2.0 版于 2005 年发布，WCO 数据模型 3.0 版于 2009 年年底发布。

在 2009 年 6 月世界海关组织会议上，世界海关组织委员会通过了应用

WCO 数据模型的建议。

WCO 数据模型 2.0 版和 3.0 版主要区别之一是 3.0 版首次具体包含了海关以外的其他跨境监管部门所需要的信息，以满足他们的申报需要。

3.0 版包含了政府对企业（G2B）的报文，并且更多地考虑对可扩展标记语言（Extensible Mark-up Language，XML）的使用给予支持。

数据模型目前包含特别支持其他部门的数据，或跨境监管合作部门对农产品、有害废物及食品安全等的信息，更广泛地覆盖了运输程序。《国际便利海上运输公约》及《国际船舶和港口设施保安》（ISPS）的申报要求也已纳入 3.0 版。

WCO 数据模型 3.0 版向单一窗口及“跨境监管一体化政府”结合靠拢，不仅满足海关法律的要求，同时也满足他跨境监管合作部门的要求，因此，3.0 版在其名称上不再包含“海关”一词。

数据模型有较少的“海关中心性”，为满足更广泛范围的跨境监管申报需求提供了可能，从而扩大了 WCO 数据模型的潜在应用。

最后，WCO 数据模型 3.0 版包含了一个针对新的 EDIFACT 政府跨境监管信息（Government Cross-Border Regulatory message，GOVCBR）的《报文实施指南》（以下简称《指南》），GOVCBR 是由数据模型项目团队开发的，用以代表对货物、集装箱及运输工具实施跨境放行的“一体化政府单一窗口”的全部需求。

二、 WCO 数据模型

WCO 数据模型是一组来源于跨境监管部门的经过精心组合和协调的数据需求的最大集合，这些需求是相互支持的，并将被定期更新，以满足跨境监管部门如海关、进出口管控、交通管理部门的程序和法律需求。

WCO 数据模型基于《京都公约》（修订），要求海关当局只能要求最少的数据提供，来确保海关法律的遵守。海关当局将因此在每个业务流程各自的数据子集中列出最需要的数据元，这些自我加强的限制，阻止数据需求的未来增长。

WCO 数据模型的使用准则，确保了任何跨境监管程序新的数据需求必须遵循一个对需求进行全面分析，以及基于国际标准的决策过程，同时还应该考虑贸易界在正常开展业务过程中提供相关信息的能力。

（一）一个协调的数据集

信息和单证在国际跨境贸易控制中是关键元素，在当今相互连接的电子环境中，越来越多地控制数据向海关提前传输，以及海关与海关间的数据交换，目的是为达到必要的安全水平及可以被接受的放行时间。

协调和标准化的数据集及使用国际代码标准的电子信息是有效率的企业与政府（B2G）、政府与企业（G2B）及政府间（G2G）信息交换和共享的关键。

（二）基于业务流程与信息建模

业务流程和信息建模确保设计及开发信息系统和电子信息有一个适当的基础，业务流程建模也是分析和优化业务流程的关键。

WCO 数据模型包括了对《京都公约》（修订）中包含的海关程序和流程的分析和建模，通过使用“用例图”“活动图”及描述，基于这些分析，开发海关业务流程的演示场景。

WCO 数据模型中，从海关及其他跨境监管部门生成的信息流已经过通过“类图”进行分类组合，并采用“统一建模语言”（Unified Modeling Language，UML）建模。

（三）向一体化政府跨境监管靠拢

考虑到目前一体化政府跨境监管单一窗口的发展，WCO 数据模型能够：

1. 向所有主管管理机构提供一个进行监管数据交换的公共平台，从而使信息能及早地共享；

2. 向国际贸易商提供一个与海关及多个政府机构的简化接口，也是一个被认真关注，体现全面监管要求的单一接入点；

3. 通过对商业运营的最低要求来加强风险管理，所有相关跨境监管部门的关键数据需求能够通过使用 GOVCBR 一次性向海关提供得到满足；

4. 使海关建立跨机构的操作连接与实践成为可能，并将抵消或减少运营成本、投资及通常与边境控制相关人员的数量。

三、WCO 数据模型的作用

WCO 数据模型作为程序的最重要资源及与 IT 员工的主要业务接口，为什么我们需要对它有所了解？

（一）有助于建立现代海关系统的蓝图

WCO 数据模型，作为一个海关业务及跨境监管的概念数据模型，有助于建立现代海关信息系统蓝图，连同通用用例和活动图、标准的电子信息定义，在一个非常高的水平上，实现系统数据输入和输出。

这些构件构成了高级别的海关业务规范，而真正的自动化系统是基于来源于政府立法及地方运作需要的规范构建的，海关和跨境监管部门的软件应用应该尽可能地基于国际标准。

WCO 数据模型的开发，是基于与海关和边境法规相关的面向数据结构的详细勘探，是通过定义和描述数据元素及其相互关系的正式流程来完成的，这些数据元根据使用它们的业务流程被制成表格，抽象的、用于表示和访问的数据，是通过一系列使用统一建模语言（UML）模型的组合被开发和描述的，这些 UML 类模型包含了一个整体模型及其他根据不同海关手续的特定模型，这些都被用于生产具有工业实力的 UN/EDIFACT 及 XML 消息指南。

WCO 数据模型 3.0 版对于运行它的自动化信息系统类型来说是中立的，它可以在任何类型的计算机硬件或软件平台上实现，并且是技术独立的。

（二）它是跨境监管单一窗口的核心

现代海关前瞻性思维的一个主要方面是协调的边境管理（Co-ordinated Border Management，CBM）的概念，而在此概念中，一体化跨境单一窗口是一个关键促成要素。

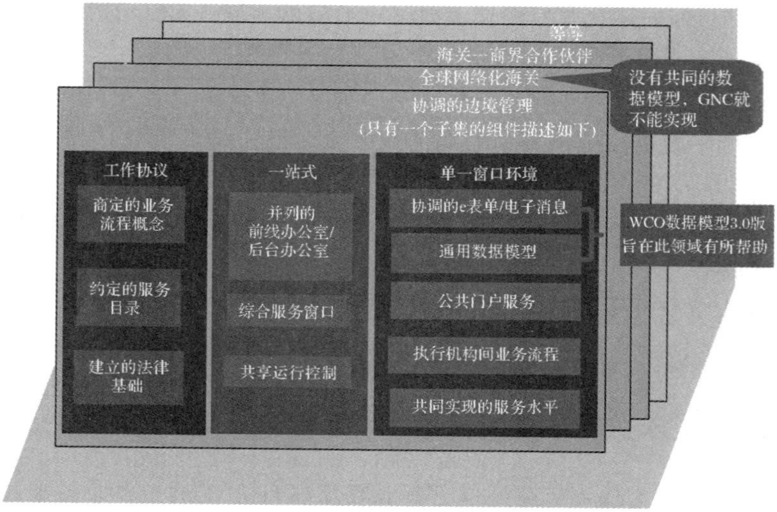

WCO 数据模型 3.0 版是跨境监管单一窗口的核心

WCO 数据模型 3.0 版是优化电子数据交换的解决方案，为完成货物放行和清关的一体化政府跨境数据需求提供一个全球化的标准，其效果是为政府及贸易界节省成本和时间。

它提倡数据“一次提交”的概念，或一条信息只需向跨境监管部门提交一次，目的应该是从可提供数据的相关方的最佳位置处获取并使用这些数据，数据应从供应链上最早的时间点上获取，WCO 数据模型将自身定位为跨境监管数据交换的通用语言。

（三）它是一个完整的工具箱

WCO 数据模型是一个含可用于多种目的材料的工具箱，如下图所示，WCO 数据模型由几种组件组成，提供这些组件以确保数据模型被广泛接受并使用。

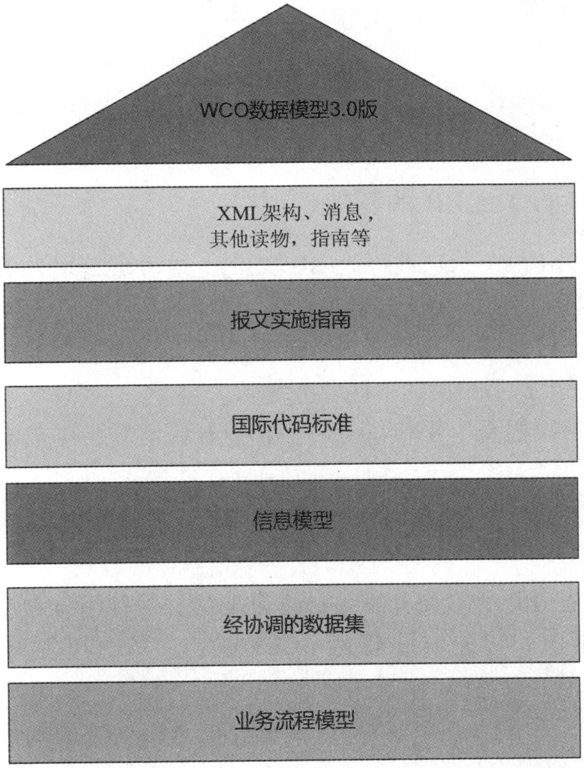

WCO 数据模型 3.0 版是一个完整的工具箱

一方面，WCO 数据模型是一部关于数据交换及支持海关业务流程和相关跨境监管合作部门监管信息需求的综合性数据字典，这部数据字典由出口、进口、运输、运输工具和应答等数据集组成。

着眼于减少并使不同程序的数据需求合理化，WCO 数据模型是一个约定的最大数据集的基础。

另一方面，它是一个技术模型，被系统地开发用来反映不同信息片段之间关系，这些技术模型是真实的业务开展数据结构开发的奠基石。

如本之前所述，WCO 数据模型包含了《京都公约》（修订）中海关程序和流程的分析和建模，通过使用“用例图”“活动图”及描述，基于这种分析，开发海关业务流程的演示情景。

来自海关及其他跨境监管部门的信息流，已经被分门别类，通过“超类”“类图”汇集在一起，并通过 UML 建模，这些模型可在政府层面上被作为开发自动化系统的参考模型，通常情况下，类似的模型因建立自动化系统的架构设计而被开发。

这些模型将帮助业务分析师理解并发现来自国际供应链不同流程数据之间的关系，WCO 数据模型帮助数据库设计师发现和识别那些必须在数据库中反映的关系。

最后，WCO 数据模型包含标准的电子信息，连同详细的实施指南和其他支持文档。

（四）它是 GOVCBR 的基础

新的 UN/EDIFACT 信息被称为 GOVCBR，或政府跨境监管信息，汇聚了海关和跨境监管部门所需的所有数据：

1. 它提供了数据需求的全部，给予实施者设计电子信息的灵活性，以满足与跨境贸易法律要求相关的不同业务需求。

2. 它使“一次提交”的概念（一条信息在一次交易中只需提交一次）的实施成为可能。

3. 它涵盖了出口、运输、货物、进口及转运报告的信息，以及从跨境监管部门的应答信息。

4. 使用 GOVCBR 的应用开发人员将只需维护一种消息类型的映射，而不是多种消息类型，如海关申报报文（CUSDEC）、货物报告报文（CUSCAR）等。

5. GOVCBR 还承担了国内的与国际的、监管机构之间的信息交换。跨境监管部门已经在他们的规定中指定了业务表单，这些表单需要贸易商完成并提交。单一窗口的实施要从整体视角看待这些需求，并且建议开展合理的表单设计，以及组织完成一套经协调的需求集。这样的重组是由“一条信息在一次交易中只需提交一次”的原则所驱动，WCO 数据模型为监管信息重组提供了一个明确的基础，促进了这样的安排，并且 GOVCBR 是带有此类消息的结构。

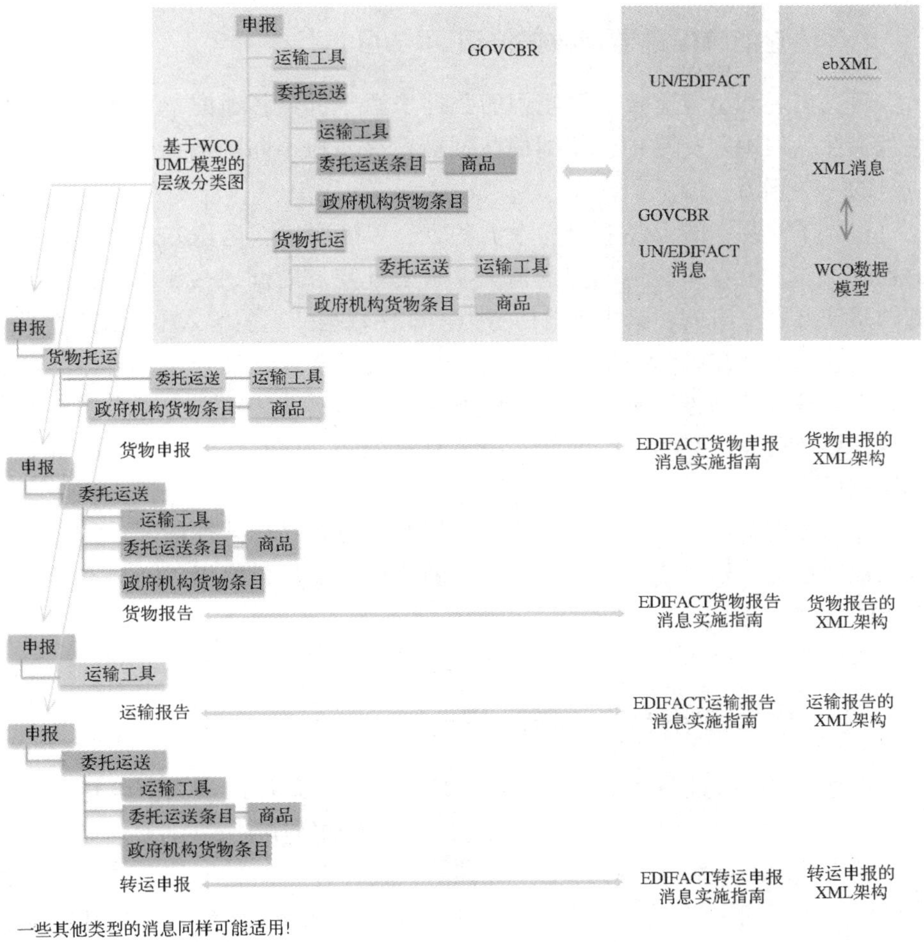

WCO 数据模型 3.0 版是 GOVCBR 的基础

(五) 它带有 XML 规范

XML 规范和指南帮助 GOVCBR 的 XML 变体及其他货物报告、商品申报等的 XML 消息的实施。

XML 模式和 XML 消息实施指南提供文档，帮助构建与数据模型相符的 XML 消息实例。

XML 模式的可重用组件包含来自 WCO 数据模型的文档，可被用于校验目的，这是旨在通过促进架构组件重复使用，简化信息处理。

（六）它能够促进监管数据协调

海关当局和边境监管部门使用的数据来源于世界各地的贸易和运输交易过程，在一项国际交易中，相同的数据被世界各地不同的系统所使用，从供应链的一端到另一端。

包含了交易中的商品、交易中的各方、单证要求、运输方式和运输设备的数据，以及沿着供应链发生的重大事件的地点和时间。多年以来，这个领域的系统开发一直朝着最小化目标努力，即使数据的重复输入不能完全消除。

信息和单证在国际跨境交易控制中是关键要素。在当今相互连接的电子环境中，这些控制越来越多地包含向海关的数据提前传输。为了提供必要的安全等级及可被接受的放行时间，海关与海关间（G2G）信息交换的可能性已经被预见。

提前传输意味着货物到港前的数据提交，或者，在某种情况下，在货物被放置到承运的集装箱内前。为得到准确的提前信息，使用国际标准是至关重要的。

数据模型项目团队开发了《指南》来支持单一窗口数据协调的开展。

（七）它解释了代码的国际标准使用

国际代码标准使通信成为可能，而使用普通的口语或书面语言将有困难或不能办到。使用自由文本替代编码信息，将增加错误的可能性。

使用代码表示数据，在传输或存储时，某种程度上更不易出错，发送相同的信息所需的字符更少、更快，并且花费更少。为了确保信息在其传输并转入数据库过程中内容不失真，发送方和接收方之间有必要就采用相同的代码达成一致。

不使用代码的系统将无法为他们的业务流程提供准确的数据，这是因为自由文本数据易受微小印刷错误的影响，与计算机化发展进程不相适合。例如，如果业务实体、商品或者物流位置不是用代码来表示，则风险预测程序不能轻易地被开发。这是因为自由文本数据易受轻微输入错误的影响，使其不适合构建或进行任何其他的自动化处理。

WCO 数据模型 3.0 版提供了关于如何获取这些代码并在数据库中进行处理的全面信息，不仅面向海关，也面向各种各样的其他政府机构。

（八）它的开发得到贸易商的参与

WCO 数据模型并非在封闭状态下开发，来自贸易和运输团体及其他跨境监管部门的参与，对 3.0 版的开发提供了帮助。简化跨境监管将降低成本并缩短周转时间，这是贸易界对 WCO 数据模型投入极大热情的原因。

贸易和运输组织及跨境监管部门的合作伙伴将在未来继续参与 WCO 数据模型的管理与维护。

来自商界的利益相关方与政府部门的代表们一起对 WCO 数据模型进行回顾，目的是在可能情况下，继续完善后续版本。

四、 WCO 数据模型与其他国际公约的关系

WCO 数据模型 3.0 版是如何与其他掌控贸易与运输的国际公约相关联的？

（一）《京都公约》（修订）

《京都公约》（修订）列出了海关程序清单，为 WCO 数据模型提供了基础。下图展示了《京都公约》（修订）及其《指南》中描述的海关程序。

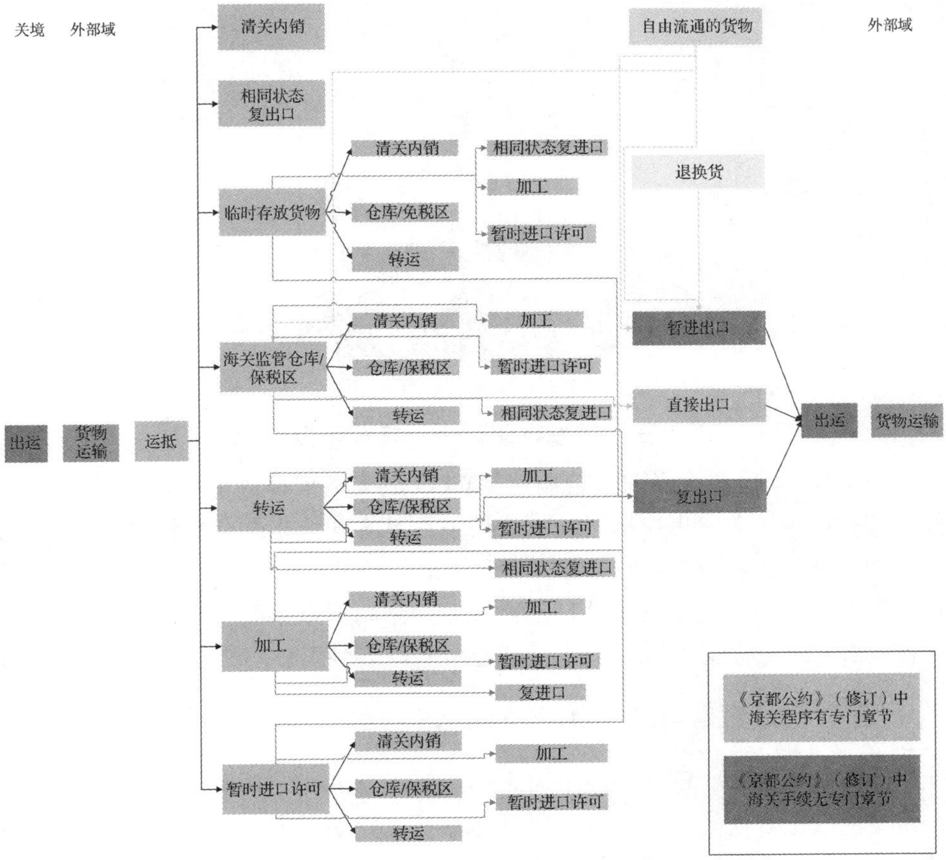

海关程序

上图显示了海关程序依次发生的不同可能。当某一运输工具抵达关境，货物必须被置于某一海关程序下，这可能跟随在那些处于另外的海关监管程序下，等待被放行及完成清关可自由流通的货物之后。

WCO 数据模型中的文件提供了与一些主要海关业务流程相关联的业务流程的理解，WCO 数据模型以所有海关程序作为背景知识考虑数据需求。

（二）全球贸易安全与便利标准框架

多年来，海关的角色已经发生了翻天覆地的变化，即使政府仍必须对税收调动保持专注，供应链安全措施和公共卫生及安全规程都显得极为重要。

WCO 开发了《全球贸易安全与便利标准框架》（SAFE FOS，简称《标准框架》），保护贸易安全和促进贸易便利的愿望是通过 WCO 成员所表现出的实施《标准框架》的承诺和意愿来呈现的。

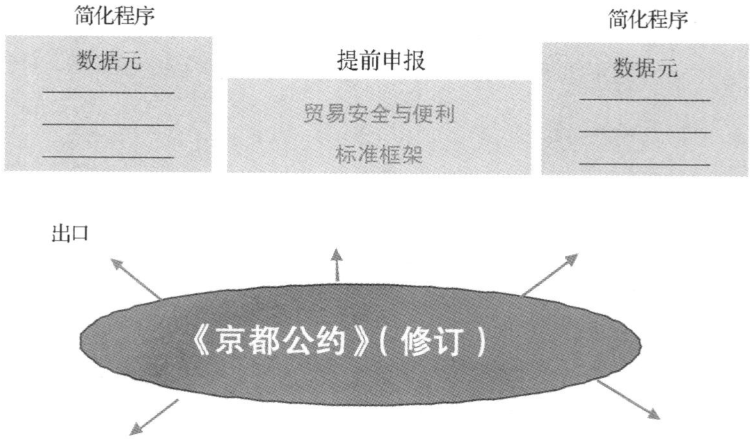

在《标准框架》下可提前申报

《标准框架》包含提前报告制度，WCO 数据模型将这个要求纳入考虑范围，并且包含了在《标准框架》下可被用于提前电子报告的数据结构。

利用 WCO 数据模型 3.0 版，可创建集装箱从起点到终点的电子信息跟踪。例如，根据《美国安全港口法》规定，进口商及承运人有义务按照通常称作“10+2”的要求填报，这些需求已经被映射到 WCO 数据模型 3.0 版中。

（三）国际海事组织 FAL 及 SOLAS 公约

国际海事组织（International Maritime Organization，IMO）负责（尤其是）确定海上安全方面的国际义务，包括与船员、船舶及船舶安全运行资格有关的文件准备。申报的要求来源于这些义务，包括货物和安全报告。

海上世界的安全保卫通过《海上人命安全管理公约》（Safety of Life at Sea，SOLAS）进行管理，近年来，该公约已通过《国际船舶和港口设施保安规则》（International Ship and Port Facility Security Code，ISPS Code）加以修订，以加强船舶和港口设施的安全。

国际海事组织公约（FAL），通过使用FAL表格（1-7）掌控船舶、港口接口方面的报告，为货物、运输工具、船用燃料、船上商店等的申报提供全球范围的基础。

WCO数据模型3.0版考虑了安全需求，以及根据FAL及SOLAS公约和ISPS Code规则的船舶报告。

（四）其他国际公约

1. 国际民用航空公约

国际民用航空组织（International Civil Aviation Organization，ICAO）创建国际空中导航标准。《公约》附件9包含了与简易化FAL有关的《标准与建议措施》（Standards and Recommended Practices，SARPs）的若干规定，尤其是海关和移民程序，包括航空器、承载的货物、乘客与机组的电子申报标准，它也负责管理大量与航空运输有关的代码清单，WCO数据模型完全覆盖了基于ICAO公约要求的航空公司货物申报内容。

2. WTO估价规则

《WTO海关估价协议》建立了一个以海关为目的的商品估价系统。

这个系统需要与交易相关的特定数据，以便自动化系统能正确地运用体现在WTO估价规则中的原则。WCO数据模型旨在准确捕抓和组织这些数据，作为进出口申报一部分。

3. 协调商品分类和编码的国际公约（HS公约，1983年，海关合作理事会）

依据本公约的目标，WCO数据模型建议采用HS编码开展贸易统计的采集、比对和分析，通过减少发生在重新描述、重新分类及将商品从一个分类到另一个分类进行重新编码的费用来促进上述活动的开展。

然而，当其他跨境监管机构需要在其决策的特定区域采取其他分类方案时，WCO数据模型能使根据这些方案报告分类成为可能。

4. 国际运输车辆规则担保下国际货物运输的有关关税协定（TIR公约，1975年，联合国欧洲经济委员会）

TIR公约适用于公路车辆的货物运输，包括集装箱货物跨越一个或多个边境的移动，WCO数据模型已经与“电子TIR”的要求相一致。

WCO数据模型3.0版的“运输部分”已经全面涵盖了“电子TIR”规

范。

5. 与危险货物有关的条例

WCO 数据模型促进了制定或派生于联合国经济和社会理事会（UN/ECE）《对危险货物运输专家委员会的建议》国际标准的应用。

然而，当国内法规需要关于命名、记录、标签或包装的额外分类时，WCO 数据模型使相关国家（地区）监管或处理机构此类额外信息需求的交付成为可能。

6. 其他国际公约

WCO 成员及国际组织代表，带来的基于国际公约、协定，以及如《植物保护国际公约》《关于有害废物的巴塞尔公约》项目、电子证书项目等的跨境监管需求。

五、 其他国际数据标准

WCO 数据模型与其他国际标准，如联合国贸易数据元目录（UNTDED）是一致的，并将与 UN/CEFACT 的核心组件库（CCL）对齐。

（一）联合国 CEFACT 标准

1. ebXML 和 UN/CEFACT 核心组件库

开发 XML 信息的推荐规范亦被包含在 WCO 数据模型中。ebXML，作为唯一的被广泛接受的 XML 标准，被 WCO 数据模型项目团队所推荐，作为开发 WCO XML 规范的标准。

（1）ebXML 是一套使企业能够在互联网上开展业务的模块化规范，它还描述了 XML 技术如何被应用于创建和交换信息，ebXML 被认为是比传统的 EDI 更实惠的解决方案。

（2）关于在 XML 格式中电子信息的业务内容，ebXML 凭借 UN/CEFACT 的支持，全球性组织使 ebXML 消息内容规范标准化，ebXML 负责信息的核心组件和业务流程模型。

（3）WCO 参与 UN/CEFACT 核心组件的标准化过程，WCO 数据模型与其是一致的，并已包含在 UN/CEFACT 核心组件库中。

2. UN/CEFACT 推荐规范

WCO 数据模型建议使用 UN/CEFACT 推荐的规范，如：

（1）Rec. No. 3 使用 ISO 国别（地区）代码——表示国家（地区）名称的代码；

（2）Rec. No. 5 国际贸易术语解释通则；

（3）Rec. No. 9 表示币种的字母代码；
（4）Rec. No. 16 港口代码——表示港口和其他地点的代码；
（5）Rec. No. 17 支付条款——支付条款的缩写；
（6）Rec. No. 19 运输方式代码；
（7）Rec. No. 20 用于国际贸易计量单位的代码；
（8）Rec. No. 21 货物类型、包装及包装材料代码。

3. UN/EDIFACT 消息标准

WCO 数据模型之前的版本是面向 UN/ECIFACT 标准为基础的消息，如 CUSCAR（海关货物报告消息）、CUSDEC（海关申报消息）和 CUSREP（海关运输工具报告消息）。WCO 数据模型 3.0 版已经发展成为一体化跨境单一窗口的内核，GOVCBR 由 3.0 版发展而来，最终将会替代所有的 CUSXXX 消息。

GOVCBR 使遵从单一窗口关键要素成为可能，即在一次跨境交易中只需发送一次信息，GOVCBR 可让监管部门对任何涉及货物、集装箱或运输工具放行的跨境情况从相同的结构创建并指定电子信息。

对于 GOVCBR 报文的使用，报文实施指南（MIGs）构成了 WCO 数据模型的一部分，使用这些指南，海关当局可以实施进出口申报、货物和运输工具报告，过转运境申报和应答消息。在单一窗口环境中，每条消息也可携带跨境监管机构合作伙伴所需的信息。

UN/EDIFACT 借助国际公认的消息结构或消息构建模块，在 WCO 数据模型 3.0 版的开发过程中，项目团队开发了大约 450 个新代码，并且这些代码被提交给 UN/EDIFACT 委员会，纳入标准代码清单中。

（二）ISO 标准

一些国际标准组织（International Standards Organization，ISO）标准已被 WCO3.0 版建议使用。包括国别代码（ISO 3166）、货币代码（ISO 4217）、日期、时间、时间周期（ISO 8601）、贸易数据元（联合国贸易数据元目 ISO 7372）。

六、 WCO 数据模型的作用

作为一个大型海关或单一窗口系统的项目负责人，通常会遇到关于对项目范围进行精确定义的问题，任何此类系统的建立通常需要 7~12 年的时间。

一方面，为了覆盖目前需要有的所有功能，系统的范围必须明确限制，以便于利益相关者能够理解项目资源及项目成果的含义。另一方面，范围必须足够的宽泛，足以提供一个架构蓝图，可以适应未来很长一个阶段的完善需求，而无须对系统进行太多的改造。

为了克服这些担忧，解决方案的提供商主张不同的架构方法，软件体系结构提供了一种定义需要构建软件组件的方法，以及这些组件如何扩大来满足未来的需求。软件在数据基础上运行，代表着关于业务的“不变的真理”，一个特定类型业务所需要的数据类型，在非常大的程度上取决于该项业务的性质，并在一定程度取决于所开展的业务流程或所处的地理位置。

WCO 数据模型是一个在跨境监管领域数据需求的全面集合，它提供了可在此领域任何类型系统中运行的数据蓝图，在一个项目建设的早期建立正确的数据架构蓝图，包括数据库，将使数据对象设计更全面，满足所有参与项目建设的跨境监管部门的信息需要。

WCO 数据模型以《京都公约》（修订）中所描述的高级别的业务流程为基础，这些业务流程依托若干海关业务流程，WCO 数据模型也将一些跨境监管部门的需要纳入考虑的范围。

为了确保架构解决方案的全面性和可扩展性，需要启动一个拥有一套完整数据需求的项目，一张完整的业务流程、海关程序及相关跨境监管部门需求清单。

（一）实施单一窗口业务流程

政府部门受委托在边境履行执法责任，每个部门都规范了各自的责任清单，要求贸易界在不同的阶段提交不同的信息。

当跨境监管部门之间未能共享其在贸易与运输过程中接收到的信息时，信息重复提供的情况就会发生。例如，为申请一份许可证，贸易商被要求提供产品、进口商和供货商等信息，而这些信息在海关进出口申报时被再次要求提供。

信息的重复提供，将产生差错的风险，在构建系统需求时承认这些冗余即可避免，作为 WCO 数据模型文件一部分所提供的数据协调方法，将帮助识别这些冗余信息并警示业务分析师能够进行简化的可能性。

GOVCBR 消息结构提供了设计不同电子信息的方法，基于被用于跨境贸易和运输流不同阶段的相同底层结构。不同的跨境监管部门都可以使用 GOVCBR 所表示的信息超集，通过这种方法，这些部门能够组织其业务流程，使对贸易界造成的不便降到最低，同时执行所有的监管程序。

在信息提交时的重叠有时是不可避免的，但应该保持在最低，任何重叠应该被用作检索互联信息，或是一个故意设计的交叉检查项。

下表显示了可以应用 WCO 数据模型 3.0 版的可能的业务流程：

应用 WCO 数据模型 3.0 版的可能的业务流程

序号	内容
1	GOVCBR 结构提供了无数可能； 设计为 WCO 数据模型 3.0 版的一部分； 进出口货物申报； 转运申报； 进出口货物二步申报（简化程序）； 进出口货物报告； 运输工具申报； 上述申报/报告的官方应答。
2	映射至 WCO 数据模型 3.0 版； 出口商品的提前申报（标准框架）； 货物提前申报（标准框架）。
3	提供安全和物流信息的其他消息； 集装箱状态跟踪（为物流及安全目的）； 船舶动态监控； 运输工具安全报告。
4	超出 3.0 版范围，但可以满足的； 监管要求细节的请求； 配额注册及使用； 证照许可、证书或授权申请； 证照使用报告。
5	基于 WCO 数据模型（非 GOBCBR）的其他消息； 维护代码表及主数据标识符的消息； 税务计算及税制细节的请求； 关税、税费应付额及支付确认信息； 长期贸易合同登记—示范项目进口； 商品归类或估计或原产地的预先裁定申请。

（二）满足跨境监管机构合作伙伴的复杂需求

不同的政府部门负责特定规程与不同商品的控制，以及产品组通常需要对已交易商品不同属性予以申报，农业部门与矿山矿产及食品安全部门对于产品特征的关注点可能会有所不同。

WCO 数据模型 3.0 版对所有这些情况有一个精密的解决方案，与商品有关的数据结构是非常详尽的，并且能够适应海关及其他政府部门的复杂的需求。

这些数据结构有助于对商品实施复杂财政及管制政策的类型，这样的限制条件可能不是单独基于 HS 编码，而是根据其他分类方法、识别方法，甚至是商品特征。这些结构可以帮助定义和收集统计数据，以满足其他政府部门最复杂的要求。

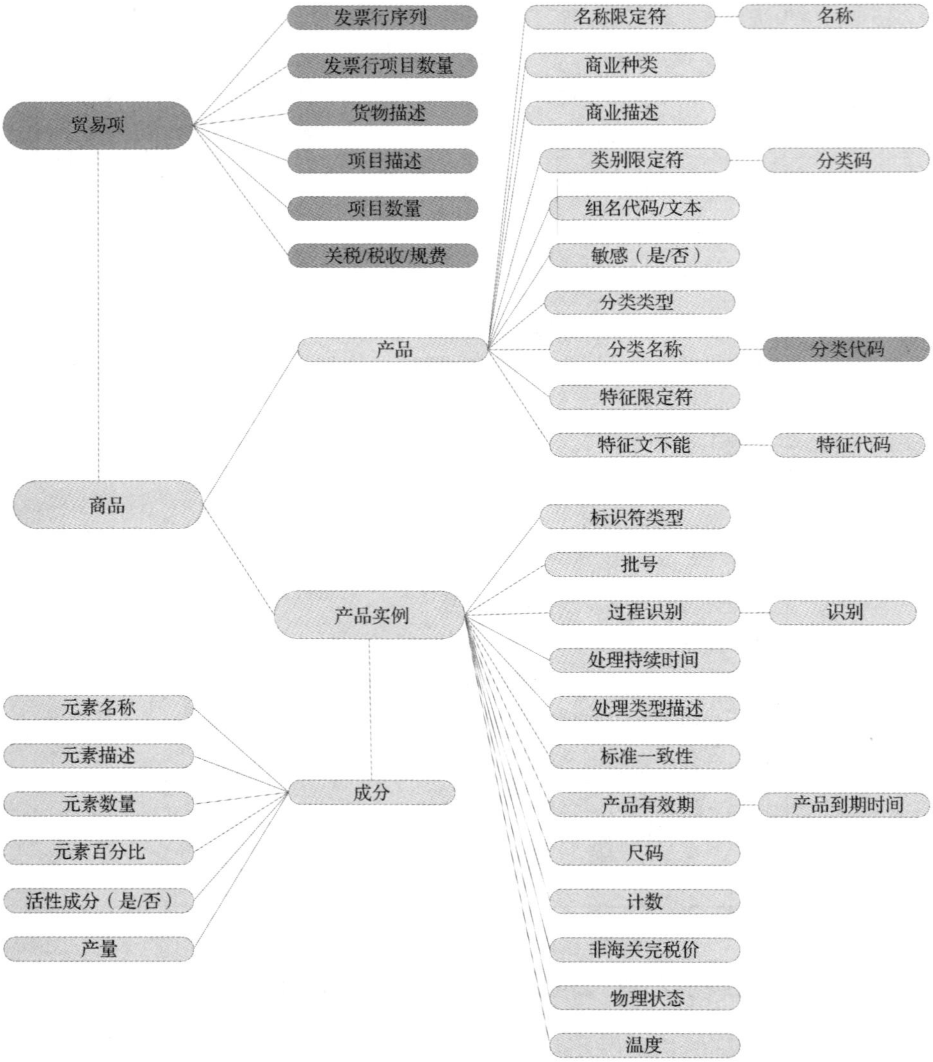

跨境监管机构数据需求的复杂性

上图显示了对于一个商品而言，跨境监管机构可能规定的数据需求的复杂性，发票中通常可用的细节会以淡蓝色突出显示，跨境监管机构可能需要其他信息，这可能取决于不同的被交易商品。

以汽车为例，交通运输部门可能重点考虑排放和燃料效率方面，其中，商品特性限定符和商品特征文本或代码可被用于指定详细的信息（例如，发动机类型、燃料类型、催化转化器的适配性、排放标准认证、能效认证、驱动侧等）。一个实施了鼓励环境友好型汽车进口特殊计划的国家（地区），可能需要上述特点的非常具体的数据，这些数据将影响税收待遇。在这种情况下，WCO 数据模型将在促进自动清关方面产生巨大的价值。

另一个例子，关于食品安全，可以使用属性，如产品的到期日期、保质期、品牌、“奇怪的名称”（使用商品名称限定词和商品名称）、酒精的比重（组成元素的名称及元素比例）来确定食品安全法规的遵守情况。

（三）为有效的风险管理系统提供有质量的数据

通常，风险管理解决方案的失败可以归因于数据质量差，数据质量的提高始于采用被国际上普遍认可的数据标准，使用编码数据相对于非编码数据代表着向提高数据质量迈出了一大步。

WCO 数据模型文件对每个可被编纂成典的数据元提供了关于编码的可能使用信息，它还提供了有助于减少数据重复输入的思路，从而减少错误悄然而至的机会，数据的准确性提高了靶向的有效性。

当处理高风险区域时，海关当局希望通过申报获取更精确数据，但在现有的表格和信息中捕捉这些数据没有范围，跨境监管合作伙伴所需的数据集将会使所有涉及的授权方靶向能力提升，WCO 数据模型可以帮助这些需求的优化并提高靶向能力。

毋庸置疑，如之前提及的，与提前报告制度的结合，以及好的数据质量将给任何风险管理系统有效运作提供必要的手段，这当然允许跨境监管机构在托运的货物实际到达前“做功课”，早先在本文中提及的监管部门间的信息交换将通向协调一致的行动。

（四）为关税、税收及规费提供计算方案

按类型准确计算关税、税收和规费需要相应的软件应用支持，通过对每种关税、税收、规费正确地运用不同的制度，可能是相当复杂的关税、税收、规费数组，必须严格按照法律文本授权实施的规定方法来正确计算。

某些商品有非常复杂的关税和税收结构（通常以酒精、烈酒和机动车为

例)，这些都是基于复杂的立法，而这通常增加了程序员编程的难度。

税收结构可能基于超出 HS 税则归类代码所提供特异性的产品特征，同时，当局往往也很难断言其在商品方面的正确性。

WCO 数据模型有一个对货物申报的结构，可以帮助解决这类问题。

七、 实施 WCO 数据模型 3.0 版

WCO 数据模型可能会在国家级层面上的跨境单一窗口环境中实施，也可以在不具备单一窗口条件下实施，如果考虑在涉及双边或多边数据交换的场景中实施，将从 WCO 数据模型中获得更大的收益，只有在与贸易界密切磋商后才能实施。

常常被遗忘的是，数据模型还常常被软件开发人员所使用，他们为贸易及运输部门提供软件解决方案，毕竟，海关所需要的数据是由从事国际贸易和运输活动的企业所提供的，已成为共识的是各方对灵活性的持续需求将推动数据模型的实施。

（一） 新项目的背景

为单一窗口环境开发一个新的软件项目或为海关自动化开发的一个核心应用是全面实施 WCO 数据模型的理想位置，WCO 数据模型文档对此类项目的实施有巨大的价值。

为建立一个自动化系统，软件开发人员需要详细的规范，这些规范必须符合法律、法规的要求，这也是对可被采纳的国际标准进行一次详细检查的机会，最常见的是，不是法律要求而是当地的做法和惯例妨碍了国际标准的采用。

这类大型系统的建立通常持续 7~12 年，因此，这些系统必须建立在覆盖最广泛需求的蓝图的基础上，WCO 数据模型是基于多个政府机构多年的集体经验，再加上跨境监管部门合作伙伴的经验，数据模型将包含的基本要素汇总形成了一套全面的规范。

特别是，一个新项目可从以下方面受益：

1. 海关手续的综合列表，基本上来自《京东公约》（修订）；

2. 需求覆盖与跨境报告相关的国际公约；

3. 数据结构帮助完成任何政府机构可能需要得到的，关于货物、商品、运输工具及成员的最复杂信息；

4. GOVCBR 结构帮助以灵活方式定义消息，为在一体化政府跨境单一窗口环境中使用；

5. 国际通用代码清单集，极大便利数据传输和使用；

6. UML模型描绘数据间错综复杂的关系，这些关系为建立可持续运行数据库提供了入口，下图展示了一个概念性数据模型与物理数据库设计之间的关系。

“数据建模”及数据库设计

域//概念上的

识别域实体类型、属性

· 建立标准命名约定

· 与行业领域模型映射

——国际数据标准

· 数据定义

· 数据表示

· 代码表

· 选择建模技术

——实体关系图

——UML模型

· 标志关系

——工业领域标准

——WCO UML模型

· 开发外部信息

——国际标准信息/EDIFAACT/XML

数据库设计/物理的

· 应用数据模型模式（目标-相关的?）

· 详细设计——数据库中的数据定义——分配键等

· 标准化——去标准化

——（在低数据冗余与高性能间保持平衡）

概念性数据模型与物理数据库设计之间的关系

（二）帮助改善现有系统

通常，海关当局正在用的系统在某种程度上是基于国际数据标准的，每一个政府都面临因新的业务需求而产生的植入要求，为管理这些表更需求，建议建立正式的变更控制程序。有时，变更请求给植入修改带来机会，使软件应用更符合 WCO 数据模型的要求。

如果一个政府机构计划对其目前的软件进行实质性的改进，也可能是使应用程序实现符合 WCO 数据模型的一个机会。

然而，有时当前的软件应用程序可能无法适应这些变化，即使他们被认为是可行的，伴随着这样的变化是巨大的和复杂的，通常也是高风险及高成本的。对实施新变更请求所需要时间及所付出努力的估算通常是不正确和复杂的，在这种情况下，开发一个全新的软件应用程序可能是值得考虑的。

（三）使用 WCO 数据模型的方法

对于一个新的项目，或者有大量软件升级设想，可以开展一定的活动。（就此而言，请参阅《WCO 单一窗口及数据协调指南》，网址 http：//www.wcoomd. org/ files/6. SW_ files/Data_ Harmonisation. pdf）

应该发展一个数据库，包含以下：

1. 与跨境监管货物、运输工具、人员和运输设备相关的高层次的业务流程参考模型；

2. 管理跨境活动及货物、运输工具、人员和运输设备的法律、法规和代码；

3. 与边境管制相关的政府机构清单；

4. 沿着相关业务流程的各类跨境监管申报表；

5. 电子信息形式的监管数据；

6. 所有申报表中在用代码的代码表；

7. 用于程序和管理数据的数据元，这些应该从运行数据库中提取；

8. 这些数据元与 WCO 数据模型、UNTDED 及 UN/CEFACT 核心组件库（CCL）之间产生的映射；

9. 政府层面使用 WCO 数据模型定义、表示和代码表；

10. 使用 WCO 的 EDIFACT 及 XML 消息实施指南；

11. 如果使用 WCO 数据模型的扩展是绝对不可避免的，尽快向 WCO 数据模型项目工作组提交数据维护请求。

（四）关心数据的协调过程的各方

1. 监管程序方面的专家

（1）负责制定贸易及税收监管表格的；

（2）确保程序符合国内立法和国际公约的。

2. 业务分析师

（1）检查数据对象（数据持有者），以及这些对象运用管理数据使用业务规则的方式；

（2）关心每个流程所需数据的。

3. 业务智能专家

（1）对企业元数据感兴趣的；

（2）了解构建高质量风险预测需要的。

4. 数据库架构师/设计师

（1）处理概念数据模型的，概念数据模型是实施物理数据库的基础；

（2）参与一个模型驱动软件开发项目的。

5. EDI 及 XML 专家

参与电子信息开发和实施的。

（五）维护 WCO 数据模型

WCO 成员政府一致认为对于 WCO 数据模型的变更必须遵循严格的控制程序。例如，只有当确定被申请增加的数据元对申请国而言是关键性的数据元，并且该信息不能从数据模型现有的数据元中衍生才能增加。修改和补充至少应有 2 个成员要求才能进行。

WCO 数据模型的新版本将每五年发布一次，4. 0 版计划于 2014 年年底发布。与此同时，将发布更新包以确保已知错误被纠正，以及包含了基于立法改变、安全要求等新需求。将遵循上述程序以使这些需求包含在数据模型中。

更多的 WCO 数据模型信息、各国家和地区的接入点，可通过 WCO 网址 http：//www. wcoomd. org/sw. htm 查询。

美国单一窗口电子数据交换系统——国际贸易数据系统（ITDS）介绍

发展国际贸易单一窗口被美国政府列为进行政府机构改革，提高政府效率的重要措施，其电子数据交换系统已经被美国开发并付诸实施，被称为“国际贸易数据系统”（International Trade Data System，ITDS），该系统是美国政府层面的数据采集、使用及国际贸易业务数据传输的集成系统，以满足联邦政府和民间机构对标准贸易和运输数据的电子化收集、使用和分发的需要。它体现具有战略性、远见的互联网使用思维，促进了政府系统与非政府系统跨机构、深层次的数据整合。国际贸易数据系统的发展，反映了美国在利用互联网技术改变制度化政策领域所做的努力，以及在该领域进行转轨所经历的曲折、高度调解的过程。2009 年系统建成时，美国 27 个政府机构的 550 多个单位实现了信息共享。

一、 美国实施国际贸易数据系统的背景

“你曾经去过美国得克萨斯州的拉雷多，见过看似无穷无尽的卡车在边境停滞不前吗？”美国全球最大的物流公司 Ryder 系统的政府关系高级副总裁说，“我曾经亲眼目睹运营经理们日复一日所经历的挫折，努力去使卡车在拥挤不堪的美国—墨西哥和美国—加拿大边境移动。”这些在双方边境停滞不前的卡车不仅是因为贸易商必须向相关政府部门申报，以满足大量的政府管制要求，同时，也因为政府部门进行合规处理的电子化系统的缓慢，并且已过时的。

20 世纪末，美国的国际贸易商需向政府相关机构提交琳琅满目的纸质文档以满足各类冗长的合规性报告要求，报告涉及的数据项，主要用来决定进出口关税、货物申报、移民局申报、安全性申报和其他监管问题。这些报告必须提供给无数的联邦机构，且各机构分别使用独立的自动化系统，或者接收纸质文档。据估计，多于 104 个美国机构需要贸易数据，而这些要求贸易商提交中的文档所涉及的数据超过 90% 是多余的，相关机构有各自的电子化系统，但他们相互之间通常不相联通，并且，在某些情况下，要求贸易商提交纸质文档。

美国政府意识到这样的合规处理流程与现代贸易环境是相对立的，并且贸易效率提升与政府电子化系统工作效率间的依存度也与日俱增。21 世纪全球经济将继续扩张，全球市场竞争必然会增强，当相关贸易协定和自由贸易政策相继实施，关税进一步降低，一些贸易障碍逐渐消除时，如果政府部门对与贸易相关的文件的处理需求跟不上时代的步伐，将严重影响美国国际贸易的发展。根据 1994 年联合国贸易和发展委员会的一项研究，遵守美国贸易法规的成本占到贸易商品价值的 4%~6%。而这本身，意味着非关税贸易壁垒的存在。开发新的监管和合规体系以支持有效的国际贸易实践的国家（地区）、行业和公司将有助于经济发展，而不这样做将会导致落后。同时，伴随着新技术的发展，越来越多的“集成”物流技术应用于协调设备、货物、库存控制，新技术的应用进入平稳运作和成本效益阶段，即时交货和其他改革使运输供应链提高了效率并降低了成本，对监管和合规体系进行改革已经具备条件。

美国国际贸易数据系统最初的概念出自自动化商业环境（Automatic commercial environment，ACE）工作组，该工作组的任务是检查政府的国际贸易处理程序并对未来海关自动化提出建议。在该工作组的关键建议中，核心要点是对进口和出口手续使用同样的数据并对国际贸易程序的政府监督进行集中统一。时任美国副总统戈尔提出构建一个整合的国际贸易数据系统来代替不同的国际贸易数据系统的设想，并极力倡议付诸实施，指示美国财政部设立 ITDS 项目办公室。项目办公室由一个跨机构的委员会领导，并配备有参与的政府机构、政府监督机构的代表，以及相关企业的人员。

二、 ITDS 系统的设立

（一）ITDS 系统设立的依据

1995 年 9 月，美国把 ITDS 从海关的管辖范围中剥离出去，责成财政部负责该项事务。作为 ACE 现代化计划的一部分，ITDS 是 ACE 的前端，ITDS 提供给进口商一个单一的接口，通过这个接口与许多收集、使用和发送贸易数据的联邦机构相连接，包括海关。

根据美国《海关法》第 1411 条“全国海关自动化系统”第 4 款“国际贸易数据系统”的规定，财政部部长应建立一套称之为“国际贸易数据系统（ITDS）”的电子数据交换系统。系统应不迟于自动化贸易环境建成之日正式启用。

ACE 在 2000 年的国会会议上得到第一桶金，同年 4 月，美国海关将第一阶段140万美元的ACE合同授予了电子海关合作伙伴，由IBM牵头的一个财团。ACE的第一批使用者是进口量大并且希望向海关进行汇总申报的低风险企业，ACE第一阶段的应用在陆路边境开展，之后才在海运及空运口岸实施。

(二) ITDS系统的目标任务

ITDS的目标任务是消除负担沉重的信息要求，有效率地管理贸易流，并且有效地执行有关国际贸易的法律法规，通过建立由美国海关和边境保护局运行、维护的单一的门户系统，用来集散所有加入该系统的联邦机构所需要的标准进出口数据。

由于ACE将在2000年之后的4~5年内分阶段实施，其前身“自动化贸易系统”(Automatic commercial system，ACS)仍将继续运行。这就使得ITDS变得十分重要，其前端通过一个共同的文档结构既能与ACE、ACS系统连接，也能与美国人口普查局的贸易数据系统连接。

(三) ITDS系统加入原则

根据美国《海关法》第1411条的规定，原则上所有联邦机构因货物进口和出口结关或许可需要文件资料的均应加入ITDS系统。同时，也规定管理及预算局主管可不要求任何涉及美国国家核心利益的联邦机构加入该系统。

美国财政部部长就涉及货物进口到美国所需的单证从纸质过渡到电子格式的递交、防范措施及储存等向海关及边境保护局及其他机构咨询并提供帮助。财政部部长为此还向有利益相关的私人部门，包括税收征管业务顾问委员会就开发本系统的统一数据提交标准、程序及日程进行咨询。同时，美国财政部部长负责协调加入ITDS系统的各联邦机构，海关与边境保护局负责维护本系统的各局之间的运维协调工作。

(四) 统一ITDS数据元标准

1. 设立跨部门指导委员会

跨部门指导委员会成员包括部长(作为委员会主任)、管理及预算局局长及国际贸易数据系统各参加部门。委员会协助部长监督国际贸易数据系统的实施和加入。ITDS委员会由美国国际贸易委员会任主席，由联邦机构组成，对数据采集、分析或贸易数据的政策制定负有重大责任，指导项目实施。ITDS的成员包括美国财政部、海关与边境保护局、移民局、交通部、联邦汽车运输安全管理局，以及食品和药品管理局等机构。

2. 跨部门指导委员会的职责任务

跨部门指导委员会会同所有参加国际贸易数据系统的机构，共同确定

ITDS 系统内需要采集、储存和共享的数据元标准，并就适用于进出口信息的采集和保护的法律开展咨询。跨部门指导委员会应定期审查数据元以确保数据标准必要的更新。

跨部门指导委员会应确保国际贸易数据系统的数据要求符合美国作为世界海关组织及世界贸易组织成员在货物报关的流动方面所做的承诺及义务。

（五）ITDS 系统运行情况报告

总统应在每一财政年结束前向参议院财政委员会和众议院筹款委员会提交一份报告，每份报告应包括下列信息：

1. 国际贸易数据系统建设进度；
2. 联邦机构参加该系统的范围；
3. 机构加入系统未解决的障碍；
4. 国际贸易数据系统与世界海关组织和世界贸易组织建立的标准的一致性；
5. 对国际贸易数据系统的技术和其他改进的建议；
6. 美国海关与边境保护局内部自动化商业环境的开发、实施和运行状况。

（六）国会的意见

联邦机构加入国际贸易数据系统是联邦政府、国会提出的一项中心任务，财政部部长应在参加系统的机构和海关与边境保护局负责维护本系统各局之间紧密协调。

三、ITDS 系统的试运行

国际贸易数据系统工作组选取了 6 个口岸进行试运行，包括加利福尼亚的欧泰马萨、得克萨斯州的拉雷多、亚利桑那州的尼古拉斯，纽约州的布法罗和密歇根州的底特律。

2000 年 10 月，美国运输部（Department of Transportation ，DOT）的联邦汽车运输安全管理局（Federal Motor Carrier Safety Administration，FMCSA）与 ITDS 委员会签署了机构间合作协议。FMCSA 参与了 ITDS 在纽约州的布法罗的联邦入境口岸的试运行。2001 年 6 月在纽约州的布法罗，国际贸易数据系统 ITDS 由海关软件开发部门实施部署，并且与已有的 ACE 系统相连接。

2001 年 8 月 28 日凌晨 2 点，在纽约州布法罗的刘易斯顿桥的入口处，司机将一个带条形码的表格交给报关代理，代理进行扫描后，Reimer 快递的卡车完成美国海关的货物清关手续，司机可以继续上路了。这听起来平淡无奇，但却是一个历史性事件，是首辆装载有进境货物的将海关所需申报数据通过ITDS进行传输并完成通关的卡车，是被期待已久地迈向海关自动化未来的第一步。

在布法罗的试点项目成为ITDS第一个部署的项目，ITDS与相关政府系统对接，向贸易商及汽车运营商提供提前录入的途径，以便联邦机构可在货物、运输工具、人员抵达边境通道前，提前办理清关手续。除了FMCSA外，美国海关、移民局、食品和药品管理局，以及贸易与运输界也参与了这个最初在布法罗实施的试点计划。

四、ITDS系统的借鉴意义

（一）提供一站式互联网服务

ITDS是以互联网为基础，美国联邦机构共同参与建设的提供“一站式”申请服务的公共平台。通过这一平台，贸易商为每次的进口/出口提前提交一个单一的电子数据记录，然后传送到所有相应的机构进行审查，信息将被集成到一个综合性的记录中，最终向贸易商返回一个单一的回执，告知其货物在到达边境前，是否已提交了适当的和正确的信息。

这种预先处理纸质文档的工作使海关能够为每一辆卡车在其靠近边境时及时办理放行手续。比如，在纽约州的布法罗，以前从加拿大进境的所有货车中的78%需要停下来并被政府官员要求做进一步检查，这么做的原因是司机提交的纸质文档不完整。实施ITDS后，当货车接近边境卡口时，电子车牌识别系统测知车辆信号，准确地读取车牌号码，并将其迅速传送给计算机，计算机从巨大的数据库中提取相应的申报记录，当货车抵达时即将有关信息显示给实施验放的部门。ITDS不仅被用于美国与加拿大、美国与墨西哥的地理边界入口处，最终被用于全美所有通过空运、铁路、海运及汽车运输的340个进口口岸。

（二）实现数据的协调统一

美国为实施ITDS设立了专门的跨部门指导委员会，委员会的设立为ITDS作为一个跨机构的项目提供了组织保证。事实表明，一个有着决策权，而不仅仅是建议权的部门间管理机构，并被取得了相应的政治上的支持、法律上的授权、人力和财力的支撑，对维持一个大型的、跨机构的ITDS项目来说是至关重要的。ITDS的成功表明了整合国际贸易数据管理的可行性，ITDS项目办公室的首要目标之一是调查国际贸易的业务流程和信息需求。1996年，项目办公室对美国不同机构所要求的全部表格都进行了审核，汇编出一份贸易机构收集数据元的清单，清单涉及由将近1万多个数据项构成的300多张单证、表格。这些信息显示贸易机构收集了大量冗余和重复数据，这些数据的冗余度超过90%。经过简化数据和标准化过程，制订了一个由不到200个数据元组成的美国国家标准数据集（Standard Data Set，SDS），他们还得到了相关机构的同意，对这些数据元进行标准的、一致的数据定义。

（三）简化处理并促使流程再造

ITDS运行的同时带来跨部门的流程再造，以及合规程序的简化处理。ITDS通过整合各部门共同的业务功能，消除冗余及混乱不清的流程，在满足所有的监管要求的前提下，改进合规程序，达到减少合规程序的复杂性，降低贸易成本的目的，并且尽量在处理用户需求时提供友好的界面。

在美国的实践中，机构间的整合是实施ITDS的关键，特别是在处理北美边境贸易协调的过程中，除了美国海关之外，涉及需开展国际协调的机构还包括美国交通部、联邦高速公路管理局及移民局等。这些机构分别负责管理货物、运输和司机。由于ITDS的实施，他们也日益进入国际贸易管理网络的发展过程中。尽管ITDS使自动化程度有所改进，并使跨境贸易数量有了显著的增长，但由于许多政府机构在实践及价值观之间仍存在深刻的制度性差异，整合的过程十分艰巨。如ITDS和交通部之间存在制度性差异，为创建有凝聚力的、可共同操作的北美交通系统，需要依靠制定相关的标准及时间，而当时交通部所采用的当地化、分散化的方法，与处理北美边境贸易的国际贸易数据整合途径互相矛盾，但美国的交通部门没有兴趣对所需的标准及实践进行协商。交通部已经决定在美国的北部边境和南部边境采取不同的策略性政策目标，而ITDS统一的策略不符合其历史、文化，以及与州政府的管理及其分权化的运输政策。由于与交通部门进行的协商开展较晚，当交通技术因素被同意引入ITDS程序的一部分时，已经耽误了1年以上的时间。

（四）运用高科技加强贸易安全

“9·11”事件前，ITDS的目标是开发一个不会造成高速公路拥堵的，快速的边境检查电子系统，但后来专家们逐渐认识到ITDS可以应用于反恐。ITDS项下有2个既独立又相互关联的分支系统，分别是国际边境通关程序（The International Border Clearance Program）和国际边境通关安全系统（International Border Clearance Safety System，IBCSS），是旨在通过使用智能型运输系统（Intelligent Transportation System，ITS）或条形码技术促进更快速边境通行的多部门合作项目。

ITS，是基于短程无线电通讯技术的应用，最常用于直通式收费卡口及公路卡车预付费，在一定距离范围内通过使用射频技术读取包含车辆及其货物详细数据内容的二维或三维条形码信息，可以从移动的卡车或汽车上采集数据，利用 ITS 或其他无线电技术传送到处于边境口岸的海关或官方的信息网络系统（Information Network System，INS）。

IBCSS，通过利用 ITDS 与美国财政部提供的现有的通信连接，旨在实施海关预申报，以及在边境口岸实施对商用车辆的实时抽查。IBCSS 与联邦票据交换所相连接，被开发用于检索那些参加基于 ITS 公路预付费和直通式收费项目的司机的认证信息和安全信息，数据将被传递给那些参与筛选和选择对商业机动车辆进行路边检查的机构。

随着技术的发展，卡车司机在美国各主要机场交付或提取货物时将会被要求使用带指纹痕迹的智能卡，联邦政府多机构正共同努力提高货运和航空安全。通过综合使用互联网传输、智能卡和生物识别（使用人体特征，如指纹、瞳孔扫描来识别个体）等技术来提高数据流的有效性，并大大提高货物交付的安全度。

（五）促进北美贸易自动化

美国根据北美自由贸易协定（North American Free Trade Agreement，NAFTA），实施了被称之为“北美贸易自动化原型”（NATAP）的 ITDS 概念验证系统。NATAP 是美国与加拿大和墨西哥共同努力的结果，NATAP 能够实现将一套 ITDS 标准数据集用于多国机构办理进口、出口和转口手续的目标。美国还和英国一起实施了国际贸易原型（ITP）系统。因为这两个系统都有多国参与，所以都表现出为实现更进一步的便利化和功效所需的国际协调和标准化。NATAP 已经被证明取得巨大成功，ITDS 成为所有与跨美国边境双向流动货物相关的国际贸易和交通运输活动共同的、公共的、跨机构的平台。

ITDS 的视角非常国际化，ITDS 项目要求为共同的目标而工作，即做到更好的进口及加快贸易的速度。北美贸易无缝边境，至少要求在美国、加拿大、墨西哥 3 个国家内部、3 个国家之间，以及在海关、交通和移民 3 个政策领域内实施数据信息系统、数据操作程序的标准化界定。ITDS 推动了北美的交通部门和移民部门之间的对话和合作，如通过国际贸易数据系统建立与 3 个国家移民局的网络连接，建立一个识别司机身份的标准化方法，用于检查司机的身份，决定是否允许司机穿越国际边界，ITDS 给 3 个国家移民局带来了一个前所未有、行之有效的合作机遇。

五、 美国审计总署对ITDS的评价

1999年，美国审计总署（US Government Accountability Office，GAO）就美国海关现代化发表的评估报告认为，应分析、确定可供选择的统计数据系统解决方案，并进行可靠性评估，投资于最具成本效益（cost-effective）的项目，采用渐进的方式来构建统计数据系统的主要项目，确保每笔对统计数据系统累增的投资是明智审慎的。审计总署特别批评说，海关还没有评估原有的统计数据系统和ITDS之间的关系，以及如何减少联邦机构要求国际贸易组织进行重复提供统计数据的索求。财政部希望ITDS能收集、编辑和鉴定国际贸易统计数据，并审核贸易收入方面的数字。

六、 美国海关“自动化商业环境”（ACE）最新进展

根据美国海关与边境保护局（CBP）公布的计划安排，至2016年年底，自动化贸易环境（ACE）将成为“单一窗口”，即贸易界进出口申报及政府决定受理的主系统，通过ACE单一窗口，手工流程将被简化并实现自动化，纸质文本将被淘汰，CBP的自动化系统通过电子化支持进出口贸易的便利化，国际贸易界将能够更容易和更有效地遵守美国的法律和法规。CBP确立了切换到ACE的3个强制使用日期：

2015年5月1日，所有电子舱单申报强制使用ACE。自2015年5月1日起，所有进口、出口舱单电子数据将在ACE处理，这一要求扩展到所有的运输方式，包括空运、铁路、海运和卡车。

2015年11月1日，所有电子的货物放行、报关及相关汇总报关强制使用ACE。包括合作伙伴政府机构（Partner Government Agency，PGA）在报关和汇总报关时的数据需求，以及对放行有影响的补充申报数据。届时，遗留的自动化商业系统（ACS）将不再接受报关及相关汇总报关。

2016年10月1日，所有CBP货物流程剩余的电子部分强制使用ACE。包括声明、调解，北美自由贸易协定（NAFTA）缓税，退税、清算数据等。

参考文献

1. 孙宪华．一个值得借鉴的国际贸易数据系统
2. 孟朱明．联合国国际贸易单一窗口在世界各国的应用及展望
3. 期刊文章：ACE in a Hole
4. 期刊文章：Along the Road
5. 期刊文章：ITDS Take the First Step

6. 期刊文章：Keep the Trade Goods Go Moving
7. 期刊文章：Single Window Closer to Opening
8. 期刊文章：To the Rescue
9. GAO：Results of Review of First ACE Plan

国际贸易单一窗口数据元集的建立与应用研究

摘要▶▶

国际贸易单一窗口建设已经成为贸易便利化、规范化的关键步骤。在单一窗口建立与实施过程中，应充分考虑国际可比性、兼容性，尽量采用国际标准，建立与之配套的数据元集，并加以应用，为实现更进一步的贸易便利化，使国际贸易单一窗口发挥更大的功效打下基础。本文试以跨境贸易监管部门的视角，从国际贸易单一窗口数据标准化的必要性分析入手，提出以世界海关组织数据模型 3.0 版为基础，建立与国际贸易单一窗口相配套的数据元集，并对数据元集的应用方法与途径进行探讨。

关键词▶▶

单一窗口　贸易便利化　数据元集　数据模型

数据标准化是信息系统建设的重要基础。在国际跨境贸易监管和控制过程中，信息和文件资料处理是关键要素，在日益发展的互联网环境中，政府部门为满足基本的安全控制，以及货物在有效时间内放行的需要，要求货物在运抵前提供与货物有关信息的需求不断增加。与此同时，为满足管理需要，跨境监管部门需要开发和维护各自特有的信息系统，而贸易商必须为满足那些冗长的和繁复的申报要求开发并维护数据接口，对双方来讲，满足这些要求所需的成本及复杂性都是惊人的。国际贸易单一窗口建设已经成为贸易便利化、规范化的关键步骤，信息系统建设是单一窗口环境建立的关键环节，使用非标准的、国别化或地区化的数据标准，必然会导致信息系统的低效，对于跨境监管部门及贸易商而言，在成本和精准度上也都是非常低效的。因此，在国际贸易单一窗口建立与实施过程中，应充分考虑国际可比性、兼容性，尽量采用国际标准，建立与之配套的数据元集，并加以应用，为实现更进一步的贸易便利化，使国际贸易单一窗口发挥更大的功效打下基础。

本文试以跨境贸易监管部门的视角，从国际贸易单一窗口数据标准化的必要性分析入手，提出以世界海关组织数据模型 3.0 版为基础，建立与国际贸易单一窗口相配套的数据元集，并对数据元集的应用方法与途径进行探讨。

一、 国际贸易单一窗口数据标准化必要性

（一）降低跨境监管服务交互复杂性的需要

国际贸易单一窗口建设成功与否最终由利益相关者评测反馈的意见所决定，其中贸易商通过信息系统界面与跨境监管部门进行交互是用户体验的重要方面，单一窗口设计必须更多地从贸易商的角度进行考虑。基于单一窗口监管服务“在同一屋檐下”的原则，所有涉及的跨境监管部门需共同努力，重新设计贸易商与监管部门之间的交互流程，特别需要对数据接口、数据标准、服务标准、业务流程进行重新的定义、设计与管理。因为交互发生在空间、时间及跨境监管服务的过程中，时间是最大的变量，时间和“易用性”是满足用户体验需求，以及信息系统追求持续改进最重要的两个变量。用户体验包含有形设计与无形设计两个方面，交互设计是业务流程模型设计的基础，通过建立业务流程模型，可发现设计中的缺陷并加以改进。输出的可变性因素是指交互作用的各种可能的结果，输出的可变性越高，对管理的挑战性越大，导致用户不满的可能性也就越大。因此，减少涉及用户交互任务的复杂性是十分重要的，监管部门在进行单一窗口设计时应给予极大的关注，通过对不同场景的定义及建立常规可使复杂性降低。

（二）满足跨境管理部门控制标准化的需要

不同的跨境监管部门有各自的监管要求，每个部门都根据其对风险的认知，以及基于风险分析和处置的实践形成相应的策略，但是如果不同部门之间的风险控制不能实现同步协调，单一窗口的环境难以真正地实现。协调控制是单一窗口各监管部门之间按照优先顺序共同决策的过程，既可以通过综合风险评估系统，根据预先制定的风险规则协调来自不同管理部门控制指令的优先级，也可以由每个管理机构分别评估风险后，通过协调的方法确定风险优先级并选择控制方法。在这两种情况下，都有可能因控制方法和行动优先级的选择造成延迟，从而给贸易商带来严重的问题，使其处于无人理会的状态，直至监管部门决定行动的方向。

除了机构优先级，还有应用程序标准化问题，如文本的、物理的、非侵入式控制的标准化，不同的样本是活动的，但可通过标准化尽可能达到公平的程度。不管场景如何变化，对于每个环境控制，执行和输出应该尽可能标准化，从而降低在监管活动执行过程中因可变性、含糊不清及不确定性对贸易活动及监管部门造成负面的影响。

（三）实现共同创造与自助服务的需要

在国际供应链上的每一方都可以帮助其他各方实现价值。如果供应商能够可靠地提供正确的HS商品编码，以及满足监管所需要的商品属性描述，报关行就可节省时间，尽快地完成正确的货物申报。对于信誉良好的报关行，监管部门将信任其申报内容的可靠性，经过一段时间的考察，降低对这类申报的查验率，这将使报关行在完成申报方面节约资源。对监管部门来讲同样是有利的，监管部门在验证这类申报的准确性上可投入更少的资源，并将有限的资源投放到对不规范领域的监管上，使各方在营造守法便利环境过程中得益，形成良性循环。

在供应链流程中，每一个环节都必须保证其提供的信息交换是正确、精准和及时的，如果每次的信息交换具备这些特征，对供应链的每一个下家而言，都能节省费用。货代提供信息越快，申报就能更快地完成，承运人就越早能完成货物在约定时间前的交付。关联各方之间的交易都需要一个正式的、标准化的服务协议来确保各自的利益，单一窗口平台将起到至关重要的作用，可被视作价值保存的中心，为所有这些数据交换提供经授权的、官方的价值保存认证。

（四）实现信息合作生产的需要

跨境监管服务涉及信息交换的合作。供应链流程需要参与各方通过B2B合作平台进行信息交换，这样的平台有助于沿供应链的参与各方合作生成各自所需要的信息。跨境监管部门在单一窗口环境中亦参与其中，监管与控制信息穿插在正常的跨境货物数据流中。

放行时间研究（TRS）结果显示，对贸易商而言，货物申报前的准备消耗最大的时间、精力和成本，而跨境监管部门认为收集数据以满足严格的监管要求是贸易商应当履行的义务，并对捍卫其在申报过程及查验货物的时间记录乐此不疲。然而，并不是广为人知的是，跨境监管部门能对货物申报的准备过程产生影响，如帮助贸易商对不同商品所需的信息制作完整、准确的申报数据，提供校验参数，帮助进行数据质量和程序控制等。跨境监管部门可提供互动的途径，帮助贸易商完成货物申报的准备，提供这些便利并不会以任何方式削弱跨境监管部门要求贸易商履行其提交数据的义务。

满足申报所需要的数据是代理人从贸易商和承运人提供的不同的数据集中收集并逐步建立起来的，信息可以通过协作的方式，伴随着贸易事务进展的状态，不断生成增量数据，每新增一部分数据将累积进入跨境监管部门所需要收集的数据集中，在一个鼓励实时合作的信息系统中，所有的参与方都有权访问相关信息，因此，在业务事件发生与向监管部门申报之间可以形成无缝衔接，互联网技术的应用使得数据交换变得简单、易行。反之，如果代理人采用收取纸质或电子邮件后重新转化或转录的方式，将信息集中转录到计算机上，再向监管部门进行数据申报，这样的过程将是费时的，容易出错和不透明的。单一窗口环境设计的解决方案不仅应鼓励实时合作，并且更应当积极提供实时数据交换支持。

（五）满足逐步积累数据的需要

单一窗口设计原则之一是提供一个逐步积累数据的进程，使文件准备负担最小化。可以通过单一窗口向用户提供一个多环节的数据采集平台，由用户自主选择适时向跨境监管部门进行数据申报。与供应链相关的数据创建逻辑顺序依次是产品（产品资料）、发票信息、特定的监管信息、运输合同、商品运输信息、运输合同信息、运输设备、运输工具、运输活动。沿着这一逻辑顺序，可能不断地会有一些监管信息以增量的方式向政府部门提供，这是世界海关组织数据模型 3.0 版的本质，被称为 GOVCBR 的政府跨境监管数据和电子信息模板，GOVCBR 是联合国标准信息，是世界海关组织数据模型项目的一部分。

二、建立数据元集是推进国际贸易单一窗口标准化建设的重要基础

数据元（Data element），是通过定义、类型、值规范等一系列属性描述的数据单元，是结构化数据中的最小组成单位。数据元具有原子性，是组成数据的最小单元；数据元具有集成性，可按照数据本身自然联系建立数据之间的关联关系；数据元具有演绎性，可由基础数据元演绎或派生出许多应用数据元。

推进国际贸易单一窗口建设，协调、标准的数据元集，以及使用国际代码标准的电子信息是建立有效、高效率的企业对政府（B2G）、政府对企业（G2B）及政府部门间（G2G）的信息交换及共享的关键。目前，参与国际贸易单一窗口建设的成员单位都有各自的信息化系统，这些信息化系统的发展、建设、使用情况不一，可能会存在不均衡的情况，要实现信息互通、执法互认、行政互助的单一窗口建设目标，首先必须在基础数据元定义、格式、编码等方面达成一致，才能为下一步构建共同的单一窗口数据平台奠定基础。建立国际贸易单一窗口数据元集的目的在于规范和统一数据的采集与应用，

使数据的拥有者和使用者对数据有着共同、一致和无歧义的理解，并且，跨境贸易监管服务的特征决定了国际贸易单一窗口数据元集的建立必须采用国际标准，遵循国际标准建立标准数据元集已越来越成为各国的共识。因此，作为国际贸易单一窗口建设关键步骤之一，数据协调和标准化的进程应该尽早启动。

三、建立国际贸易单一窗口数据元集的途径和方法

世界海关组织制定的数据模型（WCO Data Model）是目前国际上推动通关程序简化、通关资料标准化、单一窗口建设最主要的技术解决方案。我国国际贸易单一窗口数据元集的建立可参照 WCO DM《数据协调指南》采取以下步骤：

（一）建立组织、协调机构

强有力的领导机构对协调的过程取得圆满的结果是至关重要的，领导机构将负责起草计划，制定协调的原则、程序和步骤，以及调遣必需的资源。

建立一个数据协调项目团队来执行数据协调过程，团队的成员必须具备对于国际贸易程序的广博知识，特别是本监管领域的信息需求。项目团队应包括数据架构师及业务流程分析员，确定一名联络员与各参与机构进行联络是十分必要的，同样的，参与的机构也必须指定具体的负责人来组织形成本部门的数据清单，以及开展协调。

（二）建立沟通、协调机制

对于统一的原则、程序和步骤的沟通是至关重要的。成立数据协调项目团队后，召开项目启动情况通报会，向所有参与部门通报情况，清楚地定义协调项目团队的角色和职责，使各参与部门清楚地了解数据协调将要开展的全过程及要达到的目标。数据架构师和业务流程分析员应分赴每个部门，召开会议，了解业务流程，进行面对面的沟通，各参与部门应该选派对本部门职责非常清楚的人员参加会议。

（三）开展数据协调

数据协调是捕捉、定义、分析和协调监管信息需求的反复过程，领导机构希望一次性达到协调所有部门需求的目标是极不可能实现的。领导机构应把参与的部门及各部门的需求按优先次序分别排列好，优先次序的排列应该基于量、收益、供应链安全等方面的考虑。例如，每一笔国际贸易业务都需

要海关、运输交通及统计的信息，涉及这些要素的部门应被视为第一层级的部门。在完成第一层级机构构建后，当有新的部门加入时，数据协调过程步骤必须随着新的部门的加入，以及新的需求的提出而不断地重复。数据协调的步骤如下：

1. 数据获取

数据获取指制作一份经监管部门认定的需求详细的目录清单，目录清单可通过很多形式来完成，如从各部门使用的申报表格、自动化系统的数据需求、规章等中进行采集。目录清单应包括数据元名称、数据元定义、表示法（格式或代码），当数据需要使用（申报、放行、提取货物），以及相关部门需通过收集、验证和调阅数据开展相关工作时，这些数据能汇聚生成在一个Excel 表格或通过其他软件工具生成工作表。

为了捕捉数据元及其他所需要的信息，协调项目团队可以从对所有参与部门所需要的申报表进行评估开始，如果该部门有自动化处理系统，数据元的采集也可以通过使用系统的逻辑数据模型开始。数据元的采集需要得到相关部门的授权及认可，所有的数据应被整理在一张工作表中，工作表应包含以下信息：数据元名称，数据元描述（定义），数据元所属领域，数据元结构分析（字母型、数字型、混合型、位长、分隔符），域（代码表），运输方式（海运、空运、铁路、公路），流程（出口、转口、进口），是否用于运输，属于人员、货物或商品（比货物描述更具体），或者装备和数据来源（出口商、承运人、进口商、报关行、驾驶员、代理、银行、保险公司等）。协调项目团队设计并向相关部门发放“数据需求调查表”，“数据需求调查表”建议采用以下结构：

（1）部门数据元数量——各部门推荐的数据元总数量；

（2）数据元名称——数据元被定义的名称，数据元应以该部门常用的业务术语进行命名，而不应是与计算机相关的名称；

（3）数据元描述——对数据元所包含的含义应尽可能地详细描述；

（4）表示法——数据类型可以是 N（数字型）、A（字母型）或 AN（混合型），数据位长由分隔符决定（根据需要浮动或非浮动）；

（5）数据域——如果数据元有一个离散值的列表或一个值的范围，提供列表、范围或列表及范围的参考值。例如，“国别”这一数据元可直接适用《ISO 国别代码表》；

（6）运输方式——标示货物的运输方式（公路、空运、海运、铁路、管道、光缆）；

（7）过程——标示货物需要经出口、转运或进口；

（8）使用类别——标示是否需要运输、人员、货物、商品、装备；

（9）数据采集及查阅的法定许可——标示数据元收集或查阅在法律上是否得到相关部门的许可。如果得到收集许可，填入“收集”，否则填入“查阅”；

（10）授权的来源——标示数据元收集或查阅授权的来源，授权可能来自不同的形式，规章、相关部门的授权、MOU 或其他。如果有多个来源请分别注明；

（11）授权截止日期——标示数据元经授权收集或查阅的截止日期；

（12）数据来源——表明信息是由贸易商、政府或由其他来源发送。如“贸易商”表明数据由贸易商提交，“政府”表明数据是由监管部门创建。如果不确定，输入字母“U”表示。“导出”表明数据是由运算得出或经相关文件确定，例如，税率是由税则文件确定，或经计算机系统对 1 个或多个数据元进行组合运算得出；

（13）贸易来源——标示贸易合作伙伴中谁是数据的发送方或提供者。如数据来源的属性为“贸易商”，则表明贸易过程中的各方负责数据的填报，建议值设定为“T”（包含进口商、出口商、报关行、货代等）、“C”（承运人）或“TC”，如不确定，输入字母“U”表示；

（14）时间设定（当数据是必需的且已提供的）——标示监管部门需要在哪些贸易关键环节获得所需要的数据元，建议值设定为“运抵前”“运抵”“放行”“提货”“电子放行”或“数据仓库”等，如果不确定，输入字母“U”表示；

（15）部门数据流来源——如果“数据源”是“政府”，表明由相关部门生成此数据元；

（16）备注——任意输入关于数据元的相关注释。

将各部门提交的“数据需求调查表”回收后，数据协调项目团队将各部门的反馈聚集或合并成一张综合各部门情况的工作表，作为下阶段工作的基础。

2. 数据定义

定义数据需求是至关重要的，当数据通过“名称”被标示后，数据元的定义，即该数据元所表达、代表的内容显得更为重要。

3. 数据分析

信息分析是收集各部门相同、类似数据元名称，对数据元定义和所包含数据需求进行分析和理解的过程，目的是通过比较数据定义识别冗余数据。

组织实施对汇总后的数据元进行分析是数据协调项目团队的职责，将从不同部门收集的数据元进行分类、汇总，进行对比、分析后可能会发现名称相同或相似的数据元对应的定义会存在微小的差别，另外，分析可能也会显示不同部门的数据元采用不同的编码规则。

4. 数据协调并取得一致

这是最后一步工作，通过协商，对同一数据元名称形成的数据元定义达成一致，形成统一代码，并通过数据模型实现标准的消息约定等。当领导机构开始发展一套标准化的、多部门使用的数据元集时，需要考虑所包含的数据元的数量，要使数据元数量规模尽可能的小，只有那些相关部门目前需要采集的信息才被纳入标准化的数据元集中。

协调首先需要就数据元名称达成一致。如从不同部门收集到“unloading”与“unlading”两个数据元名称，根据分析“unloading”与“unlading”是同义词，决定用“port of unlading”作为数据元名称，然后，将“port of unlading”一词与联合国贸易数据目录进行对照，发现“port of unlading”非联合国贸易数据目录术语，对应的联合国贸易数据目录术语是“place of discharge”，数据元代码经协调采用 UNLOCODE 的国际标准代码。尽管领导机构的数据协调团队在建立数据元的基础工作中可以承担更多的工作，但是最终的决定必须经核实并征得利益相关的参与机构的同意。

通过上述步骤，结合我国国际贸易单一窗口数据元集的应用方向（是纯粹满足本国贸易需求，或是利用各种区域性贸易协议、双边协议或其他贸易协定），单一窗口数据元集建设的领导机构可通过联席会议研究、协调等形式，充分听取行业协会、国际贸易运输企业、贸易商的意见，最终确立国际贸易单一窗口数据元集。为保证政府部门申报要求之间的兼容性，保证交换信息在包括海关在内的相关部门之间实现信息共享，更有效地促进贸易便利化，建议尽量采用世界海关组织数据元定义来建立国际贸易单一窗口数据元集。

四、 推进国际贸易单一窗口数据元集的应用

国际贸易单一窗口数据元集的建立构筑了跨境监管部门数据共享的基础。数据元集的进一步应用有助于所有跨境监管部门在一个公共平台上进行监管数据交换，确保尽早实现信息共享，并为贸易商提供一个简化接口，实现与海关及多个政府部门一点接入，满足全面的监管要求，满足跨境监管部门加强风险管理的需要，帮助海关建立跨部门合作与链接，有助于现代海关系统蓝图的实现。借鉴世界海关组织数据模型 3.0 版，国际贸易单一窗口数据元集的应用可在以下方面开展：

（一）建立业务流程对应数据子集

统一的数据需求对跨境监管及贸易便利化是至关重要的，协调对进口、出口贸易的数据需求，统一数据定义，数据内容与格式的标准化是建立数据模型的基础。世界海关组织数据模型3.0版提供了《京都公约》（修订）中最重要的业务流程分析和建模，包含与货物申报、放行，货物到港前、中、后，以及与运输方式直接相关的作业流程，满足动、植、卫检验检疫的相关要求，满足海事安全、食品安全及统计和有害废物监管的要求，包含450个数据元(2009年)，对11类进口、出口、转运相关的流程定义了最小的数据需求范围，包括IM1（进口货物一步申报）、EX1（出口货物一步申报）、IM12（进口货物二步申报第一步）、IM22（进口货物二步申报第二步）、EX12（出口货物二步申报第一步）、EX22（出口货物二步申报第二步）、进口货物舱单报告(CRI)、出口货物舱单报告（CRE）、运输报告（CONV）、转运（TRT）以及应答（RES）共11个不同的数据集，并根据这些数据集建立了对应的数据模型。

建立国际贸易单一窗口数据元集后，领导机构可参考世界海关组织数据模型11类业务流程，商参与国际贸易单一窗口建设的相关监管部门，共同研究确立与国际贸易单一窗口相适应的业务流程，并建立相对应的数据子集，可以优先考虑世界海关组织数据模型中与海关流程相关的部分数据子集，并通过电子化途径接收所需的数据，使贸易商无须重新转换格式即可向海关及其他任何监管部门发送数据。

（二）业务流程和信息建模

世界海关组织数据模型由协调的最大数据集、业务流程及数据模型、国际编码标准、报文实施指南等部分组成。开发一个自动化的系统或进行项目的重新设计，业务流程通常遵循改善现有系统的愿景。开发或再造项目，其发展必须反映现实世界的进程，项目能够取得成功的关键在于最初的愿景是建立在对实际业务流程理解的基础上，建模可以帮助弥合愿景与现实之间的差距，因为建模可以通过捕获视觉，将项目的最终目标清晰并简明地传达给项目成员。为了成功捕捉业务流程和信息需求，有必要建立一个模型，清晰、简洁地反映观点，满足过程描述的需求。单一窗口数据元集建设的领导机构可通过借鉴世界海关组织数据模型，建立与国际贸易单一窗口相配套的业务流程和信息数据模型体系，并在单一窗口信息化系统建设过程中不断加以推广应用。

1. 建模的作用

业务流程和信息模型可以帮助识别那些可以被优化的业务流程。建模可以揭示冗余或缺失的数据需求和提示需要考虑的问题。模型和建模：

（1）可以揭示出有趣的东西，如相互冲突的需求，在范围、术语方面的混乱，利益相关者（各相关方）之间的分歧；

（2）可以提供关于项目开发或再造项目进展的信息；

（3）有助于通过现实世界中的测试模型来理解业务结果，检验是否达到预期的性能；

（4）可以用来更新手册、信息架构指南、流程架构指南，甚至《京都公约》指南，提供不同于书本理论的反映现实世界的模型；

（5）支持管理层和员工将跨境监管部门的制度和程序可视化。

2. 建模的方式

UN/CEFACT 建模方法（UMM）使通过一个共同的方法来规范业务需求，以及以一致的方式在内部和外部实现数据共享成为可能。UMM 使用统一建模语言（UML）作为建模技术，可以得到以计算机为基础的软件工具的支持。标准化使模型从任何一个软件工具到另一个的转移成为可能，或用于存储库，允许被其他模型访问。UML 模型可以从一个建模软件工具转移到另一个，在大多数情况下，使用 XML 元数据（XMI）交换。

UML 得到广泛支持的特点之一是它的方法独立，意味着用于执行分析和设计的方法，UML 可以被用来表达结果。UML 定义了 12 个类型的图，分为模型管理类模型图（程序包图、子系统图）、行为类模型图（例图、序列图、行为图、协作图、状态表图）、结构类模型图（类图、对象图、构件图、配置图）三类。例图、行为图及类图已经在世界海关组织数据建模工作中被使用。

3. 数据建模

世界海关组织数据模型中将例图、行为图和类图作了概述，为了将跨境监管业务流程模型化，添加了业务流程的简单模型。4 个模型/图被分成两组，第一组包括业务流程的简单模型、例图及其描述，以及行为图；第二组则包括类图。上述业务流程模型是基于《京都公约》（修订）及其他详细流程步骤的高级别的模型。对于海关当局选择对本国跨境监管业务流程建模的，世界海关组织强烈建议在国家和地区层面建模时使用世界海关组织业务流程和信息模型为基础进行建模。

含有分类图的模型包含了分类（分组）数据元素的子集，每个子集都有一个明确的定义，代表一个“真实世界”的概念（类），同时，它还显示了概念（类）之间的关系。建模应当被理解为以具有识别包含在世界海关组织数据模型数据集中的关键概念为目标的概念建模，因此，应该根据不同的目的建立对应的模型。

4. 信息建模

UML作为构建信息模型的基础，在UML中信息项通过类图的形式被组织，数据模型项目团队应检查跨境监管部门与贸易商之间交互所需的数据元，这些数据元应被组合在数据集中，数据集中每个条目都应通过一个ID被识别，在UML条款中，每个数据元归属于一个UML对象类，数据集中“数据模型级”栏目中应定义与数据元相对应的对象类命名，数据集提供数据元与使用它们的程序之间的映射，这些映射使信息模型与使用它们的业务流程之间保持联系。

数据模型项目团队使用UML工具构建UML类图，捕获所有对象类和它们属性，图示对象类之间的管理关系。首先，建立整体多链路图，包括数据集中的每个类，随后派生出其他UML类图，如“进口一步申报、出口一步申报，进口舱单申报、出口舱单申报、运输工具申报及转运申报”等。

产生分层类图的目的是使用UML类图产生电子信息，电子信息代表一个包含可被组织成层次结构树的信息文档。首先，建立申报总体图，随后派生出“进口一步申报、出口一步申报，进口舱单申报、出口舱单申报、运输工具申报及转运申报”等分层类图，每个其他的分层类图都作为申报总体图的“真子集”。

为满足不同跨境监管部门程序与流程的需要，数据模型的实施还需要跨境监管部门提供使用电子商务技术的自动化环境，可采用国际标准如UN/EDIFACT或ebXML，并需要建立共同的报文结构实现与相关的商业信息数据平台的兼容。

5. 统一编码规则

为确保信息经过编码及解码过程后内容保持不变，发送方和接收方之间达成共同代码规范是十分有必要的，编码的原因之一是排除使用口头语或书面语言所造成的通信困难或无法通信的情况发生，使用代码也可以使传输或存储信息时错误降到最低，并在发送同样的信息是用更少的字符，更快捷，并且最重要的是，更少的花费。统一编码规则方面的问题，可以通过采用相关国际标准来解决。

（三）循序渐进推进数据元集应用

国际贸易单一窗口数据元集的建立，相当于为B2G、G2B、G2G数据交换提供了经标准化的数据需求图书馆，单一窗口环境更是提供了一个解决不同电子信息问题的方案，并将提高数据使用的准确性，使贸易商与政府监管部门间进行数据交换更经济、可靠。可从以下几方面着手循序推进数据元集的应用：

1. 在新项目中推广数据元集的应用

在单一窗口平台上开发的新的软件项目或跨境监管部门自动化核心程序建设是推广应用国际贸易单一窗口数据元集的理想时机。可以优先考虑单一窗口平台上进行 B2G、G2B 数据交换，以及在通过单一窗口平台的 G2G 数据交换中推广使用国际贸易单一窗口数据元集。可将国际贸易单一窗口平台逐步向供应链前端延伸，在单一窗口平台上开发供应链各方共同使用的多环节的数据采集系统，满足数据逐步积累以及重复利用的需要，并且在系统开发过程中采用国际贸易单一窗口数据元集标准。

随着国际贸易单一窗口建设进程的推进，当相关跨境监管部门正在使用的信息化系统无法适应单一窗口建设的需要，而对现有系统进行改造，可能会伴有较高的风险，并且改造相关成本庞大而复杂，开始考虑重构一个全新的信息化系统时，可直接采用国际贸易单一窗口数据元集。

2. 在现有系统中逐步推进数据元集应用

一般情况下，跨境监管部门正在使用的系统，在某种程度上数据元应基于国际标准。每个跨境监管部门都会面临新的业务需求的提出，在管理这些变更需求过程中，建议采取正式的变更控制程序，在跨境监管部门因需求变更而需要对信息系统进行改造时，逐步采用国际贸易单一窗口数据元集。

3. 鼓励国际贸易运输企业和贸易商积极参与

国际贸易单一窗口数据元集的建立将是对国际贸易便利化的一个重要贡献。国际贸易单一窗口数据元集的应用要取得成功，来自国际贸易运输企业和贸易方的支持十分关键，应当积极鼓励国际贸易运输企业和贸易商的全面参与，推动数据元集在 B2G、G2B，甚至 B2B 的信息化系统开发中付诸实践。

参考文献

1. WCO：How to Build a Single Window Environment（Volume1：The Executive Guide）

2. WCO：WCO Data Model Single Window Data Harmonisation，Version 2，February 2007

3. Revised Kyoto Convention